ITALIANO ESPRESSO

Giovanni Carsaniga
Vaccari Professor of Italian Studies
La Trobe University

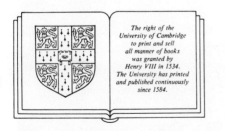

The right of the
University of Cambridge
to print and sell
all manner of books
was granted by
Henry VIII in 1534.
The University has printed
and published continuously
since 1584.

Cambridge University Press

Cambridge
New York   New Rochelle
Melbourne   Sydney

Italiano espresso
Book
Set of cassettes

Acknowledgements
Cover photograph by Sylvester Jacobs
Illustrations by Martina Selway

Published by the Press Syndicate of the University of Cambridge
The Pitt Building, Trumpington Street, Cambridge CB2 1RP
32 East 57th Street, New York, NY 10022, USA
10 Stamford Road, Oakleigh, Melbourne 3166, Australia

Italiano espresso is based upon the *Sussex Italian Course*, written
by Giovanni Carsaniga, published by the University of Sussex in 1979,
and now out of print.

First published 1981
Fifth printing 1988

Set in Monophoto Baskerville by Keyspools Ltd, Golborne, Lancs
Printed in Great Britain at the University Press, Cambridge

Book   ISBN 0 521 28220 9
Cassettes   ISBN 0 521 23777 7

Contents

Unit title and subject matter	Grammatical contents	Topics, functions and notions
	Noun pattern 1: *artista, artisti, artiste* Nouns in *-ma* Agreement Definite and indefinite articles 3rd pers. sing. and pl. of present tense in *-are*	Making simple statements (e.g. *è un musicista*) Asking simple questions (e.g. *chi è? che cosa è? che cosa suona?*)
	Noun pattern 2: *nuovo, nuova, nuovi, nuove* Nouns in *-mento* and *-nza* Adjectives in *-ico* and in *-co, -go* preceded by a vowel Combination of article and preposition (prepositional article) 3rd pers. sing. and pl. of present tense of verbs in *-ere* Past Participle of verbs in *-are* Position of adjectives	Making statements Asking questions (*che cos'è? che rivista è?*) Making negative statements (*no . . . , non è*) Making exclamations (*davvero? com'è simpatico!*)
	Nouns in *-zione* Noun pattern 3: *giornale, giornali* Present tense (complete) of verbs in *-are, -ere,* and (partially) *-ire* Present tense of *essere, avere* Unstressed pronouns *si, ci* More on prepositional articles Use of *tutto*	Newspapers, magazines and what one can read in them Describing (e.g. *questo* + adjective) Statements about totalities Denying and making exceptions (*Ma no! soltanto questo è . . .*) Making impersonal statements (*c'è, ci sono*)

Unit title and subject matter	Grammatical contents	Topics, functions and notions

Preface

Welcome to a new course in modern Italian. It has been specifically designed for the rapid instruction of intelligent motivated learners, including students in the upper forms of secondary school and in tertiary and adult education. It can be used both in the private homes of people having the use of a cassette recorder, for self-instruction, and in the classroom and language laboratory, under the guidance of a teacher.

This course began as a set of teaching aids for students of Italian at the University of Sussex. It was later twice revised and expanded, for the use of second language learners in the School of European Studies. In this form it was offered to other universities, and used in over a dozen other Italian Departments all over the country. A few school and further education teachers also adopted it in their classes. It benefited enormously from criticism and suggestions for improvement coming from both students and colleagues, whom I take this opportunity to thank for their generous help. It has now been adapted for the needs of a wider public, and further revised and expanded. I hope you will enjoy working through it at least as much as I have enjoyed preparing it.

GIOVANNI CARSANIGA

List of abbreviations

sing.	singular	part.	participle
pl.	plural	D.O.	direct object
masc.	masculine	I.O.	indirect object
fem.	feminine	p.	page
1	1st person	cp	compare, refer to
2	2nd person	●	indicates cassette recording
3	3rd person		
=	equivalent to		

Course content and structure

The Course consists of two interrelated and complementary parts:
 (1) **a Course Book**
 (2) **a set of Audio Cassettes**
The Course Book contains 26 units. There is a revision unit after each group of four units (except the last one, which covers units 21 to 26).

Each unit consists of:
(a) An Italian text, taking various forms (dialogue, article, anecdote, report, story) intended to illustrate most common aspects and styles of spoken and written Italian;
(b) Vocabulary notes, including the illustration of certain systematic correspondences between the English and the Italian vocabulary, and of certain rules of word-formation, which should enable you to increase your word power without difficulty. The first few units also include notes on spelling and pronunciation; although for pronunciation you should rely on the recordings on your cassettes.
(c) Grammar notes, explaining the points of grammar introduced in the unit with a minimal use of technical terms. They are rather full in the first few units and contain suggestions on study methods which you should apply throughout the course.
(d) Exercises, which include three types designed to be done orally, with the help of your audio cassettes; you will greatly benefit by doing them also in writing. They are as follows:
 (1) **Stimulus-response exercises**, in which you are asked to answer a question, or to respond to a statement, in Italian, according to a largely fixed grammatical pattern.
 (2) **Transformation exercises**, requiring a given phrase to be transformed into another, again according to a fixed pattern. (Note that transformations may produce sentences which are not necessarily equivalent, or alternative, to those given.)
 (3) **Completion exercises**, in which gaps left in the middle or at the end of Italian sentences will have to be filled in by you, either from your knowledge of previous material or from multiple choices provided. There are also a number of exercises, specifically designed to be done in writing, as follows:
 (4) **Translations**
 (5) **Guided compositions**
 (6) **Reading and aural comprehension exercises**
These six types of exercises are designed to produce largely fixed and predictable responses. Those not worked out in full on tape will be accompanied by a key (see Answer Section), to help self-checking. In a classroom situation, however, your teacher will be able to give you additional open-ended exercises, allowing freer responses, and check your answers individually.

The immediate aims of all these language activities are:
(1) to make you practise what you have just learned;
(2) to expand your knowledge and comprehension, by using, for instance, already known vocabulary in new grammatical structures, or by exploiting familiar structures to accommodate new vocabulary; this is the particular aim of the exercises in the *Extra* section of each unit.
(3) to enable you to test and revise what you have learned.
 The final aim is:
(4) to help you to acquire a good working knowledge of modern spoken and written Italian, so that you may be able to speak it, understand it when spoken to, and read it. In terms of the present school curricula that may correspond to an A-level-type proficiency. You should, by the end of the course and also at all stages of your study, be able to understand much more complex spoken and written statements than you yourself are able to produce; indeed you

will be encouraged to do so. Your final level of proficiency should enable you to communicate in Italian most of the usual tourist's needs, and to pursue the study of Italian at a higher level with reasonable ease.

The six **Revision Units** consist only of texts, exercises and tests, with no additional grammatical material, though some new lexical material may be introduced.

The **Cassettes** contain recordings of all the texts (suitably dramatized if in dialogue form) and of some of the exercises (distinguished by a cassette symbol ●). The recordings of the exercises are mainly three-phase (stimulus–response–check). You will need to use the stop or the pause button on your cassette recorder to give your answer before going on to listen to the check on the cassette.

Unlike many other language courses, *Italiano espresso* has no story content, or recurrent and identifiable characters. Within the constraints of the course sequence and of the interacting four separate elements of course structure mentioned below, I felt I could not devise a story that could compete in its appeal with even a mediocre television serial: its initial novelty would soon wear off and begin to repel both students and teachers by mid-course. I do not believe that it is possible or desirable to have 'characters' in a course with which students should identify: what may appeal to a young, sports- and technology-oriented white English male may not appeal to a middle-aged female Welsh factory worker of West-Indian origin. Apart from some linked lessons, where the same 'characters' appear, most texts are self-contained, with various types of character, or with no specific characters intended.

The sequence of course contents we have just examined is underpinned by a course structure based on four interrelated elements:

(1) **Language structure**, which is reflected in the grammatical contents of each lesson, progressing, insofar as it is possible, from 'simple' regular forms and structures to more 'difficult' ones. It must however be realised that grammar is not always amenable to a clear logical progression of items in order of 'difficulty', nor can it be clearly related to specific and distinct situations and topics, since even very ordinary and basic statements about them may require rather complex language activities.

(2) **Situations**, such as going shopping, travelling, taking part in a meeting, discussing what to do with friends. They are featured in the texts and related exercises.

(3) **Topics**, such as food and drink, music, the press, radio and TV, literature, that one may wish to talk about.

(4) **Functions**, such as greeting people and responding to greetings, affirming or denying, expressing regret, admiration, hesitation, irritation etc. They are featured in the texts and more prominently in the exercises.

Learning a language

Before you begin your study, you may find it helpful to consider the following points:

(1) Learning a language is not like learning any other academic subject. It is more like learning to play a game, since it involves the acquisition of new and complex neuro-muscular habits, especially those involved in producing and recognizing strings of unfamiliar sounds. It is not enough to know all the rules of a game in order to play it well: likewise one needs not only to study the rules of grammar in order to learn a language, but also to acquire performance skills through sustained methodical practice. Like games, languages are based on a finite set of rules generating a practically infinite number of 'moves' appropriate to innumerable situations. There are consequently no limits to the extent you can develop your range of language skills through constant and intelligent application. On the other hand, it is not necessary to be a Wimbledon champion to enjoy playing tennis; similarly it is not essential to speak and understand a foreign language like a native to enjoy using that language.

(2) I said 'speak and understand', and not simply 'read and write', for a very practical reason. It may be perfectly satisfactory for your purposes merely to read and write a foreign language. You would nevertheless have to spend just as much time and energy in acquiring those skills as you would in learning to speak and understand a foreign language. And while any literate person would quite naturally be able to read and write any language he or she learned to speak and understand, the reverse is not true.

Speaking and understanding are closely related activities that cannot be practised separately. We normally speak only those sounds we recognize as meaningful; consequently we tend to recognize as meaningful only the sounds we ourselves can produce. This is just as true of one's native language as of any second language one may be learning. In order to understand the sounds, and the strings of sounds, of Italian, one must be able to speak them correctly. Correct pronunciation habits should therefore be cultivated from the very beginning, not in deference to pedantic notions of correctness, but as a very practical means of developing one's understanding.

(3) Speaking and understanding a language are to do with meaning. But meaning involves much more than simply naming. And learning to mean in a foreign language involves much more than simply learning a new set of names for things. A mere list of nouns in any language does not constitute a sentence in that language. Nouns become meaningful only when they appear in a context structure together with verbs, adjectives and other words (articles, conjunctions, prepositions) that do not actually name anything. A great deal of the meaning is in fact carried by the structure. It is easy to see that by looking at a nonsense sentence, like 'The husty gribes scurled the marmion after the gopes had stiffled the frods', which has enough meaning to enable us to ask and answer a number of meaningful questions: (a) How were the gribes? – They were husty. (b) What did they do? – They scurled the marmion. (c) When did they do it? – After the gopes had stiffled the frods. (d) Were the frods scurled by the gribes? – No, they were stiffled by the gopes etc. etc. This in spite of the fact that the reference to reality of the 'nouns' and 'verbs' in the sentence is unknown. This is exactly the same situation as when you are faced with a sentence in a foreign language, and you cannot understand it because you do not know what some of the words refer to; but you may nevertheless understand that part of the sentence meaning which enables you to decide what sort of words (nouns, adjectives, verbs) they are, and look them up in a dictionary.

(4) Meaning is therefore a function of both the lexical and the syntactic structure of a language, that is, of the interaction between its vocabulary and grammar. And, since vocabulary and grammar are distinctive features of each language, meaning is peculiar to each one of them, and cannot be duplicated from one language to another. In other

words, an English utterance has an English meaning, and an Italian utterance an Italian meaning. They may, of course, both refer to roughly the same things in reality; and each may be considered as a translation of the other. But it is very important to realize that translation and meaning do not necessarily coincide, in fact they rarely do. Each utterance in a language, be it a single word or a complex sentence, has a range of possible references and uses that can hardly match that of its translation in another language. Remember, therefore, that whenever English equivalents of Italian words or sentences are given in this course, they must be taken merely as possible translations of those words or sentences in the context of which they appear, and never as their meaning. You must never suppose that once you have paired an Italian word with its English translation in one specific case, that translation will be valid in all cases.

(5) Although learning a new language is not child's play, and cannot be approached in the same way as a child learning his or her first language (a child takes about five or six years to do that; we just haven't got that kind of time), it can, and perhaps should, be treated as a game. In the learning process there are rules to be observed, situations to be faced and problems to be solved as they develop (including an element of chance), and roles to be acted out, which is not much different from, say, a game of 'Monopoly'. You should approach your learning task in the same spirit as you would a game, where seriousness, application and concentration are the necessary preconditions for enjoyment and fun.

The Italian language

Italian is the national language of the Republic of Italy (about 57 million inhabitants) and is one of the national languages of Switzerland (spoken by about a quarter of a million people, chiefly in Canton Ticino). It is also a language which about one tenth of the population of Australia, large groups of United States nationals, and smaller groups in Britain (London, Bedfordshire, Wales), in Belgium and in other parts of the world consider as part of their linguistic and cultural inheritance (whether they actually speak it or not), because of their Italian origins.

Though it has long been recognized as the standard language of Italy, Italian has never been, nor is today, the only language spoken in that country. The official language of the Roman Empire, Latin, which outside Italy evolved into such related but distinct languages as Spanish, Portuguese, French and Rumanian, developed within Italy into a large number of idioms, as different from each other as Spanish is from French or Rumanian, in spite of obvious family similarities. Many of these idioms (which are now called dialects to distinguish them from the national standard) were used in their writings by excellent poets, story-tellers and playwrights, creating a flourishing literary tradition which survives to the present day.

For various cultural and socio-political reasons, Tuscan, the language spoken in and around Florence, acquired a sort of primacy over all the other regional languages as early as the thirteenth century; and, by the sixteenth century, had gradually replaced Latin as the language educated people used to communicate across the regional language boundaries and write their literary or scholarly works. In this way Tuscan became the basis for a common national standard, and grew into a powerful symbol of national unity long before Italy actually became a nation in the second half of the nineteenth century. Until the advent of a comprehensive system of compulsory education and the spread of the mass media exposed increasingly large sections of the population to written and spoken Italian (that is, until the first half of the present century), the standard language was used, mostly in writing, by a minority of educated people. The vast majority of Italians were native speakers of one of forty-odd dialects; and, if they ever learned the standard language, they learned it later in life as a second language. This still applies today to about one third of the Italian population. In spite of their obvious allegiance to their cultural inheritance enshrined in the standard literary language, the language many Italians actually speak (which they believe to be 'Italian') may well be significantly affected by a dialect in its phonetic and syntactic structure, or may even *be* a dialect. Of course dialects are in no sense 'inferior' forms of language. They are fully fledged languages in their own right, and may be vehicles for a rich and rewarding cultural tradition. In order that their distinctive qualities should be recognized they must not, however, be confused with the standard language, which is the one you will be taught in this course.

Being for most of its history the mainly written language of the educated minority, Italian remained relatively unaffected by the changes that occur in any language spoken over a period of centuries by large numbers of ordinary people. It was far more stable than any other European language. The advantage, from the learner's point of view, is that anybody knowing modern Italian can understand thirteenth-century Italian far more easily than the average educated Englishman can understand thirteenth-century English. A knowledge of modern Italian is the key to a considerable cultural and artistic heritage stretching back over several centuries, as well as the means of getting to know the ideas, achievements and aspirations of about 57 million people with whom Britain has close cultural and commercial contacts.

Musicisti 1

These texts are about musicians. Various players are mentioned, together with their instruments and the kind of music they play. They are first described in a continuous text, and then questions are asked about them in dialogue form.

A

Giuliano è un chitarrista. È'uno specialista di chitarra classica. Anche Luisa suona la chitarra. Luisa è una chitarrista come Giuliano, ma suona la chitarra elettrica. Giuliano suona un programma di musica classica. Luisa invece suona solo musica jazz e rock. Giuliano detesta il rock. Giuliano e Luisa sono chitarristi ma non suonano la stessa musica. Marisa suona l'arpa. È una arpista, una solista di arpa. Susy suona la viola. È la prima viola dell' orchestra sinfonica. Marisa e Susy suonano musica classica ma anche musica moderna.

B

Chi è Giuliano?
È un chitarrista.
Che strumento suona?
Suona la chitarra classica.
Suona anche musica rock?
No. Giuliano detesta il rock.
Chi suona il rock?
Luisa suona il rock. Suona anche musica jazz.
Che strumento suona Marisa?
Marisa suona l'arpa. È una solista di arpa.
Chi suona la viola?
Susy suona la viola.
Che cosa suonano Marisa e Susy?
Suonano musica classica ma anche musica moderna.

How much of these texts did you understand? There should have been no problems since most of the words used closely resemble English words in their spelling.

Their sound may however be different. Listen carefully to the recorded text and pay attention to the way each word is pronounced. When you have done that, try reading the text sentence by sentence. After each sentence, play the recording of it as a check, using the stop/pause button on your recorder, and compare your pronunciation with that of the speakers on tape.

It is not possible to learn the correct pronunciation from a book, but the following notes may be of some help.

Sounds and spelling

Italian and English share the same alphabet. The letters j, k, w and y, however, are not normally used in spelling Italian words, and appear only in words borrowed from foreign languages.

You should not confuse spelling and sounds. Both English and Italian use five vowel letters (a, e, i, o, u) to represent vowel sounds; but whereas English manages to represent through them twelve distinctive vowel sounds (as in: *peat, pit, pat, purr, pub, pool, put, pore, pot, perturb* – to count only single sounds), Italian represents only five distinctive vowel sounds **palo**, pole or stake, **pelo** hair, **pila** electric battery, **polo** geographical pole, **pula** chaff). Of course you can hear in Italy renderings of **e** which are nearly as different from each other as the vowel in *pet* and *pat*; or renderings of **o** nearly as different as the vowels in *pore* and *pot*. The point is that no Italian listener will perceive the different pronunciations of **e** in **pelo** as being two different words; whereas a similar difference in the English example will induce an English listener to perceive one word as *pet* and the other as *pat*. You may therefore safely disregard non-distinctive pronunciations of Italian **e** and **o**.

By and large the correspondence between spelling and sounds is consistent in Italian. Generally speaking:

(a) Every written letter corresponds to one, and only one, distinctive sound.

(b) Letters keep their sound value practically intact, whatever combination of letters they enter into.

(c) The final vowel sound of English words like *polo* or *cafe* tends to be pronounced with a glide, or shift (*-ou, -ey*). No such final glides are tolerable in Italian pronunciation.

(d) The pronunciation of consonants is very similar in Italian and English. The most important differences are that no initial consonant is aspirated in Italian, that is, followed by an audible puff of air, as in English *pit, top* and *kip* (for a non-aspirated pronunciation compare the above examples with *spit, stop* and *skip*); and that double consonants must be read in Italian in a different way from single ones, since a difference in meaning may be involved (**pala** shovel, **palla** ball; **polo** geographical pole, **pollo** chicken; **fato** fate, **fatto** fact etc.) To pronounce a double consonant you must not only articulate it with greater energy but also shorten the preceding vowel.

Other differences and exceptions to these generalizations cannot be easily described in a book; that is why the course package includes a set of cassettes. If in doubt, refer to the recordings.

The letter **h** is never pronounced in Italian (except possibly in the conventional representation of laughter **ah ah**, which is pronounced *ha ha*). In the groups **-che-**, **-chi-**, **-ghe-**, **-ghi-** it serves to 'harden' the pronunciation of **c** and **g** (as in *chemistry, kit, get* and *gift*), which in its absence would be pronounced 'soft' (as in *chess, chit, jet* and *jiffy*).

Vocabulary – Vocabolario

Notice the similarity between the English and the Italian word in the title of this paragraph. Large areas of the English and Italian vocabulary are related. Some similarities are systematic, that is they apply to GROUPS of words; and they are pointed out in this section. Pay attention to them: it will help you to increase your word power without difficulty.

(a) Most nouns/adjectives ending in **-ista** have English correspondents ending in *-ist*:
    antagonista, conformista, dentista, idealista, linguista, materialista, ottimista, pessimista, specialista, opportunista, umanista;
    (players of musical instruments) **cellista, clarinettista, flautista, organista, violinista.**
(For the gender of these words see Grammar notes.)

(b) Another group of Italian words corresponding to English words includes
    programma (plural: **programmi**) and
    poema, tema, sistema, enigma, dogma, diploma, panorama, dramma,

programma, **telegramma**, **epigramma** etc.
Words in this group are all masculine. (See Grammar notes.)

anche also, too
suona (she) plays; **suonano** they play; from **suonare** to play (music, instruments). Note
    that this verb does not translate 'to play' with reference to games and the stage.
di of (often not translated as in **solista di arpa** = harp soloist)
solo only
la stessa musica the same music
la prima viola the leading viola (**prima** = first)
chi...? who...? whom...?
che...? which...?
che cosa...? what...?

Grammar notes – Note di grammatica

If you were able to understand and translate the text, you must necessarily have
understood its grammar. You will find that, in general, throughout this course, you will
be able to understand (with the help of some judicious guessing) much of each text before
reading the Grammar notes. Their purpose is to condense what you may have already
intuitively understood into clear and simple patterns, so that you may apply the
knowledge you have gained from a text to understanding subsequent texts and producing
correct Italian yourself. Before we move on to the patterns in this unit, there are a few
general points we need to consider.

    In English the role words play in a sentence is largely (though not solely) determined
by the order in which they appear. This makes all the difference between, say:

Drink the French wine.   French wine: THE drink.
The French drink wine.   Wine, the French drink.
Drink the wine, French.   The French wine-drink.

    In Italian, on the other hand, the grammatical function of words is not so much
determined by the order in which they appear, as by their FORM (involving changes in
their endings); and this is determined by the way in which they relate to one another.
Word-order can therefore be more flexible. The following phrases (the last one being
typical of Sicilian word-order) all correspond, admittedly with varying degrees of
emphasis, to *The post arrived yesterday*:

Ieri la posta è arrivata.   **La posta è arrivata ieri.**
Ieri è arrivata la posta.   **La posta ieri è arrivata.**
È arrivata la posta ieri.   **Arrivata ieri è la posta.**
È arrivata ieri la posta.   **Ieri la posta arrivata è.**

The system of interconnection, called AGREEMENT, works by means of FORMAL MARKERS
(an English example is the -*s* marking most plural nouns). All Italian nouns (such as
musica or **orchestra**) and adjectives (such as **classica** or **sinfonica**), as well as their
definite or indefinite articles, if any (corresponding to *the* and *a* or *an*) must be marked as
either singular or plural in NUMBER, and at the same time as either masculine or feminine
in GENDER. All verbs must display markers of person and tense, in addition to number
and in some cases gender, which serve to relate the verb to its subject. Thus in **La posta
è arrivata** we find feminine singular article (**la**) and noun (**posta**) followed by a third
person singular form of the perfect tense of **arrivare**, in which the past participle displays
feminine gender. This identifies **la posta** as the subject of the verb **è arrivata**. Number

usually indicates whether there is one or more of that kind, and gender may occasionally express the sex of animate beings, though neither applies to **posta** where such distinctions would be meaningless. Tense has some connection with real time and person with specific persons.

The main purpose of these categories of agreement is that of establishing the relationship between the various parts of the sentence, and showing their grammatical functions. In English formal markers (like the plural *-s*) are extremely few. In Italian they are many and affect the endings of words according to fairly regular rules, called rules of INFLEXION.

Before looking at the Grammar notes in each unit you may want to try to deduce the grammar of the text, or of those parts of the text you have clearly understood. For instance, in the text above: Which is the definite, and which the indefinite article? How many forms have they and how are they used? All nouns in this unit (except **strumento**, for which see 1.2) fall into a single inflexion pattern. Can you give its endings for masculine/feminine singular and plural? Check your answers with the patterns below.

1.1 Articles

The form the article takes is dictated not only by the gender and number of the noun following but also by whether it begins with a consonant or a vowel.

1.1.1 Definite article

masc. sing.	**il pianista solista problema**	before masculine words beginning with a consonant, except cases below	masc. pl.	**i pianisti solisti problemi**
	lo specialista psichiatra	before masculine words beginning with **s-** followed by consonant, or with **gn-, ps-, z-, x-**		**gli specialisti enigmi arpisti**
	l' enigma arpista	before masculine words beginning with a vowel		
fem. sing.	**la pianista solista viola**	before feminine words beginning with a consonant	fem. pl.	**le pianiste soliste viole arpiste orchestre**
	l' arpista orchestra	before feminine words beginning with a vowel		

10

1.1.2 Indefinite article

masc.	**un pianista** solista **un problema** enigma arpista	before all masculine words, whether beginning with a consonant (except cases below) or with a vowel (no apostrophe in this case)
	uno specialista psichiatra	before masculine words requiring **lo** as definite article (see above)
fem.	solista **una pianista** viola	before all feminine words beginning with a consonant
	un' arpista orchestra	before all feminine words beginning with a vowel

1.2 Nouns

Pattern 1

	sing.	pl.
masc. fem.	-a	-i -e

For examples of nouns following this pattern look back at the article pattern tables 1.1.1 and 1.1.2. Note that nouns ending in **-ista** may be either masculine or feminine. In the singular, the use of the apostrophe with the indefinite article is often the only gender marker for nouns beginning with a vowel: **un arpista**, masculine; **un'arpista**, feminine.

Nouns ending in **-ramma**, **-ema** (with the exception of **crema** cream, custard) **-gma** and **-sma** (except **asma** asthma) are all masculine:

il programma, il poema, l'enigma, il sisma (earthquake)

1.3 Adjectives

The difference between nouns and adjectives is a difference of function. For example **solista** is a noun in **il solista di chitarra** (the guitar *soloist*) and an adjective in **la viola solista** (the viola *solo*, meaning *playing alone*). For adjectives like **classica** and **sinfonica** appearing here in their feminine form, see 2.1.1.

1.4 Present tense

The change of endings in nouns is called INFLEXION. The changes occurring in the forms of verbs are called CONJUGATION. All Italian infinitives (the form listed in a dictionary) end in **-re**, preceded by **-a**, **-e** or **-i**. This vowel often determines differences in conjugation. This unit contains only verbs in **-are**, and two forms of **essere** (to be).

1.4.1 Verbs in -are

Infinitive	-are
	suonare
3 sing.	-a
	suona
3 pl.	-ano
	suonano

1.4.2 Essere

Infinitive	essere
3 sing.	è
3 pl.	sono

Esercizi

In the exercises you may come across Italian words that have not previously appeared in the text. They have either been dealt with in the Vocabulary notes, or are so similar to English words that there is no problem in understanding them. In all other cases they will be translated.

● **(a)**

Answer the following questions in Italian. To begin with, answer them orally looking at the text. Then try answering them in writing without looking.

1. Che strumento suona Luisa?
2. Che musica suona Luisa?
3. E Marisa e Susy, invece, che musica suonano?
4. Chi suona l'arpa?
5. E chi suona la viola?
6. Chi è lo specialista di chitarra classica?

● **(b)**

You don't know who certain people are. When you hear their name, title or qualification preceded by **ecco** *here is/are*, ask who they are. Pay particular attention to the intonation of the question: the pitch of your voice should rise on the last syllable.

1. Ecco Giuliano.
   Chi è Giuliano?
2. Ecco Marisa e Susy.
   Chi sono Marisa e Susy?
3. Ecco lo psichiatra.
4. Ecco il dentista.
5. Ecco le violiniste.
6. Ecco gli specialisti di musica classica.
7. Ecco Luisa.
8. Ecco il solista di chitarra.

(c)

In the following sentences fill in the gaps with the appropriate indefinite article.

1. Giorgio è ...... economista.
   Giorgio è un economista.
2. Maria studia letteratura italiana: è . *UN* . italianista.
3. 'Romeo e Giulietta' è .. *UN* . dramma di Shakespeare.
4. Susy suona la viola in . *UN* . orchestra sinfonica.
5. Il jazz è . *UNA* . musica di origine negra americana.
6. L'orchestra suona . *UN* .. programma di musica moderna.

(d)

And now fill in the gaps with the appropriate definite article.

1. ...... economisti sono specialisti di economia.
   Gli economisti sono specialisti di economia.
2. .. *I* ... socialisti detestano .. *I* ... capitalisti.
3. .. *il* ... telegramma è per (*for*) . *la* .. psichiatra.
4. Franco e Maria ammirano (*admire*) . *il* .... panorama.
5. '. *Il* .conformista' è un romanzo (*novel*) di Moravia.
6. .. *Il* .. sistema comunista è un sistema materialista.

extra

(a)

Supply the probable Italian forms in the singular, for the following words. Put the masculine indefinite article before those in the first and second columns, and the feminine indefinite article before those in the third and fourth.

UN propagandist*a*   *UN* colonialist*a*   *una* moralist*a*   *un* imperialist*a*
UN antifascist*a*   *un* militarist*a*   *una* linguist*a*   *una* terrorist*a*
UN pacifist*a*   *UN* evangelist*a*   *una* protagonist*a*   *un* individualist*a*

(b)

Supply the probable English translations of the following Italian words in **-ista**. Remember that some of them have no English equivalent ending in *-ist*, and that all of them require spelling adjustments.

elettricista	femminista	nazionalista	congressista	riformista
metodista	fiorista	estremista	telefonista	laburista
ciclista	tennista	collezionista	giornalista	alpinista
electrician	*feminist*	*nationalist*	*conference member*	*reformist*
methodist	*florist*	*extremist*	*telephonist*	*labour party member.*
cyclist	*tennis player*	*collector*	*journalist*	*mountaineer.*

(c)

Change the subjects and verbs in the following sentences from singular to plural, and listen to the check on your tape.

1. Il pacifista detesta il terrorista.
   I pacifisti detestano i terroristi.
2. Il linguista studia la lingua italiana.
   I linguisti studiano le lingue italiane
3. La tennista americana arriva oggi (*today*) a Wimbledon.
   Le tenniste americane arrivano oggi a Wimbl.
4. L'antifascista è anche anticolonialista.
   gli antifascisti sono anche anticolonialisti

(d)

Chi è? Answer the questions on tape by reference to the numbered drawings below, using the indefinite article. For example the pattern for picture 1 would be:

-Chi è?   -*È un violinista.*

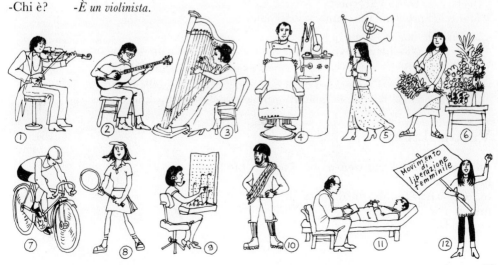

13

I problemi del momento 2

The vocabulary one needs to talk about today's problems, politics and the seemingly everlasting economic crisis is often easier to understand than the vocabulary of other 'simple' topics. See what you can make of the following newspaper headlines and of the concluding summary of an article.

1. Un problema del momento: la violenza urbana. Continua la vigilanza della polizia sui terroristi.

2. L'alleanza atlantica: strumento della politica americana? Un commento del segretario del partito comunista jugoslavo

3. In Germania il secondo congresso del Movimento Democratico Europeo

4. Le forze armate della NATO: una presenza necessaria per l'indipendenza politica ed economica dell'Europa

5. Il discorso in Parlamento del Ministro delle Finanze sulla nuova politica economica del governo

6. La rivista economica e finanziaria *Il Mondo* pubblica oggi un articolo sui problemi del commercio italiano nel contesto economico europeo. L'articolo è firmato 'Mercurio': lo pseudonimo nasconde un noto diplomatico, economista e specialista di finanza. Insieme a uno studio, preciso ed erudito, dello stato dell'economia e della finanza europea, l'articolo presenta e commenta un documento molto informativo preparato dagli esperti del Ministero delle Finanze, illustra la politica economica del governo italiano in questo momento, e include molti dati statistici.

Questions and answers

And now listen to a few questions and answers on the previous paragraph.

– Che tipo di rivista è *Il Mondo*?
– È una rivista di economia e finanza.
– Che cosa pubblica oggi?
– Pubblica un articolo di 'Mercurio'.

– Mercurio? E chi è Mercurio?
– È lo pseudonimo di un noto diplomatico, specialista di economia e di finanza.
– Di che cosa tratta l'articolo?
– Tratta dei problemi del commercio italiano.

– Un articolo noioso, allora!
– Ma no, è molto informativo. Include molti dati statistici e un documento.

– Un documento segreto?
– No, non è segreto. È preparato dagli esperti del Ministero delle Finanze.
– Che cosa noiosa! Economia, politica, problemi del momento! Basta, basta!

Vocabolario

un problema del momento one of today's problems
la polizia the police
le forze armate the armed forces, the army
nuova new
oggi today

pseudonimo pen-name
noto well-known
molto informativo very informative; **molti dati statistici** many statistical data
rivista review, journal
Il Mondo 'The World'
di che cosa tratta? what is it about? (from **trattare** to deal with)
noioso boring; **la noia** boredom, annoyance
basta! enough! that's enough!

Further similarities between Italian and English words may be observed in the following cases:

○ Like **momento** many nouns ending in **-mento** correspond to English nouns ending in -*ment*, and are all masculine:

> **commento, complimento, documento, elemento, incremento, lamento, monumento, ornamento, pigmento, strumento, supplemento, temperamento, testamento, tormento** etc.

○ Like **violenza**, many nouns ending in **-enza** correspond to English nouns ending in -*nce*, -*ncy* and are all feminine:

> **adolescenza, ambulanza, arroganza, benevolenza, competenza, conseguenza, differenza, diffidenza, dipendenza, diligenza, distanza, efficienza, eleganza, essenza, finanza, indipendenza, intelligenza, licenza, negligenza, presenza, prudenza, resistenza,** etc.

○ Like **statistico**, many nouns and adjectives ending in **-ico** correspond to English nouns and adjectives ending in -*ic*, -*ical* (for their plural see 2.1.1):

> **artistico, asiatico, atlantico, automatico, classico, critico, diplomatico, democratico, economico, metallico, periodico, poetico, politico, sarcastico, scientifico** etc.

○ These lists are given merely as examples of words that roughly correspond in Italian and English, not as lists to be memorized, though the more words you can remember the better.

Note di grammatica

2.1 Nouns and adjectives

Pattern 2

	sing.	pl.
masc.	-o	-i
fem.	-a	-e

Nouns and adjectives belonging to the same pattern have the same endings:

diplomatico famoso, diplomatici famosi

Nouns and adjectives belonging to different patterns have different endings:

giornalista italiano

2.1.1 Nouns and adjectives in -ico

Most nouns and adjectives in **-ico** have an unstressed ending, but a few end in stressed **-ìco**.

The table summarises, with examples, the ways they form their plurals. (The accents do not normally appear – they are just there to help you identify the stress.) See next page. (Nouns and adjectives in **-ica** form their plural in **-iche.**)

15

	sing.	pl.
unstressed ending	**econòmico** economist	**econòmici**
stressed ending	**fico** fig **pudìco** modest **lombrìco** earth-worm EXCEPT **amìco** friend **nemìco** enemy	**fichi** **pudichi** **lombrichi** **amici** **nemici**

2.1.2 Nouns and adjectives in -co and -go preceded by a vowel

Similar rules apply. There are however more numerous exceptions, and you are advised to check with a dictionary.

	sing.	pl.
unstressed ending	**manìaco** maniac **ginecòlogo** gynaecologist	**manìaci** **ginecòlogi**
stressed ending	**bàco** silk worm **màgo** magician (MANY EXCEPTIONS)	**bachi** **maghi**

2.2 Prepositions

Though in most cases Italian **in** corresponds to English *in* and **su** to *over* or *above*, it is not possible to give general and consistent translations of prepositions and prepositional articles. You will find further information on the use of prepositions in the units that follow.

2.2.1 Prepositional articles

The prepositions **a, di, da, in, su, con**, combine with definite articles immediately following them, as in the table below. (The forms in brackets are rare in writing.)

	a	di	da	in	su	con
il	al	del	dal	nel	sul	col
lo	allo	dello	dallo	nello	sullo	[collo]
l'	all'	dell'	dall'	nell'	sull'	coll'
la	alla	della	dalla	nella	sulla	[colla]
i	ai	dei	dai	nei	sui	coi
gli	agli	degli	dagli	negli	sugli	[cogli]
le	alle	delle	dalle	nelle	sulle	[colle]

Per does not combine with definite articles in modern Italian.

2.2.2 Use of 'di'

The following examples give some idea of the range of use of **di**:

la stato **dell'**economia (*the state of the economy*)
un articolo **di** 'Mercurio' (*an article by Mercurio*)
il concerto **del** chitarrista americano (*the American guitarist's concert*)
la politica **del** governo (*Government policy*)
suonano **della** musica pop (*they are playing (some) pop music*)
scrive **degli** articoli (*he/she writes (a few) articles*)

2.2.3 Present tense of verbs in -are and -ere

Infinitive	-are commentàre	-ere inclùdere
3 sing.	-a commènta	-e inclùde
3 pl.	-ano commèntano	-ono inclùdono

Note that the stress falls on the same vowel in *both cases*, and plural third person endings are unstressed. (Accents are included here to help you identify the stress.)

In this unit you have come across two other verbs of these kinds:
pubblicare and **dipendere**.

2.4 Past participle of verbs in -are

This is formed by replacing the ending **-are** with **-ato, -ata, -ati, -ate**, according to the gender and number of the noun it refers to:

il documento preparato, le forze armate, l'articolo firmato etc.

(The past participle agrees, in the same way as an adjective.)

2.5 Position of adjectives

In Italian most adjectives come after the noun i.e. the order is (usually) the opposite of the English: e.g. **nel contesto economico europeo** in the European economic context, **Movimento Democratico Europeo** European Democratic Movement. BUT: **un noto diplomatico** a well-known diplomat. (For further notes see Unit 12.5.)

Esercizi

● (a)

Here are the words for a few more musicians.
This time their instruments are all masculine,
ending in **-o**. Say what instrument they play.

1. Maurizio è un pianista.
   Suona il piano.
2. Anna è un'organista.
3. Severino è un flautista.
4. Carla è una violinista.
5. Giorgio è un cellista.
6. Marco è un clarinettista.

(b)

Devise appropriate questions for the following answers, based on the questions to the summary of the article from *Il Mondo* (Text 6).

1. È una rivista di economia e finanza.
   Che rivista è Il Mondo?
2. *Il Mondo* pubblica un articolo di 'Mercurio'.
3. 'Mercurio' è un noto diplomatico.
4. L'articolo tratta dei problemi del commercio italiano.
5. No, non è noioso. È molto informativo.

● (c)

Put the appropriate definite article before each of the following noun–adjective pairs, and form their plural.

esperimento scientifico
l'esperimento scientifico,
gli esperimenti scientifici
pigmento metallico
sentimento democratico
testamento politico
monumento classico
ornamento artistico
elemento chimico
critico letterario
periodico finanziario
alleanza politica
esperienza scientifica
statistica economica
commento sarcastico
complimento poetico

(d)

Translate into Italian:

1. Urban violence is only (*solo*) one of today's problems.
2. The party's secretary comments on government policy.
3. The article does not include statistical data.
4. Maurice plays the piano with competence and elegance.
5. The psychiatrist's programme includes a scientific experiment.
6. This (*questo*) exercise is boring. That's enough.

(a)

Supply the probable English translations of the following Italian words (spelling adjustments required):

abbondanza   obbedienza
assenza   pazienza
coscienza   provvidenza
costanza   risonanza
esperienza   tolleranza

(b)

In the following pairs of words, each one is preceded by a blank. Write in the first blank the appropriate form of the definite article, and in the second the appropriate form of the prepositional article **del**. Assume that nouns in **-ista** are masculine, unless followed by (f).

e.g. ...... articolo ...... diplomatico   *l'articolo del diplomatico.*

...... titolo ...... libro (*book*)   ...... strumento ...... violinista (f)
...... studio ...... dentista   ...... programma ...... orchestra
...... concerto ...... violinista (f)   ...... vocabolario ...... scienza
...... filosofia ...... idealisti   ...... esperienza ...... specialista
...... problemi ...... capitalisti   ...... arroganza ...... militaristi
...... essenza ...... documento   ...... esempio ...... ministro
...... articolo ...... giornalista (f)   ...... violenze ...... terroristi
...... problema ...... economista   ...... ufficio ...... diplomatico

(c)

Questions in Italian have the same form and word order as affirmative statements: the only difference is a special intonation, showing a higher pitch on the last vowel. Practise this intonation by repeating your friend's statement with some incredulity. Omit the subject and begin with **Davvero** (really ......?)

1. 'Mercurio è un economista famoso.
   Davvero è un economista famoso?
2. La polizia vigila (*keeps an eye*) sui terroristi.
3. Mario scrive (*writes, is writing*) degli articoli per *Il Mondo*.
4. La politica economica del governo è nuova.
5. Giuliano è uno specialista di musica classica.
6. L'articolo non è noioso.
7. L'amico di Luisa è un diplomatico.

(d)

A common and useful adjective in **-ico** is **simpatico** *nice, likeable, pleasant,* said of people you like and approve of. You are being told about various people, friends of friends of yours. You find them nice. Say so, using the appropriate form of **Davvero? Com'è simpatico!** *Really? How nice he is!*

1. L'amico di Luisa è un diplomatico.
   Davvero? Com'è simpatico!
2. L'amica di Giorgio è una violinista.
3. Gli amici di Giuliano sono dei musicisti.
4. L'amico di Sandra è un meccanico (*mechanic*).
5. Le amiche di Marco sono delle tenniste.
6. L'amica di Susy è una critica d'arte.
7. L'amico di Maurizio è un idraulico (*plumber*).
8. Gli amici di Francesca sono dei socialisti.

La stampa

Mary asks her Italian friend Giovanni about Italian newspapers; whether they are politically independent or not, what one can read in them, their similarities and differences to English newspapers. In this unit you practise asking more questions and saying 'There is ..., there are ...'

MARY   Che giornale leggi, Giovanni?

GIOVANNI   Leggo il *Corriere della sera*, un giornale indipendente che si pubblica a Milano.

MARY   Indipendente?

GIOVANNI   Sì, nel senso che non è un giornale di un partito politico, come *L'Unità* del partito comunista, o *Il Popolo* del partito democristiano. Dipende però di fatto da un gruppo di industriali milanesi.

MARY   Che tipo di giornale è?

GIOVANNI   Be', Mary, è un giornale nazionale importante, come il *Times* o il *Daily Telegraph*, insomma. Pubblica commenti politici, articoli di argomento scientifico e culturale, informazioni artistiche e letterarie, lettere al direttore. Ha corrispondenti speciali in varie parti del mondo.

MARY   Che cosa si legge nel *Corriere* di oggi?

GIOVANNI   Vediamo ... Si legge un'importante intervista del leader di un partito dell'opposizione parlamentare, e una conversazione molto interessante di un giornalista col presidente della confederazione degli industriali sui problemi del commercio europeo. Ci sono anche articoli sulla situazione economica italiana e sul movimento di emigrazione interna dal sud al nord dell'Italia.

MARY   Che cosa c'è d'interessante sul cinema e sul teatro?

GIOVANNI   C'è una critica molto acuta dell'ultimo film di Fellini, e un'intervista col direttore artistico del Teatro Nazionale. C'è anche una fotografia della compagnia del Teatro Nazionale, arrivata a Milano questa settimana. Si vedono bene il direttore e gli attori più importanti.

MARY   Ci sono in Italia giornali popolari come il *Sun* o il *Daily Star*?

GIOVANNI   No, non ci sono. Ci sono però delle riviste e dei settimanali popolari illustrati che hanno una simile funzione, e un simile pubblico.

Vocabolario

la stampa   the press; **stampare** to print

leggere   to read

il giornale   daily newspaper; **giorno** day

(**il**) **settimanale**   weekly (magazine); **settimana** week (**sette** seven)
   Note the correspondence between many nouns and adjectives in *-al* and in **-ale**: in this dialogue you will find **nazionale, culturale, speciale, industriale** (which means both *industrial* and *industrialist*). There is a similar correspondence between adjectives and nouns in *-ar*, *-ary* and **-are**: note in this dialogue **parlamentare** and **popolare**.

indipendente   This is one of many noun–adjectives in **-nte**, corresponding to English words in *-nt*. Also in this dialogue: **importante, corrispondente, presidente** (**interessante**, of course, corresponds to interesting). Some of these words are related to verbs: **dipendere** to depend, **correspondere** to correspond, **interessare** to interest.

democristiano (= **democratico cristiano**) Christian Democrat

però however

di fatto in fact

be' shortened form of **bene** well

come like, as

insomma on the whole (often a mere filler)

argomento topic, subject matter, argument (NOT in the sense of *dispute*)

informazioni information. In the singular this word may be translated as item of news. It belongs to a large group of words in **-zione** (about 250) ALL feminine, corresponding to English nouns ending in *-tion*. In this dialogue: **opposizione, conversazione, confederazione, situazione, emigrazione, funzione. Nazionale** (see above) is related to **nazione.**

direttore editor (of a newspaper); director (but not a theatre or film director, which is **il regista**); administrative head (in which case it may refer to a theatre manager)

intervista interview

sud south; **nord** north (other cardinal points are **est** east and **ovest** west)

la critica criticism, review; **il critico** critic; **criticare** to criticize

acuto, -a sharp, perceptive (cp acumen)

questo this

vedere to see

più more

Note di grammatica

3.1 Nouns and adjectives

Here is a recapitulation of the inflexion patterns we have met so far:

Pattern 1   Pattern 2

	sing.	pl.
masc.⎫ fem. ⎭	-a	-i -e

	sing.	pl.
masc.⎫ fem. ⎭	-o -a	-i -e

il/la pianista   **questo commento**
i pianisti   **questi commenti**
le pianiste   **questa rivista**
                             queste riviste

In this unit we introduce a new pattern:
Pattern 3

	sing.	pl.
masc.⎫ fem. ⎭	-e	-i

il giornale liberale
i giornali liberali
la situazione commerciale
le situazioni commerciali

21

3.2 Present tense

The Present Indicative of Italian verbs is equivalent to both the Present tense and the Continuous Present in English:

Giorgio legge il giornale. George is reading the paper *or* George reads the paper.

The 1st and 2nd person plural of the Present tense are identical to those of the Imperative (see Unit 12). **Vediamo** can therefore mean both *we see* and *let's see*.

3.2.1 Verbs in -are, -ere

		stampare	dipendere	partire
		to print	to depend	to leave
sing.	1	stamp**o**	dipend**o**	part**o**
	2	stamp**i**	dipend**i**	part**i**
	3	stamp**a**	dipend**e**	part**e**
pl.	1	stamp**iamo**	dipend**iamo**	part**iamo**
	2	stamp**ate**	dipend**ete**	part**ite**
	3	stamp**ano**	dipend**ono**	part**ono**

* A number of verbs in **-ire** follow a different pattern, EXCEPT in the first and second person plural, which is like **partire**. The alternative pattern is given in Unit 13.

Verbs ending in **-care** and **-gare** keep the **c/g** sound they have in the Infinitive, and therefore have to add an **-h-** before **-i-** (and **-e-**, when it appears in other tenses). Verbs in **-cere** and **-gere**, on the other hand, do not adjust their spelling and change their **c/g** sound according to the vowel following:

		pubblicare	pagare	vincere	leggere
		to publish	to pay	to win	to read
sing.	1	pubblic**o**	pag**o**	vinc**o**	legg**o**
	2	pubblic**hi**	pag**hi**	vinc**i**	legg**i**
	3	pubblic**a**	pag**a**	vinc**e**	legg**e**
pl.	1	pubblic**hiamo**	pag**hiamo**	vinc**iamo**	legg**iamo**
	2	pubblic**ate**	pag**ate**	vinc**ete**	legg**ete**
	3	pubblic**ano**	pag**ano**	vinc**ono**	legg**ono**

double consonant

3.2.2 Essere and avere

		essere	avere
		to be	to have
sing.	1	**sono**	*****ho**
	2	**sei**	*****hai**
	3	**è**	*****ha**
pl.	1	**siamo**	**abbiamo**
	2	**siete**	**avete**
	3	**sono**	*****hanno**

* Note that the initial **h** is not pronounced.

3.3 Pronoun 'si'

The pronoun (which is pronounced as part of the verb form it accompanies) has two main uses: (a) as a reflexive 3rd person pronoun; and (b) as the marker of impersonal verbal expressions, with no explicit subject, in which case it can often be translated by the English *one* or *people*:

(a) **Giorgio si ascolta alla radio.**   George is listening to *himself* on the radio.
(b) **Si ascolta Giorgio alla radio.**   *One* is listening to George on the radio/*People* are listening to George on the radio.

In the second kind of use it can often be translated into English by means of a passive sentence, especially when it has passive connotations in Italian, as in the following example:

Il Corriere si pubblica a Milano.   The *Corriere* is published in Milan.
In questa scuola si studia l'italiano.   Italian is studied in this school.

In this case there is agreement between the verb and the subject of the passive:

In questa scuola si studiano l'italiano e il francese.   Italian and French are studied in this school

3.4 Particle 'ci'

Like **si** above, **ci** is pronounced as part of the accompanying verb:

c'è (ci + è)   there is (NOT it is)
ci sono   there are

3.5 Prepositions and prepositional articles (see 2.2)

As in the case of **di** (2.2.2) their translation into English may vary considerably according to the context. The following notes are merely hints on their usage:

da   corresponds to *by* if it is preceded by a passive verbal form: **l'articolo scritto dall'economista** the article written by the economist. **Da** can also correspond to *from*: **dal sud al nord** from south to north

di   often means *by*: **l'articolo dell'economista**, the article by the economist. It is also found where no preposition at all would be used in English: **Che cosa c'è d'interessante?** Is there anything interesting?

a   indicates movement, as in **dal sud al nord** and in **lettere al direttore** letters to the Editor; or indicates location: **a Milano** in Milan, **a casa** at home

con   corresponds to *with*, as in **un'intervista col direttore** an interview with the director

su   *on* or *about*, as in **sui problemi del teatro** on the problems of the theatre

in   straightforward *in*: **si legge nel 'Times'** it can be read in the *Times*

3.6 Tutto

Note the construction of this adjective:

tutto il mondo	the whole world
tutta la compagnia	the whole company
tutti gli studenti	all the students
tutte le riviste	all the magazines
tutti e due	both of them

Esercizi

(a)

Agreement does not, of course, mean identical endings. These occur only if a noun and an adjective belong to the same pattern. Practise agreement with pairs of different patterns. To begin with, here are a number of plural pairs. Change them into the singular and write the appropriate indefinite article in front of them:

1. programmi noiosi
   un programma noioso
2. modelli recenti
3. giornali democristiani
4. telegrammi urgenti
5. industriali italiani
6. momenti difficili

Now do the reverse: starting from the following singular pairs, form their plural, and write the form of the definite article before each pair.

7. situazione economica
   le situazioni economiche
8. persona importante
9. rivista popolare
10. informazione scientifica
11. emigrazione interna
12. critica interessante

(b)

Your friend is passing judgement on certain things. You see nothing exceptional in them. Turn her specific judgement into a general one.

1. Questa conversazione è interessante.
   Tutte queste conversazioni sono interessanti.
2. Questo industriale è competente.
3. Questo professore è intelligente.
4. Questo candidato è liberale.
5. Questa creazione è originale.
6. Questa stazione è moderna.
7. Questa condizione è sufficiente.
8. Questa definizione è precisa.
9. Questa decisione è urgente.
10. Questo governo è dittatoriale.
11. Questo generale è prudente.
12. Questo commerciante è onesto.

(c)

This time it's your friend who indulges in sweeping generalizations, and it's your turn to be more specific.

1. In questo documento tutte le distinzioni sono importanti.
   Ma no, soltanto questa distinzione è importante.
2. In questa rivista tutti gli articoli sono interessanti.
3. Questa settimana tutti i programmi sono noiosi.
4. In questa strada (*street*) tutti gli immigranti sono indiani.
5. In questo momento tutte le restrizioni sono necessarie.
6. In questa città (*city, town*) tutti i commercianti sono disonesti.
7. In questa compagnia teatrale tutti gli attori sono italiani.
8. In questa situazione tutte le critiche sono irritanti.
9. In queste condizioni tutte le economie sono urgenti.
10. In questa conversazione tutte le generalizzazioni sono stupide.

(d)

Replace the verb between brackets with the appropriate impersonal form.

1. Che cosa (*leggere*) nel giornale?
   Che cosa si legge nel giornale?
2. Che cosa (*pubblicare*) in questa città?
3. Che cosa (*studiare*) in questa scuola?
4. Che cosa (*vedere*) nella fotografia?
5. Che cosa (*preparare*) per il congresso del partito?
6. Che cosa (*ascoltare*) alla radio?

(e) Translate into Italian:

1. The most important article in today's newspaper is the interview with the president of the Italian Industrialists Confederation on the present economic situation.
2. The professor is the liberal candidate (*candidato*) in the present general elections.
3. This document includes the most recent statistical data on inflation.
4. The most persistent ambition of this student is to publish an article in a literary magazine.
5. The industrialist reads all the most important Italian economic journals.
6. It is not necessary to criticize this article: it is perceptive and very informative.

(a)

Supply the probable Italian forms of the following words:

action	composition	insubordination	notion
aspiration	continuation	insurrection	station
attention	creation	lamentation	perfection
ambition	donation	modification	production
competition	inflation	negation	portion

There is an equivalence also between many words in -*(s)sion* and -**(s)sione**. Supply the probable Italian equialents of:

admission	depression	expansion (x = **s**)
conversion	division	passion
decision	expression (x = **s**)	tension

(b)

Listen to the following questions. Answer each of them negatively: nothing is interesting!

1. Che cosa si legge nel giornale?
   Non si legge niente d'interessante.
2. Che cosa si pubblica in questa città?
3. Che cosa si studia in questa scuola?
4. Che cosa si vede nella fotografia?
5. Che cosa si prepara per il congresso del partito?

(c)

Listen to Giovanni and Mary talking on tape. When you are sure you have understood their dialogue answer the following questions.

1. What is Giovanni reading? (i) a magazine (ii) a newspaper
2. What is it called?
3. Where is it published?
4. Is it connected with a political party? (i) yes (ii) no
5. What is the interesting article about? (i) music criticism (ii) contemporary America (iii) famous critics (iv) contemporary American music

(d)

Replace the gaps in the following Italian sentence by the Italian equivalent of one of the English nouns/adjectives in the following list:

dissident, ignorant, important, protestant, urgent.

1. Giorgio non sa niente. È molto ......
2. In Russia ci sono molti ...... contrari al regime comunista.
3. Nell'Irlanda del Nord c'e un conflitto tra cattolici e ......
4. Nel giornale di oggi c'è un articolo ...... sulla politica economica del governo.
5. Questo telegramma è ......

Al campeggio

Campeggio is the Italian word for *camp-site*, but do not be surprised if the Italians call it **Camping**! A tourist in a motor caravan has just arrived in one of them and asks the girl in the office for all the information he needs. She gives him a few simple directions.

SIGNORINA	Buon giorno signore.
TURISTA	Buon giorno signorina. C'è posto?
SIGNORINA	Certo signore. Oggi abbiamo molto posto. Cos'ha, tenda, camper o roulotte?
TURISTA	Roulotte. Questo qui fuori.
SIGNORINA	Vedo. C'è un posto che va proprio bene, là in fondo a destra.
TURISTA	Dove?
SIGNORINA	Vicino a quella specie di capanna, sotto i pini.
TURISTA	Che cos'è quella specie di capanna?
SIGNORINA	Sono le docce.
TURISTA	Ah, e gli altri servizi dove sono?
SIGNORINA	Gabinetti, bagni e lavatoi sono in fondo a sinistra.
TURISTA	E questo edificio al centro?
SIGNORINA	Al centro abbiamo la cucina. Ci sono fornelli per cucinare e acquai per lavare le stoviglie. Acqua calda e fredda, naturalmente.
TURISTA	Ah, ma noi cuciniamo nella roulotte.
SIGNORINA	Quante persone sono?
TURISTA	Io, mia moglie e due figli.
SIGNORINA	E da dove vengono?
TURISTA	Veniamo dall'Inghilterra.
SIGNORINA	Quanto rimangono?
TURISTA	Una settimana.
SIGNORINA	Ci sono due moduli da riempire. Nome, cognome, indirizzo, numero di passaporto.
TURISTA	Due moduli? Che differenza c'è?
SIGNORINA	Questo è per noi, questo per la polizia.
TURISTA	C'è un negozio?
SIGNORINA	Sì, è qui di fronte all'ufficio. Per le cose di prima necessità. Per il resto ci sono i negozi in città.
TURISTA	A che distanza siamo dalla città?
SIGNORINA	Circa tre chilometri. C'è un autobus che ferma proprio davanti all'uscita del campeggio: per lei c'è più convenienza a prendere l'autobus e a lasciare qui l'automobile. È difficile parcheggiare in città.
TURISTA	C'è un posto qui nel campeggio dove prendere un caffè?
SIGNORINA	Sì, c'è un bar di fianco al negozio.
TURISTA	Molte grazie, signorina.
SIGNORINA	Prego!

Vocabolario

buon giorno   good morning, good afternoon; after dusk: **buona sera**; before retiring to bed: **buona notte**

signore   sir (If the man's name is known, it must be used, in which case **signore** loses its final **-e**: **buon giorno signor Rossi**. This does not apply to **signora** and **signorina**, which tend not to be followed by the woman's surname even when it is known. Whether an unknown woman is called **signora** or **signorina** largely depends upon her age; otherwise it depends on whether she is married or unmarried.)

posto   place, room (In other contexts: post, job, site.)

camper   motor caravan; **roulotte** caravan

qui fuori   right outside

va proprio bene   it's absolutely right, it's just right for you; **va** is a form of **andare** (see 4.5); **proprio** used as an adverb, reinforces the adjective

in fondo   at the bottom, at the far end, down there

a destra   on the right; **a sinistra** on the left

dove   where

vicino   near; used as an adverb it is normally followed by **a**

capanna   hut

sotto   under

doccia   shower

servizi   services, conveniences (*singular*: **servizio**); **gabinetto** toilet (but in other contexts: cabinet, surgery); **bagno** bath, bathroom; **lavatoio** washroom, washbasin (from **lavare** to wash; other words: **lavabo** washbasin, **lavanderia** laundry)

cucina   kitchen (in other contexts: cuisine, cooker, cookery); **cucinare** to cook

fornello   cooker, cooking ring, hot plate; **forno** oven

acqua   water, **acquaio** kitchen sink

caldo   hot; **freddo** cold

naturalmente   naturally, of course

da dove vengono?   where do you come from? (see 4.5)

quanto rimangono?   how long are you staying?

mia moglie   my wife (**Moglie** has a regular plural in **-i**: **mogli**. There are a few more words in **-ie**, all feminine. Some are invariable: **effigie, serie, specie, progenie**. Some are only plural: **le stoviglie** crockery, **le esequie** funeral, **le intemperie** bad weather. **Superficie** surface has a regular plural: **superfici**.)

figlio   son; **figlia** daughter

riempire un modulo   to fill in a form (**il nome** first name; **il cognome** family name; **indirizzo** address; **indirizzare** to address; **numero di passaporto** passport number)

differenza, distanza   We have noted (Unit 2 Vocabolario) that a number of nouns ending in **-nza** correspond to English words ending in *-ncy* or *-nce*, e.g. **delinquenza, efficienza, frequenza, decenza, indecenza, presidenza** etc. Many of these nouns are related to nouns/adjectives ending in **-nte** (see Unit 3 Vocabolario) e.g. **adolescenza–adolescente; convenienza–conveniente; delinquenza–delinquente; eleganza–elegante; frequenza–frequente; prudenza–prudente** etc.

negozio   shop

di fronte a   opposite (**davanti a** opposite, before)

le cose di prima necessità   one's first needs

prendere   to take; **lasciare** to leave (something behind)

di fianco a   by (the side of)

prego!   don't mention it, it's all right (the standard reply to **grazie** thanks)

Note di grammatica

4.1 Invariable nouns

Besides the few nouns in **-ie** mentioned in the Vocabolario section, the following categories are also invariable:

4.1.1 Truncated nouns

These are nouns that, for some reason, have lost their final syllable (which would normally have changed in the plural). They include:

A very large class of nouns ending in **-tà**, all feminine, which mostly correspond to English nouns ending in -*ty*, for example:

abilità, acidità, affinità, ambiguità, autorità, capacità, cordialità, curiosità, deformità, densità, dignità, divinità, eternità, facilità, formalità, generosità, identità, immoralità, moralità, necessità, neutralità, possibilità, qualità, quantità, sincerità, superiorità, unità, varietà etc.

A few shortened words, like:

l'auto motor car, **la moto** motorbike, **la radio**, **il cinema**

The full forms would be: **l'automobile** – **le automobili**, **la motocicletta** – **le motociclette**, **la radioricevente** – **le radioriceventi**, **il cinematografo** – **i cinematografi**.

4.1.2 All nouns stressed on the last syllable

il caffè coffee, **la tribù** tribe

4.1.3 All monosyllabic nouns ending in a single vowel

il re king; **il tè** tea (written with an accent to distinguish it from the 2nd person object pronoun **te**)

4.1.4 Nouns ending in -i

Only one masculine; **il brindisi** the toast (drink)
The rest are all feminine: **anàlisi, crìsi, diàgnosi, diòcesi, ipòtesi, òasi, psicòsi, simbiòsi**. (Accents are included here to help you identify the stress.)

4.2 Adjectives and adverbs

Some words share both functions. As adjectives they have the same gender/number as the noun they qualify:

la citta è vicina	the town is nearby
nella propria cucina	in one's own kitchen
abbiamo molto posto	we have a lot of room

As adverbs they appear in the masculine singular form and do not change:

vicino alla città	near the town
proprio nella cucina	right in the kitchen
viaggiamo molto	we travel a lot

4.3 Use of 'buono'

Whenever it precedes the noun it refers to, **buono** inflects in the singular like the indefinite article:

un giorno, buon giorno
una sera, buona sera

It is extensively used in greetings and in wishing people well:

buon anno	Happy New Year
buon Natale	Merry Christmas
buon viaggio	have a pleasant journey
buone vacanze	have a pleasant holiday

4.4 Polite form of address

When addressing people one does not call by their first name, the 3rd person of verbs is used instead of the 2nd. This happens more frequently in the singular, e.g. **Cosa ha, tenda o camper?** instead of **cosa hai? Quante persone sono?** instead of **Quante persone siete?** If pronouns have to be used, **tu** is replaced by **lei** and **voi** by **loro** (often written with capital **L**).

4.5 Irregular verbs

Note the following irregular Present tenses:

Infinitive	andare to go	venire to come	rimanere to stay	riempire to fill (in)
sing. 1	vado	vengo	rimango	riempio
2	vai	vieni	rimani	riempi
3	va	viene	rimane	riempie
pl. 1	andiamo	veniamo	rimaniamo	riempiamo
2	andate	venite	rimanete	riempite
3	vanno	vengono	rimangono	riempiono

If a verb already has an **-i** before the 1st person ending (as in **mangio** I eat, **viaggio** I travel), that **-i** is dropped before any ending in **-i** (to avoid a double **i**):

e.g. **mangi** (NOT mangii)   **viaggi** (NOT viaggii)

Esercizi

(a)

Wish your friends well, whatever they may be about to do, or on whatever occasion. The situations will suggest what you should say (On the tape you will hear only the required response.)

1. You meet your friend in the early afternoon: give the appropriate greeting. *Buon giorno!*
2. Your friend is about to go on a journey (*viaggio*).
3. Your friend is about to begin a period of study (*studio*).
4. Your friend is going out for a walk (*passeggiata*).
5. You and your friends are about to eat a hearty meal: say you hope they will enjoy it (use *appetito*).
6. It's Easter time (*Pasqua*): give the appropriate greeting.
7. You meet your friend in the evening: what do you say?
8. Your friend is about to go camping. Wish him well.
9. Your friend is going for a swim in the sea. (*bagno*).
10. What do you say to your friend before going to bed?

(b)

Your friend is afraid that, on your camping trip, you may restrict yourself to only one thing at a time. Be generous! Whatever it is, there's going to be two of it.

1. Si visita solo una città?
   Ma no, si visitano due città.
2. Si porta (*carry*) solo una tenda (*tent*)?
3. Si passa (*spend*) solo una settimana?
4. Si riempie solo un modulo?
5. Si usa solo un fornello?
6. Si prende solo un caffè?
7. Si mangia (*eat*) solo un pasto caldo (*hot meal*)?
8. Si compra (*buy*) solo una bottiglia (*bottle*) di vino (*wine*)?

(c)

This time, however, you have been hit by cuts in holiday spending. Your friend would like to have two of whatever is going: restrict him to one at a time.
In your replies, use **solo** as an adjective.

1. Visitiamo due città?
   Ma no, visitiamo una sola città.
2. Portiamo due tende?
3. Passiamo due settimane?
4. Riempiamo due moduli?
5. Usiamo due fornelli?
6. Prendiamo due caffè?
7. Mangiamo due pasti caldi?
8. Compriamo due bottiglie di vino?

(d)

Imagine you are the manager of a camp-site. There is a lot of noise outside your office and you are not sure you have heard clearly what the tourist is saying. Ask him, in the polite form, the question that will make him repeat what he's said.

1. Ho una tenda.
   Che cos'ha?
2. Siamo quattro persone.
3. Veniamo dall'Inghilterra.
4. Vado in Toscana.
5. Abbiamo una roulotte.
6. Rimango due settimane.
7. Prendo un caffè.
8. Desideriamo (*we wish*) mangiare.

(e)

Translate into Italian:

1. This caravan is very elegant.
2. The showers are right at the far end of the camp-site near the pine trees.
3. The town is very near. There is a frequent bus service. The shops are in the town centre.
4. Where is the bar?
5. It is in the central building, near the shop.

(a)

This is a different camp-site. Listen to the dialogue on tape, and when you think you have understood it, answer the following questions.

1. How many people are travelling with the speaker?
   (i) his family   (ii) only his wife
2. How are they travelling?
   (i) by motor-caravan   (ii) by motor bike   (iii) by car
3. Where will they sleep?
   (i) in their tent   (ii) in the central building.
4. Where is the toilet block?
   (i) in the central area   (ii) on the right   (iii) on the left
5. What nationality appears on the man's passport?
   (i) British   (ii) Austrian   (iii) Australian
6. How many forms has he got to fill in?
   (i) one   (ii) two

(b)

Your Italian camping acquaintance is very friendly. He does not wish to be addressed in the 3rd person, and invites you to use the colloquial 2nd person form **tu**. He suggests: **diamoci del tu!** let's use the **tu** form. When you hear these words repeat the cue sentence in the **tu** form.

1. Quanti figli ha?
   Diamoci del tu!
   Quanti figli hai?
2. Da dove viene?
3. Quanti giorni rimane?
4. E dopo (*afterwards*) dove va?
5. Cucina sotto la tenda?
6. Lascia l'auto qui al campeggio?
7. Prende un caffè al bar con me?
8. Vede quella moto? È di mio figlio.

(c)

Fill in the gaps by choosing an appropriate word in **-tà** from the list in 4.1.1. (On the tape you will hear the answers only.)

1. La ...... di Giorgio è eccessiva: vuole (*he wants*) sapere tutto.
   La curiosità di Giorgio è eccessiva: vuole sapere tutto.
2. Le automobili italiane sono di ...... eccellente.
3. In questo campeggio le persone si comportano (*behave*) con molta ......
4. Nel negozio del campeggio ci sono solo cose di prima ......
5. Ho indigestione e ...... di stomaco.
6. Mary parla (*speaks*) italiano con molta ......

(d)

This is an Italian camp-site price-list.

CAMPEGGIO RIVIERA

Tariffa

I prezzi s'intendono per notte.

Tenda fino a 4 persone	Lire 2000
Tenda per più di 4 persone	3000
Camper	4000
Roulotte, incluse pieghevoli	3000
Auto	1000
Moto	500
Allacciamento acqua	500
Allacciamento elettricità	500
Supplemento per persona	1000

Membri del Touring Club Italiano e della Associazione Internazionale Campeggiatori: Sconto del 5%

Work out how much you would have to spend in the following cases:

1. Three people with tent, travelling by car, for two nights.
2. Four people travelling in a motor caravan, requiring mains water and electricity for three nights.
3. Two people travelling in a car towing a caravan, requiring mains electricity, for a week. They are AIC members.
4. Two people travelling by motor bike, with tent, for five nights. They are TCI members.

Revision 1–4

No new grammatical material is introduced in this, and subsequent revision units. A few new words are used: their meaning (whenever they are not translated) should be apparent both from their form and the context in which they appear.

Dove si va questa sera?

Test your comprehension of the following two texts by answering the questions below each one:

A.

Questa sera vado a un concerto, organizzato dalla Società Amici della Musica, al Centro Artistico della città. È un concerto di musica classica. Il programma include la seconda sinfonia di Brahms, il poema sinfonico *Finlandia* di Sibelius, e un concerto per chitarra e orchestra di Vivaldi. Il solista è un famoso chitarrista italiano.

1. Who organized the concert?
   (i) the town's Arts Centre   (ii) the local Music Society
2. How many items in the programme?
   (i) two   (ii) three   (iii) an unspecified number higher than three

B.

Io invece rimango a casa. C'è un programma molto interessante alla televisione, il secondo di una serie sulla crisi della società moderna. L'argomento di questa sera è il problema della violenza. La tesi è che la violenza non è solo un metodo dei rivoluzionari, ma è anche nella natura della società, perché tutte le società si fondano sulla repressione più o meno violenta dell'individuo. Il programma include una discussione fra due membri del parlamento, uno di destra e uno di sinistra, un professore di relazioni internazionali, uno specialista di problemi politici e un ministro di religione.

3. What does the second character do?
   (i) he goes to a lecture organized by the Modern Society
   (ii) he stays at home
4. What is he interested in?
   (i) a serious TV programme on violent arguments
   (ii) the second programme in a TV series on current social issues.
5. Which of the following statements comes nearest to summing up the point of the programme?
   (i)   violence comes naturally to revolutionaries
   (ii) all violence oppresses individuals
   (iii) violence is deeply rooted in the nature of all societies
6. How many people are expected to take part in the debate?
   (i) five   (ii) seven

Esercizi

(a)

Listen carefully to the text entitled *Giornali e riviste italiane* recorded on your tape. When you are sure you have understood it, try answering the questions below.

1. Where is *Il Giorno* published?
2. Which newspaper is published in Torino?
3. Name the newspaper of the Christian Democrat Party.
4. What party does *Avanti!* represent?
5. What sort of publication is *L'Espresso*?
6. Are non-party dailies financially independent?

(b)

Write a good English translation of reading passages **A** and **B** (i.e. a translation that reads like real English and not like something hastily translated from Italian). At least one day later re-translate your translation into Italian without looking at the original passages. Finally, check the correctness of your re-translation with the original texts. Try to understand where you went wrong and why.

(c)

Dove si va questa sera? After this question you will hear a 'cue' in the form of a statement. These take different forms but each one of them suggests a place or form of entertainment (in bold). Suggest that you and your friends go to the entertainment mentioned in the cue, using the standard expression: **Allora andiamo al/alla/alle** etc. followed by the word(s) in bold.

1. Dove si va questa sera?
   C'è una commedia di Pirandello al **Teatro Nazionale**.
   Allora andiamo al Teatro Nazionale.
2. Dove si va questa sera?
   Danno 'Casanova' di Fellini al **cinema Odeon**.
3. Dove si va questa sera?
   Al parco c'è un **circo**.
4. Dove si va questa sera?
   John Williams dà un **concerto** di chitarra.

5. Dove si va questa sera?
   C'è una importante **fiera** in città.
6. Dove si va questa sera?
   Questa sera ci sono le **corse** (*races*) all'ippodromo (*racecourse*).
7. Dove si va questa sera?
   Danno un nuovo **balletto** a teatro.
8. Dove si va questa sera?
   C'è una mostra di pittura (*painting exhibition*) al **Museo**.

(d)

Indulge in further sweeping generalizations: what, according to your friend, applies to one, you say applies to all.

1. Questo studente legge *L'Unità*.
   Tutti gli studenti leggono l'Unità.
2. Questa studentessa studia l'italiano
3. Questo turista va in Italia
4. Questo professore viaggia in prima (*first*) classe.
5. Questo fiasco di Chianti viene dalla Toscana (*Tuscany*).
6. Questa turista compra oggetti ricordo (*souvenirs*).
7. Questo impiegato (*clerk*) riempie moduli.
8. Questa automobile porta quattro (*four*) persone.

(e)

Translate into Italian:

1. Tonight the organist plays the toccata and fugue in D minor by Bach.
2. In today's lecture the economist is considering a problem of Italian medieval economic history.
3. Who is publishing the diplomat's article on the present crisis in the Atlantic alliance?
4. Italian and modern Greek are studied in this school (*scuola*).
5. Are Italian communists different from Russian communists?
6. Can the government reduce inflation to less than (*del*) ten per cent (*per cento*)?
7. The morality or immorality of this film (*film*) is not important.
8. Political violence is very frequent in Italian towns. Violence is natural in situations of political crisis.

34

Una telefonata (1)   5

In this dialogue we listen to one half of a
telephone call. Giorgio has recently
arrived in Turin from London, and he
makes a phone call to his friend Marisa in
Milan from a payphone in a bar. He asks
the girl at the cash desk where the phone
is.

Giorgio entra in un bar per fare una telefonata. Chiede alla cassiera dov'è il telefono.

GIORGIO   Buona sera. Dov'è il telefono, per favore?
CASSIERA   Lì a destra.
GIORGIO   Posso telefonare fuori città?
CASSIERA   Sì, certo che può. C'è la teleselezione.
GIORGIO   Sa qual'è il prefisso di Milano?
CASSIERA   Zero due.
GIORGIO   Come?
CASSIERA   Zero due. Se vuole telefonare a Milano deve mettere nell'apparecchio almeno
           sei gettoni.
GIORGIO   Li ha lei i gettoni?
CASSIERA   Sì. Quanti ne vuole?
GIORGIO   Ne posso avere otto? Forse è meglio.
CASSIERA   Ecco a lei.
GIORGIO   Grazie.
           Vediamo qual'è il numero dei Rossi ... zero due, cinque sette tre uno quattro
           nove ... Mondo boia, è occupato. (*Rifà il numero*) Sempre occupato. Meglio
           aspettare dieci minuti.
           (*Dieci minuti dopo*)
           Posso riprovare a telefonare?
CASSIERA   Prego, il telefono è lì.
GIORGIO   Grazie. Zero due, cinque sette tre uno quattro nove. Meno male, adesso è
           libero.
           Ciao, Marisa! Sono Giorgio.
MARISA   . . . . . .
GIORGIO   Io bene. E tu come stai?
MARISA   . . . . . .
GIORGIO   No, sono in un bar al centro di Torino.
MARISA   . . . . . .
GIORGIO   Sono arrivato un'ora e mezza fa. Senti, posso parlare con tuo papà?
MARISA   . . . . . .
GIORGIO   Grazie, ciao. Pronto, signor Rossi.
ROSSI   . . . . . .
GIORGIO   No, telefono da Torino. Sono arrivato poco fa in aereo da Londra.
ROSSI   . . . . . .
GIORGIO   Come dice?
ROSSI   . . . . . .
GIORGIO   No, da Londra. Non si sente un accidente su questa linea.
ROSSI   . . . . . .
GIORGIO   Dicono sempre che devono migliorare il servizio telefonico ma non lo
           migliorano per niente.

ROSSI	......
GIORGIO	Allora, posso venire questa sera? Voglio parlare con lei di quella cosa che sa.
ROSSI	......
GIORGIO	Verso le sette. Devo prima vedere due o tre persone qui a Torino, poi prendo la macchina e vengo a Milano. Con l'autostrada non ci vogliono più di due ore.
ROSSI	......
GIORGIO	Va bene. A questa sera, allora.
ROSSI	......
GIORGIO	D'accordo. Arrivederci a questa sera.

Vocabolario

bar   There is no equivalent in Britain of the Italian bar, a coffee-house cum pub where one can drink anything, from milk to spirits

cassiera   cashier

per favore   please

lì   there

fuori città   outside the town; **posso telefonare fuori città?** can I make a trunk call?

certo   certainly; **certo che può** of course you can (literally: it is certain that you can)

teleselezione   subscriber trunk dialling

prefisso   code

gettone   metal token (for operating automatic machines)

apparecchio   the box where you put your money (in other contexts it can mean: apparatus, machine, gadget).

forse   perhaps

meglio (adverb) **migliore** (adjective)   better; **migliorare** to improve

mondo boia   hell! damn!

occupato   engaged; **libero** free

meno male   thank goodness

prego, il telefono è lì   literally: please, the telephone is there, implying: go ahead and use it: you need not ask

pronto   hello (on the phone); in other contexts it means: ready

ciao!   so long, bye bye, hello, hi! (informal)

stare   to stay, to be (in or at a place), to be in a state of health: **come stai?** how are you?

un'ora e mezza fa   one and a half hours ago; **poco fa** a little while ago

in aereo   by air (plane)

come? come dice?   say that again, pardon?

non si sente un accidente   one can't hear a thing; **sentire** to hear

dicono sempre che   they always say that

per niente   at all (after a negative)

verso   about, towards

macchina   car (the 'machine' *par excellence*)

autostrada   motorway

arrivederci   see you

○ Verbs and nouns/adjectives

Note the relationship between the following (and similar) pairs:

telefonare	**telefono**	**liberare**	**libero**
migliorare	**migliore** better	**servire**	**servizio**
provare	**prova** test, trial	**lavorare**	**lavoro**
arrivare	**arrivo**	etc.	

○ The prefix **ri–**

Like the English prefix *re-*, **ri-** indicates repetition. It can often be translated by *again*. A few examples: **riprovare, ritelefonare, rimettere, rioccupare, riparlare, rivedere, riprendere, ripubblicare.**

Note di grammatica

5.1 Numbers from 1 to 10

1 **uno** (inflects like the indefinite article), 2 **due**, 3 **tre**, 4 **quattro**, 5 **cinque**, 6 **sei**, 7 **sette**, 8 **otto**, 9 **nove**, 10 **dieci** (all uninflected). 0 **zero** may have a plural when meaning *noughts*, as in **un numero con cinque zeri**.

5.2 Personal pronouns

Because Italian verbs have easily recognisable endings for the different persons, it is not necessary to use personal pronouns with them, except for emphasis or to avoid ambiguity.

Note that Giorgio uses the 2nd person singular pronoun **tu** in addressing Marisa, but both Giorgio and Marisa's father use the polite **lei** (3rd person singular) in talking to each other.

5.3 Object pronouns

	sing.	pl.
masc.	**lo**	**li**
fem.	**la**	**le**

Like **ci** there (as in **c'è, ci sono**) these pronouns do not exist on their own. They accompany a verbal form and are pronounced as if they were an additional syllable belonging to that form, without changing its stress. They must be joined to the Infinite, replacing its final **-e** (and to the Imperative and Gerund: see 12.3 and 19.1):

Devo vederla   I must see her (or *it*, when *it* refers to a feminine noun like **la lettera**)
Posso prenderlo?   Can I have it? (referring to a masculine noun such as **il libro**)

But with all other verbal forms they precede (and are not joined to) them:

Non lo migliorano per niente   They never improve it (referring in the dialogue to **il servizio telefonico**)

5.4 Use of 'ne'

Ne is another unstressed pronoun, used in conjunction with verbs exactly like the other unstressed pronouns and particles. Often it can be translated as *of it, of them, about it, about them* etc.; and it must be used in Italian in expressions denoting number and quantity (where there is no English counterpart):

Quanti ne vuole? How many do you want?
Ne voglio otto I want eight
Ne parlo questa sera a Marisa I'll talk to Marisa about it tonight.

5.5 Dovere (must, ought to), potere (can, be able to), volere (want to)

These verbs are called MODAL VERBS and are followed by the Infinitive of other verbs without any intervening preposition.

Present Indicative

Infinitive	dovere	potere	volere
sing. 1	devo	posso	voglio
2	devi	puoi	vuoi
3	deve	può	vuole
pl. 1	dobbiamo	possiamo	vogliamo
2	dovete	potete	volete
3	devono	possono	vogliono

The expression **ci vuole, ci vogliono**, indicates something that is necessary, or that is wanted. The noun which follows, which is its grammatical subject, determines the choice of singular or plural verb:

Ci vuole mezz'ora	It takes half an hour
Ci vogliono sei gettoni	One needs six tokens

5.6 Passato prossimo (Perfect tense)

The Italian **passato prossimo** is a Perfect tense used in referring to an action or a process which is considered to have been completed by the time one is talking about it. It is formed by using the Present tense of **essere** or **avere** with the past participle of a verb. With most intransitive verbs (i.e. those not taking a direct object) **essere** is normally used, and **avere** with other verbs. But there are exceptions, and if you are in doubt refer to a dictionary. Many verbs can be used both transitively and intransitively, and take **avere** and **essere** accordingly:

Hanno migliorato il servizio telefonico They have improved the telephone service

BUT

Il servizio è migliorato The service has improved

Some intransitive verbs, like **dormire** to sleep, **lavorare** to work, **ridere** to laugh, **camminare** to walk, **parlare** to speak, **viaggiare** to travel, take **avere**.

Whenever preceded by forms of **essere** the past participle behaves like an adjective and agrees with the subject:

Giorgio è arrivato Giorgio has arrived
La situazione è migliorata The situation has improved
Giorgio e Marisa sono arrivati Giorgio and Marisa have arrived

Other tenses can be used to express past time (see 9.4 and 25.1). Remember however that the passato prossimo is *always* used in sentences containing a time reference including the time of speaking:

Durante questo anno (secolo) la situazione è migliorata During the current year (century) the situation has improved

5.7 Past participle

5.7.1 Regular past participles

These are formed by replacing the endings of the Infinitive as follows:

-are	-ato (-ata etc.)	-ire	-ito (-ita etc.)
telefonare to telephone	telefonato	partire to leave	partito

Some verbs in -ere form their past participle in -uto (e.g. vendere to sell: past participle venduto), but the majority of them do not follow a predictable rule of formation. New verbs in -ere will be introduced together with their past participle (see however 8.3 and Appendix 2).

5.7.2 Irregular past participles

Note the following:

avere to have)	avuto	mettere (to put)	messo
essere (to be)	stato	scrivere (to write)	scritto
dovere (must)	dovuto	vedere (to see)	visto
potere (can)	potuto		veduto
volere (to want)	voluto		(both forms used)
prendere (to take)	preso	venire (to come)	venuto
		rimanere (to remain)	rimasto

Esercizi

● **(a)**

To practise using **lo, la, li, le**, answer these questions in the negative, replacing the object with the appropriate object pronoun.

1. Lo studente suona la chitarra?
   No, non la suona.
2. L'esperto prepara il documento?
3. L'economista studia la situazione italiana?
4. L'articolo commenta la politica economica del governo?
5. I ministri leggono il supplemento del *Times*?
6. I documenti includono i dati statistici del ministero?
7. Le riviste pubblicano informazioni recenti?
8. Gli studenti d'italiano studiano anche il francese?
9. Giorgio ascolta la radio?
10. Marisa prende il caffè?

● **(b)**

To practise using **ne** with numbers answer the questions, increasing by one unit at every sentence.

1. Quanti telefoni ha?
   Ne ho uno.
2. Quanti giornali legge al giorno?
   Ne leggo due.
3. Quante riviste pubblica?
4. Quante lingue parla?
5. Quanti articoli scrive?
6. Quanti gettoni mette?
7. Quanti studenti vede?
8. Quante lezioni ha alla settimana?
9. Quanti libri vuole in prestito (*on loan*)?
10. Quante sigarette fuma al giorno?

(c)

You really must do what you said you have to do. Say so. Use in your answer the same modal verb as in the question.

1. Deve andare adesso?
   Eh sì, devo proprio andare.
2. Deve telefonare adesso?
3. Vuole riprovare?
4. Vuole cominciare adesso?
5. Deve lavorare questa sera?
6. Vuole camminare?
7. Deve partire questa mattina (*morning*)?
8. Vuole rimanere qui?

(d)

This time you cannot do what your friends would like you to do. Express your regrets by saying you can't.

1. Non può arrivare prima (*earlier*)?
   Eh no, non posso proprio arrivare.
2. Non può partire prima?
3. Non può aspettare ancora un po'?
4. Non può andare a Milano?
5. Non può venire a Torino questa sera?
6. Non può dormire?
7. Non può restare ancora mezz'ora?
8. Non può telefonare in Inghilterra?

(e)

Translate into Italian:

1. Can I have ten telephone tokens, please?
2. Here they are. Is the call local?
3. No, I want to call Milan. Can I?
4. Of course. We've got STD. The telephone is there on the left.
5. The code for Milan is 02.
6. The government must improve the telephone service, but they say it takes a lot of money.
7. Must you really go? Can't you stay half an hour longer?
8. The students have already (*già*) listened to two lectures today.
9. The Hungarian economist published three articles in the Italian Economic Review.
10. Who is taking the car?

(a)

Your friend is rather negative. You are concerned whether **gli altri** (the others, the rest) are also going to take a negative attitude. What about them? In asking your questions use the same unstressed particles, **lo**, and **ci**, as in the cue statements.

1. Non lo so.
   E gli altri lo sanno?
2. Non ci vado.
   E gli altri ci vanno?
3. Non ci rimango.
4. Non lo visito.
5. Non lo leggo.
6. Non lo prendo.
7. Non lo mangio.
8. Non ci vedo bene (*I can't see*).
9. Non lo vedo.
10. Non ci vengo.

(b)

Now your boss is being very negative. Address him/her in the 3rd person polite form, expressing your disbelief by using the phrase **ma come** (really!). (The exercise may be repeated using the 2nd person colloquial form as if talking to a friend.)

1. Non lo so.
   Ma come, non lo sa?
2. Non ci vado.
   Ma come, non ci va?
3.–10. (Same cues as exercise (a) on previous page.)

● **(c)**

You are told that you haven't got enough of whatever you need. Ask how much is necessary.

1. Non hai abbastanza (*enough*) tempo.
   Perché, quanto tempo ci vuole?
2. Non hai abbastanza gettoni.
   Perché, quanti gettoni ci vogliono?
3. Non hai abbastanza caffè.
4. Non hai abbastanza soldi (*money*).
5. Non hai abbastanza documenti.
6. Non hai abbastanza dati.
7. Non hai abbastanza ambizione.
8. Non hai abbastanza informazioni.
9. Non hai abbastanza whisky.
10. Non hai abbastanza banane.
11. Non hai abbastanza gin.
12. Non hai abbastanza spaghetti.

● **(d)**

You are in Italy and wish to phone some of your friends and acquaintances, so you ask Directory Inquiries for their phone numbers. Directory Inquiries' replies are on your tape. Listen to them and take down the six telephone numbers they give you. Check your transcriptions in the Answer Section.

(e)

Change the verbs in the following sentences from Present to Perfect tense.

1. Il professore parla in italiano.
   Il professore ha parlato in italiano.
2. La biblioteca (*library*) non presta (*lends*) libri ai visitatori.
3. Non sento niente.
4. Giorgio telefona a Marisa.
5. Rossi e Marchesi vengono oggi a pranzo (*for lunch*).
6. I telefonisti lavorano fino alle otto di sera.
7. Il servizio telefonico non migliora.
8. La rivista non pubblica l'articolo del professor Bianchi.

Una telefonata (2)

This time we listen to the other half of the phone call. Signor Rossi and his daughter Marisa are at home when the phone rings.

ROSSI   Telefono! Telefono! Marisa, rispondi tu al telefono? Se è Marchesi, gli dici che ora sono occupato, e che può telefonarmi questo pomeriggio.

MARISA   Va bene, papà. E se è un altro, che cosa gli dico?

ROSSI   Che ne so io? Vedi tu. Forse è per te. Magari è quel tuo amico che ti telefona sempre ogni cinque minuti, come si chiama ...

MARISA   Franco? Ma no, mi ha già telefonato un'ora fa! Pronto, con chi parlo?

GIORGIO   . . . . . .

MARISA   Ah, sei tu, Giorgio. Da quanto tempo non ti si vede! Cioè, non ti si sente. Come stai?

GIORGIO   . . . . . .

MARISA   Ma, così così. Ho un po' di raffreddore. Con questo tempo così freddo e umido! Ma niente di grave. E tu dove sei? A Milano?

GIORGIO   . . . . . .

MARISA   E quando sei arrivato?

GIORGIO   . . . . . .

MARISA   Gli vuoi parlare? Ma certo, adesso lo chiamo. – Papà, papà, c'è Giorgio Biancardi al telefono che vuol parlarti. – Giorgio, ti passo papà. Ciao.

ROSSI   Salve, Biancardi! Che bella sorpresa. Telefona da Milano?

GIORGIO   . . . . . .

ROSSI   Da dove è arrivato?

GIORGIO   . . . . . .

ROSSI   Dico, da dove è arrivato. Ho capito che è venuto in aereo da qualche posto. Da Berna?

GIORGIO   . . . . . .

ROSSI   Eh, sì. Si sente male, molto male. Cosa vuole, è un disastro. Specialmente di mattina, quando tutte le linee sono sovraccariche.

GIORGIO   . . . . . .

ROSSI   Ma le pare! Promettono sempre e non mantengono mai. Il servizio però lo fanno pagar caro lo stesso.

GIORGIO   . . . . . .

ROSSI   Ho capito. Ma certo, la aspettiamo. Verso che ora pensa di arrivare?

GIORGIO   . . . . . .

ROSSI   Mi raccomando! Deve fare attenzione e non correre troppo. Chi va piano va sano e va lontano.

GIORGIO   . . . . . .

ROSSI   Quando viene mi racconta tutta la storia per filo e per segno. D'accordo?

GIORGIO   . . . . . .

ROSSI   Arrivederci alle sette.

MARISA   Se Giorgio viene questa sera alle sette, gli possiamo dire di restare a cena, non ti pare?

ROSSI   Devi parlarne alla mamma, non a me.

Vocabolario

rispondere   to reply; past part. **risposto**

se   if

sono occupato   I'm busy

questo pomeriggio   this afternoon

magari   perhaps, maybe. (Note that in other contexts it may have a different translation: **Ti ha telefonato Giorgio? – Magari.** Did George phone you? – I wish he had. Generally speaking **magari** is used in contexts indicating that something is probable or desirable.)

chiamare   to call; **come si chiama?** what's his name?

da quanto tempo non ti si vede   long time no see (see 6.3)

così così   so so

freddo   cold; **raffreddare** to cool; **raffreddore** cold (complaint); **ho un po' di raffreddore** I've got a bit of a cold

niente di grave   nothing serious

sovraccarico   overloaded

ma le pare!   what do you think!

promettere   to promise; past part. **promesso**

pagare   to pay

caro   dear, dearly

mantenere   to keep (a promise)

aspettare   to wait for; used reflexively: to expect

mi raccomando   take care, be careful

correre   to run, to race, to go fast, to speed

chi va piano va sano e va lontano   better safe than sorry (The literal translation of this proverbial expression is 'he who goes slow, goes safely and far'.)

per filo e per segno   accurately, in every detail; (This is another proverbial expression, connected with tailoring, literally, 'following the tailor's tacks and marks': **filo** thread, **segno** mark, sign.)

restare a cena   to stay for supper

disastro   A number of Italian words ending in **-tro** correspond to English words ending in *-ter* or *-tre*, e.g. **alabastro**, **centro**, **diametro**, **litro**, **maestro**, **metro**, **ministro**, **mostro**, **registro**.
With adjectives of colour this ending corresponds to *-ish* in English:
biancastro whitish, **nerastro** blackish, **giallastro** yellowish, **rossastro** reddish, **verdastro** greenish (from: **bianco**, **nero**, **giallo**, **rosso**, **verde**).

Note di grammatica

6.1 Use of 'che'

Note some of the different uses of **che**:

As a conjunction: **gli dici che può telefonarmi questo pomeriggio** you tell him that he can phone me this afternoon

As an adjective: **che numero è?** what's the number? **che cosa gli dico?** what (thing) do I tell him?

As a relative pronoun: **quel tuo amico che ti telefona ogni cinque minuti** that friend of yours who rings you every five minutes

In exclamations: **che bella sorpresa!** what a lovely surprise!

6.2 Use of 'ogni'

This adjective means *each* or *every* according to the context. It is always followed by a singular noun, unless the noun is preceded by a number: **ogni giorno** every day, **devo scrivere una cartolina a ogni mio amico** I must write a postcard to each one of my friends, **ogni cinque minuti** every five minutes, **ogni due giorni** every other day.

6.3 Da quanto tempo

The preposition **da** is used with the Present tense where in English one would use *for* and the Perfect.

> **Da quanto tempo non ti si vede!**   One hasn't seen you for a long time!
> **Non compro il 'Corriere' da una settimana**   I haven't bought the *Corriere* for a week
> (See also 21.4.)

6.4 Direct and Indirect Object

In this course a direct object (abbr. D.O.) is defined as the object of a verb not preceded by any preposition. An indirect object, on the other hand, is preceded by a preposition:

> **Giorgio racconta tutta la storia** (D.O.) **al signor Rossi** (I.O.)
> Giorgio is telling the whole story (D.O.) to Signor Rossi (I.O.)

If an Italian verb takes more than one object, one of them must be indirect, and it is usually the object indicating a person, as in the previous example. (See also 19.2.) It is extremely important to remember that no Italian verb can take more than one direct object. (By contrast English verbs can, e.g. I gave Mary a book. The fact that Mary is the person *to whom* a book is given is irrelevant, since our definition of direct object is purely formal.)

A direct object may occasionally precede the verb, to give it emphasis. In this case it must be confirmed by a direct object pronoun:

> **Lei ha i gettoni?** BUT **I gettoni li ha lei?**
> **Fanno pagar caro il servizio** BUT **Il servizio lo fanno pagar caro**
> **Io prendo la macchina** BUT **La macchina la prendo io**

A further transformation is possible in which the object is postponed to the verb phrase for even greater emphasis:

> **Li ha lei i gettoni?**
> **Lo fanno pagar caro il servizio**
> **La prendo io la macchina**

6.5.1 Personal stressed pronouns

Person		sing.	pl.
1		**me**	**noi**
2		**te**	**voi**
3	masc.	**lui**	**loro**
	fem.	**lei**	

They are preceded or not by a preposition, according to whether they function as indirect or direct object.

Devi parlare alla mamma (I.O.), **non a me** (I.O.). You must talk to Mother, not to me; **Senti lui!** Listen to him! After **a** and **per** the stressed pronouns are used only when special emphasis is required, otherwise the unstressed forms are used:

Devi parlargli You must talk to him

Devi parlare a lui, non a me You must talk to *him*, not to *me*

6.5.2 Personal unstressed pronouns

Person gender number		Direct object	Indirect object	Reflexive
sing.	1	mi		
	2	ti		
	3 masc.	lo	gli	si
	fem.	la	le	
pl.	1	ci		
	2	vi		
	3 masc.	li	gli	si
	fem.	le		

Note that:

(1) **mi**, **ti**, **ci** and **vi** are the same for ALL THREE functions

(2) **si** can also be used as an impersonal pronoun (see 3.3)

(3) **ci** and **vi** function also as adverbs, meaning *there* as in **c'è** or **v'è** there is, and **ci sono** or **vi sono** there are (**ci** being more frequent than **vi**).

To these unstressed pronouns one should add **ne** (see 5.4). The pronouns are joined to the end of Infinitives, Imperatives and Gerunds (see 12.3 and 19.1) and to **ecco**. Infinitives drop their final **-e**:

Posso vederla questa sera? Can I see you tonight?

Voglio parlarti I want to speak to you

Devo prenderne uno I must take one of them

With all other tenses they precede the verb, in which case they are written separately, even if they are pronounced as part of the verbal form:

Non lo migliorano per niente They don't improve it at all

Non si sente un accidente One can't hear a thing

Gli dici che sono occupato You tell him I am busy

Ne prendiamo uno We take one of them

With Infinitives governed by a modal verb (**dovere**, **potere** or **volere**) unstressed pronouns may either come before the modal verb or be joined to the Infinitive: **devo prenderne uno** or **ne devo prendere uno**, **gli possiamo dire di restare a cena** or **possiamo dirgli di restare a cena**.

The above rule also applies to forms of **sapere** directly followed by an Infinitive: **lo so fare** or **so farlo** I know how to do it.

With forms of **fare**, **desiderare** to wish, to want to, and **preferire** to prefer, the unstressed pronouns must precede the verb (or be joined to it as the case may be); but where an Infinitive is used with **desiderare** and **preferire** the pronouns must be joined to that Infinitive. (See 13.3 for conjugation of **preferire**.)

Lo faccio venire   I'll get him to come
Preferiamo aspettarlo   We'd rather wait for him
Desideriamo vederla   We wish to see her

6.6 'Contracted' Infinitives

The Infinitive of a few Italian verbs appears in a form which is one syllable shorter than the 'old' Infinitive i.e. in its earlier form, from which most other parts of that verb are derived. Here are the most common verbs to which this applies:

Infinitive	'Old' Infinitive	Past Participle	Present Indicative
bere (to drink)	**bevere**	**bevuto**	**bevo, bevi, beve, beviamo, bevete, bevono**
dire (to say)	**dicere**	**detto**	**dico, dici, dice, diciamo, dite, dicono**
fare (to do)	**facere**	**fatto**	**faccio, fai, fa, facciamo, fate, fanno**
porre (to put)	**ponere**	**posto**	**pongo, poni, pone, poniamo, ponete, pongono**
produrre (to produce)	**producere**	**prodotto**	**produco, produci, produce, produciamo, producete, producono**

This conjugation pattern applies to all verbs related to the above verbs, such as **predire** to foretell, **benedire** to bless, **contraffare** to counterfeit, **comporre** to compose, **supporre** to suppose, **condurre** to lead, **ridurre** to reduce etc. Note, however, that not all verbs ending in **-dire**, **-fare** etc. are related to the above.

6.7 'Truncated' verbal forms

The final vowel of some verbal forms may be dropped for rhythmical reasons, provided it is preceded by **l**, **m**, **n** or **r** and the verb does not come at the end of a phrase: e.g.

vuol parlarti, lo fanno pagar caro lo stesso, deve fare attenzione e non correr troppo.

Esercizi

● **(a)**

Answer the questions confirming the first of the two alternatives. Change pronouns, when necessary, so that the answer makes sense.

1. Chi scrive l'articolo, tu o Marchesi?
   L'articolo lo scrivo io.
2. Chi guida (*drives*) la macchina, il signor Rossi o Marisa?
   La macchina la guida il signor Rossi

3. Chi prende il treno (*train*), Franco o Giorgio?
4. Chi compra i biglietti (*tickets*), voi o loro (*they*)?
5. Chi paga il telefono, tu o papà?
6. Chi suona la chitarra, Giuliano o Susy?
7. Chi dà i gettoni, la cassiera o il cameriere (*waiter*)?
8. Chi beve il caffè, tu o la signora Rossi?

(b)

This time you are doing everything yourself. Answer accordingly.

1. Telefoni tu a Marisa?
   Sì, le telefono io.
2. Parli tu al signor Rossi?
   Sì, gli parlo io.
3. Scrivi tu alla mamma?
4. Telegrafi tu al direttore del giornale?
5. Parli tu agli studenti?
6. Scrivi tu alle sorelle (*sisters*) di Giorgio?
7. Rispondi tu a Franco?
8. Telefoni tu ai genitori (*parents*) di Marisa?

(c)

In this and the following exercise there is a mixture of phrases requiring direct and indirect objects. Answer that you really can't do what you are asked to do.

1. Rispondi tu al signor Rossi?
   Eh no, non posso proprio rispondergli.
2. Aspetti tu gli studenti?
   Eh no, non posso proprio aspettarli.
3. Parli tu alla mamma?
4. Prendi tu la macchina?
5. Compri tu i gettoni?
6. Leggi tu questi articoli?
7. Scrivi tu ai genitori di Marisa?
8. Telefoni tu al direttore?
9. Paghi tu il conto?
10. Vedi tu gli ospiti?

(d)

This time you are ready and willing to do things, but you are told you cannot, or must not. (In your answer, use the same modal verb as in the cue).

1. Posso prendere io la macchina?
   No, non puoi prenderla tu.
2. Devo scrivere io a Marisa?
   No, non devi scriverle tu.
3. Devo telefonare io a Giorgio?
4. Posso comprare io il whisky?
5. Devo aspettare io gli studenti?
6. Posso rispondere io al signor Rossi?
7. Devo leggere io questi articoli?
8. Posso raccontare io la storia?
9. Devo pagare io l'aereo?
10. Devo parlare io alla mamma?

(e)

Translate into Italian:

1. Where are you phoning from?
2. I cannot speak to Giorgio now. The line is overloaded. I'll try again (*use Present tense*) tonight at seven.
3. Giorgio has an appointment at five with the director of the review.
4. Must I stay for supper? I am really very busy tonight. I have to see two clients (*clienti*) and write nine letters.
5. If he tells me that he cannot come what do I tell him?
6. You must write to the Information Office, not to me.

(a)

There are various possible ways of starting a telephone conversation. In this exercise we will follow this pattern.
  (i) When you hear your phone ringing on tape you give your number as specified below for every phone call in the exercise.
  (ii) The caller will then say:
       Pronto, sono Y/XY (where Y is a family name)
       or
       Pronto, sono X (where X is a first name)

(iii) You then start the conversation accordingly.

Buon giorno signor/signora y. Come sta?

or

Ciao x. Come stai?

(iv) If you are right in your response, you will hear respectively:

Io sto bene, e Lei?

or

Bene, e tu?

1. 503948

Cinque zero tre nove quattro otto

2. 621704
3. 703452
4. 416320
5. 617804

Give your number figure by figure.

**APPARECCHIO A GETTONE
PER CHIAMATE URBANE E INTERURBANE**
Istruzioni per l'uso

Per telefonare introdurre il gettone (almeno 6 per chiamate in teleselezione) alzare il microtelefono, attendere il segnale di centrale e comporre il numero.

Per chiamate in altro distretto, comporre prima del numero il prefisso.

ATTENZIONE: un breve suono segnala che per continuare la conversazione ci vogliono altri gettoni.

Per la restituzione dei gettoni non usati riappendere il microtelefono e tenere premuto il tasto

(b)

Read the instructions on this public telephone, and check your comprehension of them by answering the following questions:

1. Is this phone
   (i) only for local calls
   (ii) for local and trunk calls

2. When should one dial the number
   (i) before putting in the tokens
   (ii) after putting in the tokens

3. If one needs more or fewer tokens than one has put in, which of the following are true:
   (i) excess tokens are returned automatically
   (ii) when tokens are used up the call is disconnected
   (iii) an acoustic warning is given that more tokens are required
   (iv) unused tokens are returned only if one presses a special button when hanging up

(Answers in Answer Section.)

(c)

Taking the sentences of exercises (a) and (b) on pp. 46–7 as cues, write all the questions in the perfect tense.

(a) 1. Chi scrive l'articolo, tu o Marchesi?
Chi ha scritto l'articolo, tu o Marchesi?
etc.
(b) 1. Telefoni a Marisa?
Hai telefonato tu a Marisa?
etc.

(d)

You have been rather slack in keeping up with things. Answer the questions saying that you haven't done whatever the question mentions for the past week. Replace the objects with the appropriate pronoun.

1. Hai visto Marisa?
È una settimana che non la vedo.
2. Hai letto il *Corriere della sera* di oggi?
3. Hai studiato i verbi italiani?
4. Hai ascoltato la radio questa mattina?
5. Hai guardato la televisione ieri sera?
6. Hai telefonato a Giorgio?
7. Hai parlato agli studenti?
8. Hai scritto ai genitori?
9. Hai telefonato a Marisa?
10. Hai scritto alla mamma?

Various people receive directions and instructions on how to get from one place to another, how to replace batteries in a transistor radio and how to use a cassette recorder.

A.

– Per favore, come si fa per andare da qui (Ponte S. Giorgio) alla stazione centrale?
– Prenda l'autobus, il numero undici o il dodici, da via Verdi. Via Verdi è la prima a destra. L'autobus si ferma proprio davanti alla stazione.

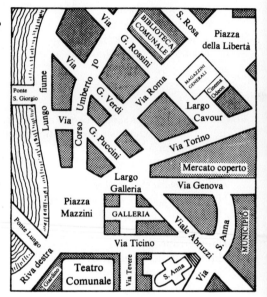

B.

(Da via Salvator Rosa)
– Devo andare in via Sant'Anna. Mi può dire come devo fare per arrivarci?
– Da qui è più facile andare a piedi. Prima vada diritto fino a Piazza della Libertà, poi prenda la prima strada a destra, via Roma. In fondo a via Roma c'è via Puccini. Lì volti a sinistra in Largo Galleria. Continui per viale Abruzzi finché vede la chiesa di Sant'Anna sulla destra. La chiesa è all'incrocio di viale Abruzzi e di via Sant'Anna.
– Molte grazie!
– Ma prego!

C.

– Mi dia sei pile da un volt e mezzo per il mio transistor.
– Subito, signore.
– Mi vuole spiegare, per favore, come metterle dentro?
– È facile, signore, guardi. Prenda una moneta e la usi per svitare questa grossa vite qui sul fondo. Ora tolga il coperchio. Poi metta le pile, due alla volta, in questi tre cilindri: le prime due col polo positivo verso l'interno, le seconde due nell'altro senso, le ultime due come le prime. Ora rimetta il coperchio a posto e giri di nuovo la vite con la moneta. Ecco fatto. Il suo transistor è a posto, pronto a funzionare.

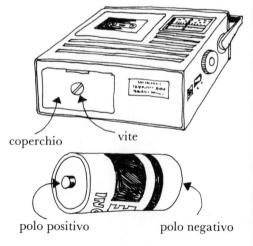

coperchio   vite

polo positivo   polo negativo

batteria da $1\frac{1}{2}$ volt

D.

– Come si fa a registrare con questo registratore a cassette?
– È semplice. Prima riavvolga la cassetta, o ce ne metta una nuova.
– Come si fa a riavvolgerla?
– Prema il tasto con la freccia rivolta a destra. Guardi anche se il microfono è attaccato. Poi prema questo tasto rosso insieme all'altro nero ... no, non così, li prema tutti e due contemporaneamente.
– E per ascoltare la registrazione?
– Riavvolga la cassetta, prema il tasto nero solamente, e regoli il volume con questo bottone qui a destra.
– Per fermare il registratore come faccio?
– Abbassi il tasto con su scritto STOP, oppure usi l'interruttore sul microfono. In ogni caso alla fine la cassetta si ferma automaticamente.
– Questo modello funziona soltanto a pile?
– No, funziona anche a corrente continua, sette volt e mezzo, ma allora ci vuole un trasformatore. Non si può collegarlo direttamente alla presa di corrente.

1   avvolgimento rapido
2   stop: espulsione della cassetta
3   tasto nero: ascolto
4   tasto rosso: registrazione
5   riavvolgimento rapido
6   accensione: volume del microfono
7   volume
8   tono
9   indicatore di livello della batteria e della registrazione
10 microfono incorporato
11 microfono esterno

Vocabolario

Words ending in a consonant

) All words ending in a consonant (mostly borrowed from foreign languages) are invariable, and nearly all are masculine in gender. The most common are: **album, alcool, ananas, autobus, bar, bazar, bluff, camion** (lorry), **club, cognac, deficit, est** (east), **festival, film, filobus** (trolley-bus), **flash, gas, gin, golf** (also meaning 'sweater'), **hotel, jet, leader, linoleum, mammut, nord** (north), **ovest** (west), **pus, selz** (soda water), **sport, sud** (south), **supermarket, soviet, stress, tennis, tight, tram, tunnel, ultimatum, virus, week-end, watt**.
) A few are feminine: **jeep, hall, pop-art, leadership**.
) Some words ending in a consonant may however be acronyms, i.e. names formed from the initials of the various words forming a business or company name. In this case they have the gender of the main noun in the full name: **la Cit (Compagnia Italiana Turismo), la FIDAL (Federazione Italiana di Atletica Leggera** Italian Light Athletics Association); but **il CAI** (Club Alpino Italiano).

strada street, road, way. This is the general name for any established or recognized road between two places. Related adjectives: **stradale** (**fondo stradale** road surface, **polizia stradale** traffic police). It is different from **via** which implies a possible itinerary, whether established or not. **Via** is however used in street names and so are the following: **viale** (wider than via, often lined with trees), **vico** or **vicolo** (narrower than a **via**) alley, alleyway. **largo** (the widening of a **via**), **piazza** (square; it is often difficult to justify the choice between **piazza** and **largo** in terms of actual area), **corso** (an urban street of particular historical, architectural or commercial importance, high street)

incrocio crossroads

voltare to turn

finché until

prego the usual rejoinder to **grazie**, thank you, thanks. The nearest equivalent is 'don't mention it', 'it's all right'. A form of **pregare** to pray, it is also used as the equivalent of 'please', and by bus conductors as the equivalent of 'thank you', said before receiving the ticket money.

vite screw. (Related verbs: **avvitare** to screw on, **svitare** to unscrew.)

fondo bottom, end (of a street), surface (of a road): **in fondo a** at the end of: **in fondo** on the whole

togliere (see 7.1) past part. **tolto** to take off, to remove

coperchio cover

ultimo last

ecco fatto! that's it, there you are

pronto ready

registrare to record, **registratore** (tape) recorder, **registrazione** recording, **radioregistratore a cassette** cassette radio

avvolgere to wind on; **riavvolgere** to rewind, past part. **avvolto, riavvolto**

ascoltare to listen

premere past part. **premuto**

tasto press button, piano key; **tastare** to touch, to finger

attaccare to attach, to connect

interruttore switch, circuit breaker. (Related verb **interrompere**, past part. **interrotto**, to interrupt, to discontinue)

in ogni caso at any rate, anyway

funzionare to work, to function

corrente current (both noun and adjective) **corrente continua** = DC: **corrente alternata** = AC; **presa di corrente** socket

collegare to connect

batteria battery, not a single **pila** but a system of linked cells (as in a car battery), or a number of **pile** taken together

Note di grammatica

7.1 Present Subjunctive

In this unit the Present Subjunctive is used to make requests or give directions in the **lei** form. Other uses of the Present and other tenses of the Subjunctive are in later units.

Infinitive	-are registrare	-ere premere	-ire* partire		essere	avere
sing. 1 2 3	registri	prema	parta		sia	abbia
pl. 1 2 3	registriamo registriate registrino	premiamo premiate premano	partiamo partiate partano		siamo siate siano	abbiamo abbiate abbiano

* Most verbs in the **-ire** group follow the conjugation described in 13.3.

The following verbs have an irregular conjugation:

Infinitive	andare to go	dare to give	fare to do	sapere to know
sing. 1 2 3	vada	dia	faccia	sappia
pl. 1 2 3	andiamo andiate vadano	diamo diate diano	facciamo facciate facciano	sappiamo sappiate sappiano

Infinitive	stare to stay	togliere to take away	tenere to keep	venire to come
sing. 1 2 3	stia	tolga	tenga	venga
pl. 1 2 3	stiamo stiate stiano	togliamo togliate tolgano	teniamo teniate tengano	veniamo veniate vengano

Since the three persons singular share one form, personal pronouns are frequently used to distinguish between them. (See table.)

Note that the 1st person plural of the Present Subjunctive is identical to that of the Present Indicative.

		sing.	pl.
1		io	noi
2		tu	voi
3	masc. fem.	lui lei	loro

7.2 Present Indicative: irregular verbs

Some of the previous verbs have an irregular Present Indicative:

Infinitive	dare	fare	sapere	stare	togliere	tenere
sing. 1	do	faccio	so	sto	tolgo	tengo
2	dai	fai	sai	stai	togli	tieni
3	dà	fa	sa	sta	toglie	tiene
pl. 1	diamo	facciamo	sappiamo	stiamo	togliamo	teniamo
2	date	fate	sapete	state	togliete	tenete
3	danno	fanno	sanno	stanno	tolgono	tengono

7.3 Reflexive use

Many Italian verbs can be used both transitively (with a direct object) and intransitively (without one) (see 5.6). But some verbs must always have a direct object, even when the corresponding English verb does not need one. In this case they take a reflexive pronoun as object. Compare:

L'autobus ha fermato il traffico   The bus stopped the traffic
L'autobus si è fermato   The bus stopped/has stopped

Note that the reflexive form always requires **essere** as an auxiliary. (See also 8.4.)
Often the non-reflexive and reflexive use in Italian are translated into English by different verbs:

Senti bene?   Can you hear well? Is the sound O.K.?
Ti senti bene?   Are you feeling well?
Il camion scarica la merce The lorry is unloading the goods
La batteria si scarica   The battery is running flat

7.4 More numbers (11–999)

11 **undici**, 12 **dodici**, 13 **tredici**, 14 **quattordici**, 15 **quindici**, 16 **sedici** (all stressed on the syllable before **-dici**)
17 **diciassette**, 18 **diciotto**, 19 **diciannove** (stress as for the corresponding single figures)
20 **venti**, 30 **trenta**, 40 **quaranta**, 50 **cinquanta**, 60 **sessanta**, 70 **settanta**, 80 **ottanta**, 90 **novanta**, 100 **cento**, 200 **duecento**, 300 **trecento** etc.
Note that the numbers of the tens from **venti** to **novanta** drop the final vowel when combining with **uno** and **otto**:
31 **trentuno**, 48 **quarantotto**, 61 **sessantuno** etc.;
but **cento, duecento** etc. do not: 101 **centouno**, 308 **trecento otto** etc.
BUT: 34 **trentaquattro**, 52 **cinquantadue**.

7.5 Combination of unstressed pronouns (1)

Ci + ne = ce ne
Ce ne metta una nuova
Devo mettercene una nuova   I must put a new one in

7.6 Prepositions

Per and **a** often express aim, direction, intention:

Come si fa per andare alla stazione? How does one get to the station?
Come si fa a riavvolgere? How does one rewind?
A destra Right, to the right, towards the right
Metta il coperchio a posto Put the lid in its place

A is frequently used to indicate intention after verbs of motion:

Vado a comprare delle pile I'm going to buy some batteries
Venga ad ascoltare la registrazione Come and listen to the recording

(Note that **a** may become **ad** if the following word begins in a vowel.)
When speaking of machines, **a** indicates the way in which the machine works, and **da** the purpose for which it is used or the circumstances of its use:

registratore a pile battery recorder; **coperchio a vite** screw lid; BUT **macchina da scrivere** typewriter; **telefono da campo** field telephone; **macchina da cucire** sewing machine.

Da also indicates the rating or face value: **pila da nove volt** 9 volt battery; **moneta da cento lire** 100 lira coin.

7.7 Adverbs

Most adverbs are formed from the feminine form of the adjective with the suffix **-mente**: **automatico – automaticamente**; **solo – solamente**; **contemporaneo – contemporaneamente**. Adjectives with a common masculine-feminine ending in **-le** or **-re** drop the final **-e** before adding **-mente**: **facile – facilmente**, easily; **regolare – regolarmente**, regularly.

Esercizi

(a)

Your Italian acquaintance asks you whether he can do certain things. Encourage him politely (using the **lei** form).

1. Posso entrare?
   Ma prego, entri pure!
2. Posso telefonare?
3. Posso aspettare?
4. Posso venire con lei?
5. Posso continuare a leggere?
6. Posso parlare?
7. Posso registrare?
8. Posso andare?
9. Posso ascoltare?

(b)

Your Italian acquaintance continues to ask you permission to do certain things. Encourage him as before, this time replacing the objects in his questions with the appropriate unstressed pronouns.

1. Posso prendere questo libro?
   Ma prego, lo prenda pure!
2. Posso fare una telefonata?
3. Posso aspettare Giorgio?
4. Posso togliere la giacca?
5. Posso leggere queste lettere?
6. Posso dire una cosa?
7. Posso registrare la conversazione?
8. Posso ascoltare le registrazioni?
9. Posso mettere delle nuove batterie?
10. Posso riavvolgere la cassetta?

● **(c)**

You are being asked various questions about what thing to do. Answer, in the polite **lei** form, taking your model from the first question.

1. Che autobus devo prendere?
   Prenda questo autobus.
2. Che libro devo leggere?
3. Che esercizio devo fare?
4. Che lezione devo studiare?
5. Che pile devo comprare?
6. Che tasto devo premere?
7. Che coperchio devo togliere?
8. Che vite devo svitare?
9. Che programma devo registrare?
10. Che registrazione devo ascoltare?

(d)

Answer the following questions affirmatively, or negatively whenever the question begins with **non**. Use the **lei** form and replace the objects with the appropriate unstressed pronouns.

1. Deve vedere Giorgio oggi?
   Eh sì, devo proprio vederlo.
2. Non può telefonare a Marisa?
   Eh no, non posso proprio telefonarle.
3. Vuole prendere il treno alle otto?
4. Deve telefonare a Giorgio questa sera?
5. Non può aspettare il signor Rossi?
6. Non può pubblicare questo articolo?
7. Deve parlare al direttore?
8. Non può mantenere questa promessa?
9. Vuole comprare i gettoni?
10. Vuole invitare a cena il signor Marchesi?

(e)

Translate into Italian, using the **lei** form:

1. How do I go from here to the town centre?
2. You must take a bus from the city centre.
3. The bus stops opposite the station.
4. You can go on foot from the station to the market, which is on the other side (*lato*) of the road.
5. See if the bus has arrived.
6. Can I have six batteries for my cassette recorder?
7. Please put all the batteries back in (their) place.
8. It is not necessary to use this switch. The recorder stops automatically at the end of the cassette.
9. Can I listen to this recording?
10. Take this book and read it. It is very interesting.

extra
●●●●●●●●●

● **(a)**

Ask your Italian informant how to do the things suggested below in English. The correct questions are recorded on tape.

1. Come si fa a . . . . . . (*remove the lid*)
2. Come si fa a . . . . . . (*record the concert*)
3. Come si fa a . . . . . . (*change the batteries*)
4. Come si fa a . . . . . . (*rewind the cassette*)
5. Come si fa a . . . . . . (*listen to the recording*)
6. Come si fa a . . . . . . (*replace the lid*)
7. Come si fa a . . . . . . (*remove the cassette*)
8. Come si fa a . . . . . . (*stop the cassette recorc*)

(b)

You know the Italian town where you are spending your holiday as well as any native, so, when an Italian asks you for directions you can give them promptly. Use the **lei** form and assume that public transport will not be used.

For the purpose of this exercise first *write* simple directions for the itineraries below, referring to the map. Then compare what you have written to the set of model directions on tape. There is obviously more than one way of giving such directions, so the fact that what you have written may be different from the recording does not necessarily mean that it is wrong.

Itinerari

1. Dalla riva destra a Piazza della Libertà. ･･･････
2. Da via Tevere al cinema Odeon ＿＿＿＿
3. Dal ponte S. Giorgio al mercato coperto. ＿ ＿ ＿ ＿

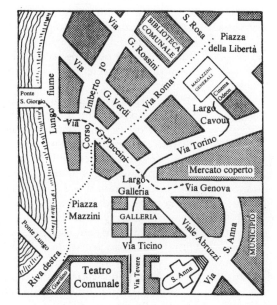

(c)

In the short dialogue on tape, people are directed to use public transport. Each direction involves the use of numbers: bus and tram numbers, the time of the departure of local trains (24-hour clock), or the telephone number of the taxi rank. Write down, as you listen, the type of transport suggested and the number. Check your answers in the Answers Section.

(d)

Fit adverbs formed from the following adjectives (not necessarily in this order): **facile, veloce, speciale, regolare, automatico** in the blank spaces. Check your answers in the Answer Section. You will need to know the following vocabulary words: **sabato** Saturday; **camminare** to walk; **imparare** to learn.

1. Alla fine della cassetta il registratore si ferma ......
2. Franco telefona ...... a Marisa ogni sabato sera.
3. Se cammina ...... ci vogliono solo dieci minuti da qui alla stazione.
4. Le linee telefoniche sono sovraccariche ...... di mattina.
5. L'italiano si impara ......

Il guasto

8

A customer complains about a fault: but it turns out that only her memory was at fault. The shop assistant gives her further instructions on how to use her radio-cassette recorder and recharge its battery.

COMMESSO   Buon giorno signora, desidera?

SIGNORA   Ieri ho comprato qui un registratore a cassette. Glie lo riporto indietro perché è guasto. Ho qui la garanzia.

COMMESSO   Guasto? Com'è possibile! Ieri lo si è provato insieme.

SIGNORA   Sì, mi ricordo, ieri lei me lo ha fatto vedere; eppure oggi non funziona. Guardi.

COMMESSO   Me lo dia qui. Vediamo un po'. Forse la batteria è scarica.

SIGNORA   Scarica? Ma se ce l'ha messa dentro lei, ieri, appena caricata. E non ho usato il registratore per più di un'ora. Lei mi ha detto che la batteria dura dalle sei alle otto ore, se ricordo bene.

COMMESSO   Eppure è scarica. Lo si vede bene. Lei ha dimenticato di spegnere il motore. Non ha premuto il tasto dello stop, e ha invece premuto quello della pausa.

SIGNORA   Ma la cassetta non si ferma automaticamente?

COMMESSO   Sì, ma solo quando arriva alla fine, non quando è in pausa. Quindi il motore è rimasto acceso. Quando ha usato l'apparecchio l'ultima volta?

SIGNORA   L'ho ascoltato ieri sera, per circa un'ora.

COMMESSO   Quindi è rimasto acceso da ieri sera. La batteria si è scaricata.

SIGNORA   Si può ricaricarla?

COMMESSO   Certo che si può. Segua le istruzioni qui sul coperchio. Però ci vuole qualche ora per ricaricarla. La lasci attaccata al raddrizzatore tutta la notte.

SIGNORA   Va bene. Molte grazie!

COMMESSO   Si figuri! Le rifaccio il pacco o se lo porta via così com 'è?

SIGNORA   Non si disturbi. Me lo porto via così.

COMMESSO   Buon giorno e arrivederci, signora.

SIGNORA   Buongiorno.

Vocabolario

guasto fault; **questo registratore è guasto** this tape-recorder is faulty; **guastare** to wreck, to spoil; **hai guastato il registratore** you ruined the tape-recorder; **il registratore si è guastato** the tape-recorder has gone wrong

commesso, commessa shop assistant

ieri yesterday; **ieri sera** last night

garanzia warranty

provare to try out, to test

insieme together

guardare to look

vediamo un po' let's see, let's have a look

ricordare to remember, to remind (Note the construction: (a) **ho ricordato le istruzioni**, or (b) **mi sono ricordato delle istruzioni**, both translated as I remembered the instructions; (c) **ho ricordato/mi sono ricordato di spegnere il registratore** I remembered to switch off the tape-recorder. Construction (a) can be used with an added indirect object, in which case it means 'to remind': **Il commesso ha ricordato le istruzioni alla signora** the shop attendant reminded the lady of the instructions.)

dimenticare   to forget (The construction is similar to that of **ricordare** above: (a) **ho dimenticato le istruzioni**; (b) **mi sono dimenticato delle istruzioni**; (c) **ho dimenticato/mi sono dimenticato di spegnere il registratore**.)

durare   to last

eppure   and yet

quindi   therefore

circa   about, approximately

seguire   to follow

attaccare   to connect, to stick

raddrizzatore   AC/DC adaptor; **raddrizzare** to straighten out

si figuri   from **figurare** to figure out, to imagine (used reflexively). After thanks; don't even think of it, don't mention it. In other contexts: just imagine, fancy that. (This is, of course, the 3rd person polite form; the **tu** form is **figurati**.)

non si disturbi   don't trouble yourself, don't bother

Nouns/Adjectives ending in -ore

The majority of these are similar to English words ending in -*or* or -*er*, e.g.

agitatore	**agitare**	agitator	to agitate
commentatore	**commentare**	commentator	to comment
competitore	**competere**	competitor	to compete
creatore	**creare**	creator	to create
confessore	**confessare**	confessor	to confess
fondatore	**fondare**	founder	to found
motore	**muovere**	motor	to move
piantatore	**piantare**	planter	to plant
produttore	**produrre**	producer	to produce

Note that in many cases words of this type are also related to abstract action words ending in -*ion*/ **-ione**: **agitatore – agitazione, competitore – competizione, produttore – produzione, creatore – creazione** etc. (BUT **piantatore – piantagione**).

Note di grammatica

8.1 Use of 'qualche'

Its English meaning is *some* or *a few*; in Italian, however, it is always followed by a singular noun which must be taken as countable (i.e. referring to a number of identical individual items). For this reason **qualche** cannot be used as a translation of *some* followed by nouns taken as uncountable e.g. *some cheese*. In this case **un po'** is used (shortened for **un poco**).

Mi dia qualche pera   Give me some pears
Lo voglio per qualche ora   I want it for a few hours
Devi provare qualche vino italiano   You should try out a few types of Italian wine
BUT
Vuoi un po' di vino?   Would you like some wine?
C'era un po' di gente   There were a few people

8.2 Combination of unstressed pronouns (2)

8.2.1

The basic rule which you should concentrate on in this unit is that:

$\dfrac{\text{lo} \mid \text{li}}{\text{la} \mid \text{le}}$ and **ne** always follow other unstressed pronouns (except as in 8.2.3).

The final **-i** in the preceding indirect object pronouns **mi**, **ti**, **ci**, **vi**, **si** changes to **-e**, and **gli** and **le** (indirect object) merge into **glie**:

Me lo ha fatto vedere   He/she showed it to me
Ce l'ha messa lei   She/you (polite) put it there
Glie lo (or **glielo**) **riporto**   I take it back to him/her/them
Te ne ho parlato ieri   I spoke to you yesterday about it
(For **lo ha/l'ha** see 8.5.)

8.2.2

These combinations may be placed either before a modal verb (see 5.5) or joined to the Infinitive following:

Se lo deve portare via/Deve portarselo via   He/she must take it away
Me li puoi dare?/Puoi darmeli?   Can you give them to me?
Glie ne voglio parlare/Voglio parlargliene   I want to talk to him/her/them about it

There are other possibilities which, though less frequent, should be mentioned for the sake of completeness.

8.2.3

Impersonal **si** behaves differently from reflexive **si**.
Lo, **la**, **li**, **le** *precede* impersonal **si**; but **ne** follows.

Li si porta via   One takes them away
Lo si aspetta   One waits for him/it
Se ne parla   One talks about it
Se li porta via   He/she takes away by him/herself
Se l'aspetta   He/she is expecting it (reflexive use of **aspettare**)

Combinations with impersonal **si** either precede the modal verb or are split between both verbs:

> **Lo si deve portare via/Si deve portarlo via**   One must take it away
> **Se ne possono avere tre/Si può averne tre**   One can have three of them
> **Non lo si vuole dire/Non si vuole dirlo**   One doesn't want to say it

8.2.4

Triple combinations (e.g. with **ci** and **vi** meaning *there*) are also possible but may be left for more advanced study.

8.3 Past participle of verbs in -ere

Most past participles of verbs ending in **-ere** cannot be formed as easily as those of the other two classes (**-are -ato**; **-ire -ito**). There are no firm rules to predict their form from the Infinitive, and therefore verbs in **-ere** introduced in this course are always listed together with their past participle.
A few past participles end in **-uto** (see 5.7.1):

> **credere** (to believe) **creduto**   **sapere** (to know) **saputo**
> **premere** (to press) **premuto**   **tenere** (to keep) **tenuto**

A few end in **-to** preceded by a consonant:

> **avvolgere** (to wind on) **avvolto**   **spegnere** (to switch off) **spento**
> **riavvolgere** (to rewind) **riavvolto**   **togliere** (to take away) **tolto**

Most end in **-so**:

> **accendere** (to switch on) **acceso**   **mettere** (to put) **messo**
> **prendere** (to take) **preso**   **chiudere** (to close) **chiuso**

Note that verbs having the same ending as known verbs generally form the past participle in the same way:

> **ottenere** (to obtain) **ottenuto**   **scendere** (to go downstairs) **sceso**
> **cogliere** (to pick up) **colto**   **scommettere** (to bet) **scommesso**

8.4 Change of auxiliary

Should a verb taking **avere** as its auxiliary (see 5.6) be used reflexively, or with impersonal **si**, **avere** must be changed to **essere**.

> **Ieri lo abbiamo provato insieme**   **Ieri lo si è provato insieme**
> **L'ho visto chiaramente**   **Lo si è visto chiaramente**
> **L'ha portato via**   **Se l'è portato via**

8.5 Unstressed object pronouns with the Perfect tense

Lo and **la** followed by the auxiliary **avere** may drop their vowel and take an apostrophe (usually in the singular). Past participles preceded by the auxiliary **avere** are normally masculine singular and do not inflect. If however the auxiliary is preceded by an unstressed object pronoun (whether with apostrophe or not), the past participle of the following verb takes on the same gender as the pronoun:

> – **Hai messo la batteria nuova?**   – **No, non l'ho messa.**
> – **Hai provato le cassette?**   – **Sì, le ho provate.**
> – **Dove sono i registratori?**   – **Li hanno portati via.**

Esercizi

(a)

Answer the following questions negatively.
Replace both direct and indirect objects by the
appropriate combination of pronouns:

1. Hai portato il transistor a Maria?
   No, non glie l'ho portato.
2. Avete portato le cassette a Giorgio?
   No, non glie le abbiamo portate.
3. Hai dato i libri allo studente?
4. Avete portato le batterie alla mamma?
5. Hai riportato il transistor al commesso?
6. Hai dato il pacco a Marisa?
7. Avete dato la radio alla signora?
8. Hai dato i pacchi a Giorgio?

(b)

You and your friend are both forgetful. When
she tells you about something she has forgotten
to do, you console her by telling her that not
even you remembered to do it.

1. Ho dimenticato di ricaricare la batteria.
   Nemmeno io mi sono ricordato di ricaricarla!
2. Ho dimenticato di riportare il transistor.
3. Ho dimenticato di dare la garanzia.
4. Ho dimenticato di leggere le istruzioni.
5. Ho dimenticato di spegnere la luce.
6. Ho dimenticato di mettere il coperchio.
7. Ho dimenticato di cambiare la cassetta.
8. Ho dimenticato di premere il tasto dello
   stop.

(c)

The shop assistant asks you whether you have
bought the object or objects you are showing
him at his shop. Tell him you are bringing
it/them back because it does not/they do not
work.

1. Ha comprato qui questo registratore?
   Sì, glie lo riporto perché non funziona.
2. Ha comprato qui questa cinepresa? (*cine-
   camera*)
3. Ha comprato qui queste automobiline
   elettriche? (*electric miniature cars*)
4. Ha comprato qui questo transistor?
5. Ha comprato qui questa lampada da
   tavolo? (*table lamp*)
6. Ha comprato qui questo rasoio elettrico?
   (*electric razor*)
7. Ha comprato qui questo aspirapolvere?
   (*vacuum cleaner*)
8. Ha comprato qui questi lucchetti?
   (*padlocks*)
9. Ha comprato qui questa macchina
   fotografica? (*camera*)
10. Ha comprato qui questo giradischi? (*record
    player*)
11. Ha comprato qui questi altoparlanti?
    (*loudspeakers*)
12. Ha comprato qui questa radio?

(d)

The shop assistant is showing you some goods.
Tell her you will buy them – if the price is
right!

1. Questo registratore a cassette è giapponese.
   *Me lo faccia vedere. Se non è troppo caro lo
   compro.*
2. Questa cinepresa è molto semplice da
   usare. (*simple to use*)
3. Questo rasoio elettrico è molto buono.
4. Queste pile durano molto a lungo. (*last a
   long time*)
5. Questa lampada è molto potente. (*very
   powerful*)
6. Questo transistor ha anche le onde corte.
   (*short wave*)
7. Questi sono lucchetti di sicurezza. (*safety
   locks*)
8. Questa è una macchina fotografica
   giapponese.
9. Questo giradischi è portatile. (*portable*)
10. Questi altoparlanti sono ad alta fedeltà.
    (*hi-fi*)
11. Queste lampadine (*bulbs*) sono di buona
    qualità.

(e)

Translate into Italian:

1. Switch on the table lamp, please.
2. Where did you buy this camera?
3. I bought it in Italy.
4. Can I record this conversation on this cassette recorder?
5. Why have you not brought Giorgio the book with the instructions on how to use the cine-camera?
6. This amplifier (*amplificatore*) is very powerful.
7. When did you last listen to this radio programme?
8. I am taking this record player back to the shop because it does not work.

● (a)

You are in an electrical shop. The shop assistant asks you how many you want of certain goods. Give the number corresponding to the number of the question.

1. Quante spine (*plugs*) vuole?
   Me ne dia una.
2. Quante lampade vuole?
3. E quante lampadine da centocinquanta candele? (*watts*)
4. Quante da cento candele?
5. Ne vuole anche da settantacinque?
6. Quante pile da un volt e mezzo desidera?
7. Quanti fusibili da cinque ampere? (*5 amp fuses*)
8. E quanti da quindici?
   Desidera altro? – *No grazie, è tutto, basta così* (*that's all*).
   Buon giorno, e arrivederla. – *Buon giorno.*

● (b)

Practise asking 'when' questions. In your question use the verb printed in bold, in the Present tense. End your question with the verb. Replace any object(s) with the appropriate unstressed pronouns.

   (*no object*)
1. **Arrivo** da Londra in aereo.
   Quando arrivi?
2. Devo **partire**.
3. Ti ho detto che dopo (*afterwards*) **vengo**.
4. Più tardi (*later*) **ritorno**.
5. Rimango ancora un po', ma poi devo **andare** via.

   (*direct object*)
6. Sto qui perché **aspetto** Giorgio.
   Quando lo aspetti?
7. Il commesso mi ha detto di **riportare** il transistor.
8. Devo **comprare** una lampada da tavolo (*table lamp*).
9. Voglio **invitare** a cena due studenti italiani.
10. Devo **mandare** (*send*) un telegramma.

(indirect object)
11. Voglio parlare a Marisa.
    Quando le parli?
12. Dopo telefono al signor Rossi.
13. Devo **scrivere** *(write)* a Franco.
14. Mi sono dimenticata di **telegrafare** alle zie *(aunts)*.
15. Non devo dimenticarmi di **telefonare** al professore.

(indirect + direct object)
16. Devo **mandare** questo pacco a Franco.
    Quando glie lo mandi?
17. Voglio **riportare** il registratore al tecnico.
18. Devo ricordarmi di **parlare** al signor Rossi di quella cosa.
19. Devo **ritornare** questi libri a Giorgio.
20. Mi sono dimenticato di **dare** la bottiglia di Chianti a Marisa.

(c)

Read the following instructions on how to use a food processor, and then answer the
questions on the next page. (Answers in Answer Section.)

ATTENZIONE   Questo apparecchio è costruito per l'uso domestico,
e non è assolutamente adatto all'uso commerciale.
Non è adatto a trattare sostanze estremamente dure, e neppure
sostanze liquide.
Non deve mai essere usato da bambini.

COLLEGAMENTO ALLA RETE ELETTRICA   Funziona a
corrente alternata, 250 volt. Prima di inserire l'apparecchio nella rete
elettrica, portate l'interruttore nella posizione O (spento).

INTERRUTTORE   Le posizioni sono le seguenti:

   O   Spento. Per motivi di sicurezza il coperchio si può aprire
       soltanto quando l'interruttore è in questa posizione.

   I   Velocità bassa (per quantità inferiori ai 100 grammi)

   II   Velocità alta.

   *****   Velocità alta momentanea (in questa posizione l'interruttore
       non scatta e deve essere mantenuto acceso).

L'apparecchio funziona solo quando il coperchio è perfettamente
chiuso.

CAPACITÀ   La coppa ha una capacità massima di 250 grammi di
carne.
L'apparecchio può essere usato per la lavorazione di: carne (cruda o
cotta), pesce (crudo o cotto), uova (sode), erbe aromatiche, cipolle,
aglio, noci, formaggio duro (tipo parmigiano), pane secco.

---

1. The food processor is intended
   (i) only for use in the home   (ii) also for commercial use
2. Can it be used for liquids? (i) yes   (ii) no
3. What must one do before plugging it in?
   (i) switch the voltage regulator on to 250 V
   (ii) push the switch to the off position
4. The appliance works only
   (i) when the safety catch is on the ** position
   (ii) when the lid is closed
5. Tick off the substances the appliance can process, according to the instructions above:
   (i) apples   (ii) onions   (iii) butter   (iv) raw and cooked meats   (v) raw and cooked
   fish   (vi) herbs   (vii) garlic   (viii) nuts   (ix) cheese for grating   (x) boiled
   eggs   (xii) raw eggs   (xiii) bread   (xiv) nuts   (xv) dough
   You may like to guess, or alternatively refer to the Vocabulary at the end of the book.

Answer the comprehension questions following each text. This time the questions are in Italian, and you should answer them in Italian. Keep your answers simple and close to the text.

A. Le università e la politica

Anche se le università non sono istituzioni politiche, molti membri della comunità accademica, studenti e professori, si occupano di problemi politici, specialmente i professori e gli studenti di relazioni internazionali, economia, storia e filosofia. Non è possibile trattare di questi problemi senza avere un'opinione politica, di destra o di sinistra o di centro: ma è essenziale trattarne in modo obiettivo e imparziale, ed essere sempre aperti alla discussione democratica.

1. Quali membri della comunità accademica si occupano specialmente di problemi politici?
2. Che cosa è necessario avere per occuparsene?
3. In che modo si deve trattarne?

B. Il servizio telefonico

Adesso c'è un servizio telefonico automatico per tutti i paesi dell'Europa, e anche per le città più importanti dell'America e dell'Australia. Per telefonare dall'Inghilterra in Italia è necessario fare prima il prefisso internazionale: zero dieci. Poi, il prefisso dell'Italia che è trentanove. Poi si deve fare il prefisso della città, senza lo zero, e infine il numero della persona. Telefonare la mattina e il pomeriggio costa di più. Dopo le otto di sera costa di meno, ma le linee sono sovraccariche. Si può telefonare in Italia anche da un telefono pubblico: ci vogliono delle monete. Si mettono le monete nell'apparecchio solo se la persona risponde.

1. C'è un servizio telefonico automatico per tutte le città dell'America e dell'Australia?
2. Il prefisso di Torino è 011. Per telefonare al 57 31 49 di Torino dall'Inghilterra che numero bisogna fare?
3. Costa di più telefonare in Italia alle dieci di mattina o alle dieci di sera?

Esercizi

● (a)

Indicazioni a un turista
Listen carefully to the dialogue on tape, and, when you think you have understood it, answer in Italian the following questions:

1. Dove si trova il turista?
2. Dove vuole andare?
3. Perché la prima persona non sa rispondergli?
4. Quanto tempo ci vuole per andare dove il turista vuole andare?

● (b)

Answer the questions confirming the first of the two alternatives. Change pronouns when necessary, so that the answers make sense.

1. Chi ha scritto l'articolo, tu o Marchesi?
   L'articolo l'ho scritto io.
2. Chi ha guidato la macchina, il signor Rossi o Marisa?
3. Chi ha preso il treno, Franco o Giorgio?
4. Chi ha comprato i biglietti, voi o loro?
5. Chi ha pagato il telefono, tu o papà?
6. Chi ha avuto il raffreddore, Marisa o Giorgio?
7. Chi ha dato i gettoni, la cassiera o il cameriere?
8. Chi ha bevuto il caffè, tu o la signora Rossi?

(c)

This time you have done everything yourself.
Answer accordingly.

1. Hai telefonato tu a Marisa?
   Sì, le ho telefonato io.
2. Hai parlato tu al signor Rossi?
3. Hai scritto tu alla mamma?
4. Hai telegrafato tu al direttore del giornale?
5. Hai parlato tu agli studenti?
6. Hai scritto tu alle sorelle di Giorgio?
7. Hai risposto tu a Franco?
8. Hai telefonato tu ai genitori di Marisa?

(d)

Change the position of the unstressed pronouns
in the following sentences.

1. Posso prenderne uno?
   Ne posso prendere uno?
2. Certo che puoi prenderlo.
3. Non vogliamo aspettarlo.
4. Devo proprio leggerlo, questo articolo.
5. Il conto voglio pagarlo io.
6. Questa promessa non posso mantenerla.
7. Il treno posso prenderlo alle otto.
8. Quando devi telefonargli?
9. Devo telefonargli alle sette di sera.
10. I gettoni posso metterli nell'apparecchio?

(e)

Transform the following sentences replacing
tutti, -e with **ogni**.

1. Lo vedo tutte le mattine
   Lo vedo ogni mattina.
2. Telefono alla mamma tutte le sere.
3. Non posso leggere tutte le riviste.
4. Non voglio andare a tutte le lezioni.
5. Non posso consultare tutti i dizionari.
6. Voglio parlare con tutti gli studenti.
7. Non posso scrivere a tutti gli amici.

(f)

Translate into Italian:

(i)
Recently there has been a series of crises in the
Italian Government, and the Communists have
tried to bring about social change. From
certain points of view it has been an interesting
period, regrettably (*purtroppo*) not without
violence, but the future direction of the
government of the country is uncertain.
(*incerto*).

(ii)
Making (*use Infinitive*) a phone call in Italy is
not easy, especially if you want to make a
trunk call. The lines are often overloaded and
the whole internal system must be improved.
The authorities are always promising to
improve the service but they do not improve it
at all. Public telephones are frequently found
in coffee bars and require special metal tokens.
Usually the cashier in the bar will have the
tokens which cost 100 lira each. To make a
local call one token is enough but to make a
trunk call you must put in six or seven before
dialling the number.

(iii)
'Can you tell me how to get to the station?'
'Yes certainly, it's about ten minutes' walk
from here. Take this road as far as the cross
roads, turn right into via Roma and at the end
of the street you will be in Piazza S. Andrea.
Cross the square and you will find Corso Italia
on your left. You will see the station in front of
you.'
'Thank you very much.'
'You're welcome.'

Un concerto alla radio

9

In this unit, the two dialogues show two ways of listening to a concert on the radio – and two ways of talking about past events. You will gain practice in how to express likes and dislikes.

A.

SIGNORA	Buon giorno.
COMMESSO	Buon giorno, signora. Desidera?
SIGNORA	Sono venuta per la radio che ho comprato qui una settimana fa. L'ho portata con me.
COMMESSO	Me la faccia vedere. Cosa c'è che non va?
SIGNORA	Ha funzionato benissimo per una settimana. Anche ieri sera funzionava perfettamente. Questa mattina ho provato ad accenderla. Non va più. Forse si è rotta.
COMMESSO	Vediamo un po'. Tutto è a posto, mi pare ... no ... non tutto. Le pile sono completamente scariche.
SIGNORA	Ma se le ho appena cambiate due giorni fa!
COMMESSO	Eppure sono scariche. Quando ha ascoltato la radio l'ultima volta?
SIGNORA	Ieri sera, mentre ero a letto. C'era un concerto sinfonico sul terzo programma. Davano la settima sinfonia di Beethoven.
COMMESSO	Si ricorda che cosa hanno dato dopo il concerto?
SIGNORA	Dopo il concerto? Un momento ... no, non ricordo ... anzi, non ricordo nemmeno di avere spento la radio.
COMMESSO	Appunto, proprio come pensavo. Lei si è addormentata durante il concerto, e mentre dormiva le batterie si sono scaricate.
SIGNORA	Meno male! L'ho disturbato per niente. Mi dispiace.
COMMESSO	Ma si figuri, signora. Siamo qui per questo.

B.

MARISA	Dove sei andato ieri sera?
GIORGIO	Da nessuna parte. Davano un concerto sul terzo programma, in stereofonia, e ho voluto ascoltarlo.
MARISA	Ah, hai un impianto stereo adesso.
GIORGIO	Sì, la radio che avevo prima l'ho regalata. Era ancora buona, come nuova, sai. E ho deciso di comprarmi uno stereo. Tutti pezzi staccati: amplificatore giapponese, giradischi tedesco, casse inglesi.
MARISA	E il concerto ti è piaciuto?
GIORGIO	Ma, non molto.
MARISA	Come mai?
GIORGIO	Il programma non era troppo di mio gusto.
MARISA	Perché?
GIORGIO	Troppa musica romantica nella prima parte. Una volta mi piaceva, ora mi piace di più la musica contemporanea.
MARISA	Chi dirigeva?
GIORGIO	Un francese nuovo, che non ho mai sentito nominare.

Vocabolario

desidera? can I help you?; **desiderare** to wish
si è rotta has broken down; **rompere** (past part. **rotto**) to break
a letto in bed
disturbare to disturb, to trouble
da nessuna parte nowhere
impianto installation, plant; **impianto stereo** stereo system
giradischi record player (see 9.1.c)
casse speakers (**altoparlanti**) of expensive stereo systems are usually called **casse**
    acustiche literally: acoustic boxes
gusto taste
dirigere (past part. **diretto**) to direct, to conduct (an orchestra), to manage (a
    business); **direttore** conductor (of an orchestra)
nominare to name; **non l'ho mai sentito nominare** I never heard his name before
come as: **proprio come pensavo** just as I thought
        how: **come si fa?** how is this done, how does one do it?
        like: **come nuova** like new

Note di grammatica

9.1 Plural of compound nouns

It is impossible to frame general rules consistently predicting how compound nouns form
their plural. If in doubt, refer to a good dictionary. The following notes may however be
of some guidance.
Compound nouns are made up of two separable parts. There are three possibilities for
forming the plural:

(a) Both parts take the plural marker:

This group includes compounds of the noun + adjective type:
    la terracotta, **le terrecotte**; **il caposaldo** (stronghold) **i capisaldi**
(b) Only the second half takes the plural marker:

This group includes mostly compounds of the adjective + noun, and noun + noun type:
    il bassorilievo (bas-relief) **i bassorilievi**; **il francobollo** (postage stamp)
    i francobolli; **il manoscritto** (manuscript) **i manoscritti**.

(c) The compound remains invariable in the plural.

If there is a verb in the compound, the compound is invariable whenever verbs are found
in both parts, or whenever the noun part is plural:

    il dormiveglia doze, doziness (literally: sleep–stay awake)
    il giradischi record player

If the noun part is feminine it also remains invariable:

    il parabrezza windscreen (**la brezza** breeze, wind)

9.1.1 Exceptions

Compounds with **la mano** (hand) **le mani**, which form a plural: **l'asciugamano** (hand
towel) **gli asciugamani**.

If the noun part is masculine, it inflects: **il parafulmine** (lightning conductor) **i parafulm**

Note that the gender of the noun part(s) does not necessarily determine the gender of the compound as a whole: **il crocevia** (crossroads) is formed by two feminine nouns. It is masculine and invariable.

9.2 Use of 'che'

(See also Units 5 and 6.) Here is a summary of its various grammatical functions:

(a) Subject pronoun
 Che c'è? What's there? What's up?
(b) Object pronoun
 Che fai? What are you doing?
(c) Subject adjective
 Che orchestra suona? Which orchestra is playing?
(d) Object adjective
 Che stereo ha comprato? Which stereo system did he/she buy?
 Also in indirect questions of the type: **non so che orchestra suona, dimmi che fai** etc.
(e) Subject relative pronoun *who, which*
 È un francese che dirige It's a Frenchman who is conducting
 L'orchestra che suona The orchestra which is playing
(f) Object relative pronoun *whom, which*
 È un francese che non ho mai visto prima it's a Frenchman whom I have never seen before
 La radio che ho comprato The radio (which) I bought
 Remember that, unlike *whom* or *which* used as an object, **che** cannot be omitted.
(g) Conjunction *that*
 Gli dici che può telefonarmi questo pomeriggio You tell him that he can phone me this afternoon

9.3 'Piacere' and 'dispiacere'

		Present indicative	Present subjunctive	Past participle
sing.	1	piaccio	piaccia	piaciuto
	2	piaci	piaccia	
	3	piace	piaccia	
pl.	1	piacciamo	piacciamo	
	2	piacete	piacciate	
	3	piacciono	piacciano	

The verb **dispiacere** is conjugated in the same way.

Piacere is constructed impersonally, i.e. its subject is not the person who likes, but the thing which is liked (the literal Italian meaning is *to please, to appear pleasant*). The person is therefore invariably an indirect object which may however be placed at the beginning of the sentence.

 A Giorgio piace il té/Il té piace a Giorgio George likes tea
 Questa commedia mi è piaciuta molto I liked this play very much
 Le piace il caffè She likes coffee
 Mi piacciono i genitori di Marisa I like Marisa's parents

The translation of 'to dislike' is **non piacere**, NOT **dispiacere**, which corresponds to *to be sorry, to mind*:

Non mi piace il té senza zucchero   I don't like tea without sugar
Ti dispiace prendere il té senza zucchero?   Do you mind taking tea without sugar?
Mi dispiace, non ho più zucchero   I'm sorry, I have no sugar left

9.4 Imperfect

Infinitive	**andare**	**leggere**	**finire**	**essere**
sing. 1	andavo	leggevo	finivo	ero
2	andavi	leggevi	finivi	eri
3	andava	leggeva	finiva	era
pl. 1	andavamo	leggevamo	finivamo	eravamo
2	andavate	leggevate	finivate	eravate
3	andavano	leggevano	finivano	erano

There are no irregular forms in the conjugation of this tense, apart from **essere**. The Imperfects of verbs such as **fare** and **bere** are formed from the 'old' non-contracted Infinitive forms: e.g. **facevo** (from 'old' Infinitive **facere**), **bevevo** (from 'old' Infinitive **bevere**). (See 6.6.)

9.4.1 Use of the Imperfect

There is no tense in English corresponding to the Italian Imperfect, which is capable of a number of different meanings, according to the context (e.g. **andavamo** we were going, we used to go, we went). Its use must be understood by reference to Italian, not to English; and this is best done by comparing it with the Perfect. The Italian Perfect, like the English Simple Past, expresses something considered as finished or complete in itself at a definite point in past time. In the Imperfect, on the other hand, the idea of completion is not important: it is used therefore to express states or habitual action, emphasising continuity, duration or repetition.

Ha funzionato benissimo per una settimana   It worked all right for a week
Anche ieri sera funzionava perfettamente   Even last night it was working perfectly
Mentre dormiva, le batterie si sono scaricate   While you were sleeping, the batteries went flat

Esercizi

● (a)

Tastes change. What one used to like once no longer appeals.

1. Ti piace la musica sinfonica?
   Una volta mi piaceva: ora non mi piace più.
2. A Mario piace il jazz?
   Una volta gli piaceva: ora non gli piace più.

3. A tua madre piace Beethoven?
4. Vi piace andare ai concerti?
5. Ai tuoi amici piace andare a teatro?
6. Ti piace questo ristorante?
7. Vi piace abitare in città?
8. Ai tuoi genitori (*parents*) piace abitare in campagna?
9. Vi piace passare le vacanze al mare (*holidays by the sea*)?
10. Alla signora Rossi piace il té (*tea*)?

(b)

You have changed your mind about a lot more things, and so have your friends:

1. A Filippo piacciono i concerti sinfonici?
   Una volta gli piacevano: ora non gli piacciono più.
2. Ti piacciono i carciofi (*artichokes*)?
3. A Giorgio piacciono i piselli (*peas*)?
4. A Luisa piacciono gli spaghetti?
5. Vi piacciono le mele al forno (*baked apples*)?
6. Ai tuoi amici piacciono le lasagne?
7. A Marisa piacciono i film giapponesi?
8. Ti piacciono questi dischi?
9. A Giorgio piacciono i romanzi gialli (*detective stories*)?
10. Ti piacciono gli scampi fritti (*fried scampi*)?

(c)

You are being told that something you felt sure about is no longer the case. Express your indignation.

1. Adesso il coperchio non chiude più.
   Ma come? prima chiudeva!
2. Adesso la radio non funziona più.
3. Adesso gli altoparlanti non funzionano più.
4. Adesso l'orologio non si carica più.
5. Adesso il motore non va più.
6. Adesso il giradischi non gira più.
7. Adesso le automobiline non corrono più.
8. Adesso la lampada non si spegne più.
9. Adesso il microfono non registra più.
10. Adesso le lampadine non si accendono più.

(d)

Answer the questions in the negative.

1. Chi è venuto?
   Non so chi è venuto.
2. Che cosa ha detto?
   Non so che cosa ha detto.
3. Che cosa ha comprato Marisa?
4. Che impianto stereo ha Giorgio?
5. Chi ha vinto (*won*) la partita (*match*)?
6. Che concerto danno questa sera?
7. Che cosa non va con la radio?
8. Che cosa ha venduto il commesso?
9. Chi ha telefonato questo pomeriggio?
10. Chi è arrivato ieri?

(e)

Ask what it is your friend is talking about.

1. Ho comprato una radio.
   È quella la radio che hai comprato?
2. Marisa ha comprato dei carciofi.
   Sono quelli i carciofi che ha comprato?
3. Abbiamo bevuto un vino italiano.
4. Il signor Rossi ha comprato delle cartoline. (*postcards*)
5. Giorgio ha ascoltato un disco.
6. Ho letto un romanzo giallo.
7. Marisa ha comprato una macchina fotografica.
8. Abbiamo assaggiato (*tasted*) delle mele al forno.
9. Ho trovato (*found*) delle cartoline illustrate.
10. Ho preso una lampada dalla cucina.

(f)

Translate into Italian:

1. George likes to listen to classical music on his new stereo system.
2. The detective story you dislike is by an Italian author.
3. I used not to like baked apples, but now I like them very much.
4. Whom did you see at the theatre?
5. I saw Marisa, who was with Giorgio.
6. The radio I bought last week has gone wrong. It does not work.
7. The lady forgot to read the instructions the shop attendant gave her.
8. The books you have taken away are the ones (use *quelli che*) I like.

(a)

An understanding of how to use the Imperfect can only come from practice. In this exercise, answer the questions saying that what you once used to do you don't do any more.

1. Fai ancora dello sport?
   Prima lo facevo, adesso non lo faccio più.
2. Bevi sempre il vino?
3. Prendi sempre il caffè?
4. Studi ancora il francese?
5. Ascolti sempre la musica jazz?
6. Leggi sempre il *Corriere della sera*?
7. Sei sempre comunista?
8. Vedi sempre Marisa?
9. Usi ancora la tua bicicletta *(bicycle)*?
10. Compri sempre sigarette americane?

(b)

Answer the questions in Exercise (a) on page 71, saying that you and all the others like whatever you're being asked very much.

1. Ti piace la musica sinfonica?
   Mi piace moltissimo.
2. A Mario piace il jazz?
   Gli piace moltissimo.
   etc.

(c)

And now answer the questions in Exercise (b) on page 72 in the negative.

1. A Filippo piacciono i concerti sinfonici?
   Non gli piacciono per niente (at all).
2. Ti piacciono i carciofi?
   Non mi piacciono per niente.
   etc.

(d)

Express your disagreement with the following statements.

1. Giorgio non viene.
   E invece ti dico che viene.
2. Il direttore d'orchestra non è francese.
3. La tua cinepresa non è semplice da usare.
4. Queste lampadine non sono di buona qualità.
5. Il transistor di Giorgio non ha le onde corte.
6. Queste pile non durano molto a lungo.
7. Il mio amplificatore non è giapponese.
8. Questo giradischi stereo non è ad alta fedeltà.
9. Il mio rasoio elettrico non è molto buono.

● (e)

The following narrative is all in the Present tense (this is a perfectly possible choice of narrative style in Italian, often used with the intention of conferring greater immediacy to the story). Change it all to the past, choosing between the Perfect tense and the Imperfect, as appropriate. Do it in writing, then compare your version to the version on tape.

Il signor Rossi e sua figlia Marisa sono a casa quando suona il telefono. Il signor Rossi è occupato, così risponde Marisa. È Giorgio che telefona da Torino, e vuole parlare col signor Rossi. La linea è cattiva (bad) e si sente molto male. Il signor Rossi dice a Giorgio di venire a Milano la sera, verso le sette. Marisa pensa di invitarlo a cena.

Una passeggiata (1)

10

Carla and Mario discuss plans for an outing. In their conversation they use the present tense to talk about the immediate future, and introduce a few expressions of time.

CARLA	Che cosa fate di bello questo pomeriggio?
MARIO	Andiamo a fare una passeggiata.
CARLA	Bene. Chi viene con te?
MARIO	Giorgio, Maria, Stefano e alcuni altri.
CARLA	E dove andate?
MARIO	Al mare, perché fa bel tempo.
CARLA	In quanti siete?
MARIO	Siamo in otto.
CARLA	Allora dovete prendere due macchine.
MARIO	Sì; prendiamo quelle di Giorgio e di Stefano.
CARLA	Non la tua?
MARIO	No, la mia è dal meccanico, che me la dà solo domani mattina.
CARLA	Perché è dal meccanico?
MARIO	Niente di grave, per la solita manutenzione.
CARLA	A che ora partite?
MARIO	Piuttosto presto: verso l'una e mezza.
CARLA	Ritornate per l'ora di cena?
MARIO	No, mangiamo fuori.
CARLA	E dove andate a mangiare?
MARIO	Stefano vuole andare in una pizzeria che conosce soltanto lui.
CARLA	Allora, quando tornate?
MARIO	Be', verso mezzanotte.
CARLA	Mezzanotte? Come mai così tardi?
MARIO	Ma, dopo cena Stefano vuole portarci a ballare. E poi, per tornare ci vuole almeno un'ora di macchina.
CARLA	E chi ti apre la porta? La tua padrona di casa ti aspetta?
MARIO	Normalmente mi aspetta fino alle undici. Oggi però, siccome torno più tardi, mi lascia le chiavi.

Vocabolario

passeggiata a walk, an outing; **passeggiare** to walk
il mare the sea, the seaside
fare This verb can be used in various idiomatic expressions: **che cosa fate di bello?** doing anything nice?; **fa bel tempo** the weather is fine; **fa cattivo tempo** the weather is bad; **fa caldo** it's hot; **fa freddo** it's cold
siamo in otto there's eight of us
meccanico mechanic
domani mattina tomorrow morning
solito usual

manutenzione   maintenance, service; **mantenere** (past part. **mantenuto**) to maintain
piuttosto presto   rather early; **tardi** late
cena   evening meal, supper
conoscere   (past part. **conosciuto**) to know, to be acquainted with, to have met
verso mezzanotte   around midnight; **verso l'una e mezza** about half-past one
ballare   to dance, **ballo** dance, **ballerino** a dancer
padrona di casa   landlady
siccome   since, as
mi lascia le chiavi   she lets me have the keys

Note di grammatica

10.1 Bello, quello

The adjective **bello** beautiful, when followed by a noun, normally inflects like the definite article. The same applies to **quello**, when it functions as an adjective.

il tempo	fa bel tempo	in quel tempo
time, weather	the weather is fine	at that time
l'albero	un bell'albero	quell'albero
the tree	a beautiful tree	that tree
i tempi	bei tempi!	quei tempi
	happy times!	those times
gli alberi	dei begli alberi	quegli alberi

The article-like forms of **quello** allow a distinction to be made, in certain cases, between adjective and pronoun:

I vini spagnoli non mi piacciono tanto: preferisco quelli italiani.
I don't much like Spanish wines: I prefer the Italian ones (*pronoun*).
Preferisco quegli Italiani che non hanno paura di criticare il proprio paese.
I prefer those Italians (*adjective*) who are not afraid to criticize their own country.

10.2 Adjectives/pronouns related to 'uno'

The following adjectives and/or pronouns are related to the indefinite article **uno**, and inflect like **uno**:

alcuno, -a, -i, -e   (adjective and pronoun)
In the singular this survives only in negative sentences and only in the written language: **non c'è alcuna ragione di partire** there's no reason to leave. It is the only member of this group to have a plural: **alcuni altri** some others; **c'erano solo alcuni studenti** there were only a few students (in this case it is equivalent to **qualche** followed by a singular noun, see 8.1: **c'era solo qualche studente**).
qualcuno -a   (invariable: pronoun only)
Ha telefonato qualcuno   someone phoned; **viene qualcuno** someone's coming.
nessuno, -a   (no plural)
Adjective: **nessuna telefonata oggi**   no phone calls to-day; **in nessun caso** in no case
Pronoun: **nessuno ha telefonato oggi**   nobody phoned to-day. In questions it may replace **qualcuno**: **Ha telefonato nessuno?**   Did anybody call?
ciascuno, -a   (pronoun and adjective)

Abbiamo ordinato una pizza ciascuno   we ordered a pizza each; **quattro persone in ciascuna macchina**   four people in each car.
ognuno, -a   (pronoun only)
Ognuno di noi ha ordinato una pizza   each one of us ordered a pizza.

10.3 Possessive adjectives/pronouns

Person	Personal pronouns	Possessives	Person	Personal pronouns	Possessives
1 sing.	**io**	**mio, mia, miei, mie**	1 pl.	**noi**	**nostro, -a, -i, -e**
2	**tu**	**tuo, tua, tuoi, tue**	2	**voi**	**vostro, -a, -i, -e**
3	**lui**	**suo, sua, suoi, sue**	3	**loro**	**loro** (invariable)

Note that in Italian there is no distinction between *his* and *her(s)*, nor between adjective (*my*) and pronoun (*mine*). Italian possessives, unlike English ones, must agree in gender and number with the noun they refer to or replace: **la sua macchina** his/her car; **questa macchina è la sua** this is his/her car.
English possessives combine the functions of possessive and definite article and therefore cannot be preceded by either type of article. Italian possessives can: **il mio amico** my friend; **un mio amico** a friend of mine. They can also be preceded by numbers, indefinite adjectives etc.: **due miei amici, questa mia amica, qualche mio amico**, etc.
Suo, sua etc. are also used as polite forms meaning *your(s)* whenever a person is being addressed in the 3rd person.
English possessives are often not translated into Italian: see 20.1.

10.4 Saying what time it is

Hours are all feminine plural (except **l'una** one o'clock). They must be preceded by the definite article. If you are using the 24-hour clock, you give two sets of figures, one for the hours and one for the minutes:

It's 9.34   **sono le nove e trentaquattro**
The train leaves at 17.45   **il treno parte alle diciassette e quarantacinque**

If you are using the 12-hour clock, as above, except the following (taking 9 as an example):

9.15   **le nove e un quarto**
9.30   **le nove e mezza** (or **e mezzo**)
9.40   **le dieci meno venti**
9.45   **le dieci meno un quarto**

(After half past, one counts the minutes to the next hour, and subtracts them: *ten less twenty, ten less one quarter* etc.)

12 noon is **mezzogiorno** (*masc.*)
Midnight is **mezzanotte** (*fem.*)

The preposition used to indicate a time is **a**:

He came at seven   **è venuto alle sette**
We meet at half-past ten   **ci vediamo alle dieci e mezza**

Esercizi

(a)

You are feeling generous. Tell your friend that if he likes what he sees he can have it!

1. Di chi è questo disco?
   È mio, ma se ti piace te lo do: è tuo!
2. Di chi sono questi poster?
   Sono miei, ma se ti piacciono te li do: sono tuoi!
3. Di chi è questa macchina fotografica?
4. Di chi è quella radio?
5. Di chi sono queste riviste illustrate?
6. Di chi è questo transistor?
7. Di chi sono quelle bottiglie di vino?
8. Di chi è questo rasoio elettrico?
9. Di chi sono questi libri?
10. Di chi è questa penna (*pen*)?

(b)

Your friend does not know how to make the most of the opportunities available. But you are different. Make him feel inferior. Tell him that what he managed to do only once, you used to do every day.

1. La settimana scorsa ho letto il giornale solo una volta.
   Io invece lo leggevo tutti i giorni.
2. Durante le vacanze ho bevuto vino solo una volta.
3. Al mare ho fatto il bagno solo una volta.
4. In Italia ho guardato la televisione solo una volta.
5. Non ho letto molti giornali: ho comprato il *Corriere della sera* solo una volta.
6. A Firenze ho visitato il museo degli Uffizi solo una volta.
7. Ho mangiato la cassata solo una volta.
8. A Milano ho preso il metrò solo una volta.

(c)

In your flat everything is automatic. Reassure your friend by pointing out that the things you own work by themselves.

1. Devo spegnere questa luce?
   No, non ce n'è bisogno (there is no need), *si spegne da sola.*
2. Devo caricare questo orologio?
3. Devo chiudere questa porta?
4. Devo accendere questa radio?
5. Devo fermare questo giradischi?
6. Devo cambiare questo disco?
7. Devo spegnere questo registratore?
8. Devo regolare (*adjust*) questa macchina fotografica?

(d)

Replace **alcuni**, **alcune** in the following sentences with **qualche**:

1. C'erano solo alcuni studenti.
   C'era solo qualche studente.
2. Mi dia alcune matite (*pencils*), per favore.
3. Per andare da qui a Torino ci vogliono alcune ore di viaggio.
4. Giorgio mi ha regalato (*given, as a present*) alcune bottiglie di vino toscano.
5. Ho fatto soltanto alcuni esercizi.
6. Il commesso mi ha mostrato (*shown*) alcuni modelli di radio registratore.
7. Abbiamo ascoltato alcuni dischi.
8. Voglio parlare con tuo papà e dirgli alcune cose.

(e)

Translate into Italian:

1. This is my camera.
2. This camera is mine.
3. That is his pen.
4. These are our books.
5. Where are your illustrated magazines?
6. I don't like their car.
7. This is his electric razor.
8. Our landlady lets us have the keys.
9. Those are their pizzas.
10. These are not her postcards.

(a)

All the things you are being asked about happened by themselves. Say so.

1. Chi ha rotto il vaso?
   Nessuno, si è rotto da solo.
2. Chi ha rotto i vasi?
   Nessuno, si sono rotti da soli.
3. Chi ha aperto la porta?
4. Chi ha presentato (*introduced*) Giorgio?
5. Chi ha guastato (*damaged, broken*) la macchina?
6. Chi ha cambiato il disco?
7. Chi ha fermato il giradischi?
8. Chi ha aperto la finestra?
9. Chi ha presentato Giorgio e Sandra?
10. Chi ha rotto le lampade?

(b)

The generosity you felt towards your friends in Exercise (a) on page 78 now extends to acquaintances you would not address with **tu**. Taking the same sentences as cues, give away your things using the **lei** form:

1. Di chi è questo disco?
   È mio, ma se le piace glie lo do: è suo!
2. Di chi sono questi poster?
   Sono miei, ma se le piacciono glie li do: sono suoi!
   etc.

(c)

You don't know the details of what has been going on. So when you are questioned your answers are not very informative! (Note that there is no practical difference between **qualcuno** and **nessuno** in the question, except that **qualcuno** suggests the questioner knows that SOMEBODY came, called, wrote etc., whereas **nessuno** suggests the questioner wishes to know if ANYBODY did.)

1. Chi ha telefonato oggi?
   Ha telefonato qualcuno, ma non so chi era.
2. È venuto nessuno?
   È venuto qualcuno, ma non so chi era.
3. Chi ha chiamato? (*This refers to a voice shouting from a distance.*)
4. Ha risposto qualcuno?
5. Chi c'era a casa di Marisa?
6. È arrivato qualcuno da Torino?
7. Chi è partito questa sera?
8. Ha parlato nessuno alla riunione (*meeting*)?

(d)

Unlike Giorgio, Maria, Stefano and the rest, you have decided not to travel by car, and are planning an outing by public transport. Your attention is drawn to the following prospectus from a travel agency.

Escursione sui laghi della Lombardia

In autobus da gran turismo, motoscafo e traghetto.
Tutti i giorni, da aprile a ottobre.

Partenza da Milano: ore 8.20 Piazza Castello
                      ore 9.00 Stazione Centrale

Prezzo: Lire 30,000 per persona, comprendente trasporto, pranzo, tè e biglietti
         d'ingresso all'Isola Bella e a Villa Taranto.
Itinerario: Milano – Sesto Calende in autostrada.
             Sesto Calende – Stresa. Arrivo ore 10.45.
             Stresa – Isole Borromee in motoscafo. Visita dell'Isola Bella.
             Isola Bella – Pallanza in motoscafo. Pranzo in albergo. Alle ore 14.15
             partenza in autobus per il giardino botanico di Villa Taranto. Da Villa
             Taranto a Intra in autobus: arrivo ore 16.00

             Intra – Laveno: traversata del lago in traghetto.
             Laveno – Gavirate (lago di Varese) – Varese – Como.
                Arrivo ore 17.15. Sosta per il tè in riva al lago.
             Como – Milano in autostrada. Arrivo ore 19.00.

How much of the prospectus did you understand? Check by answering the questions below:

1. How many lakes will you see during the excursion?
   (i) two   (ii) three
2. Which lake will you actually cross by ferry?
   (i) Varese   (ii) Maggiore
3. What do you get for your money?
   (i) train fare   (ii) bus fare   (iii) ferry   (iv) motor boat   (v) entrance tickets to monuments and gardens   (vi) breakfast   (vii) lunch   (viii) tea
4. How do you go from Stresa to Pallanza?
   (i) by bus   (ii) by motorboat   (iii) by train
5. Your aunt Edith was in Milan for a few days at the end of March 1980, when the travel agency prospectus had just been distributed. Could she have joined the excursion?
   (i) yes   (ii) no
   (Answers in Answer Section.)

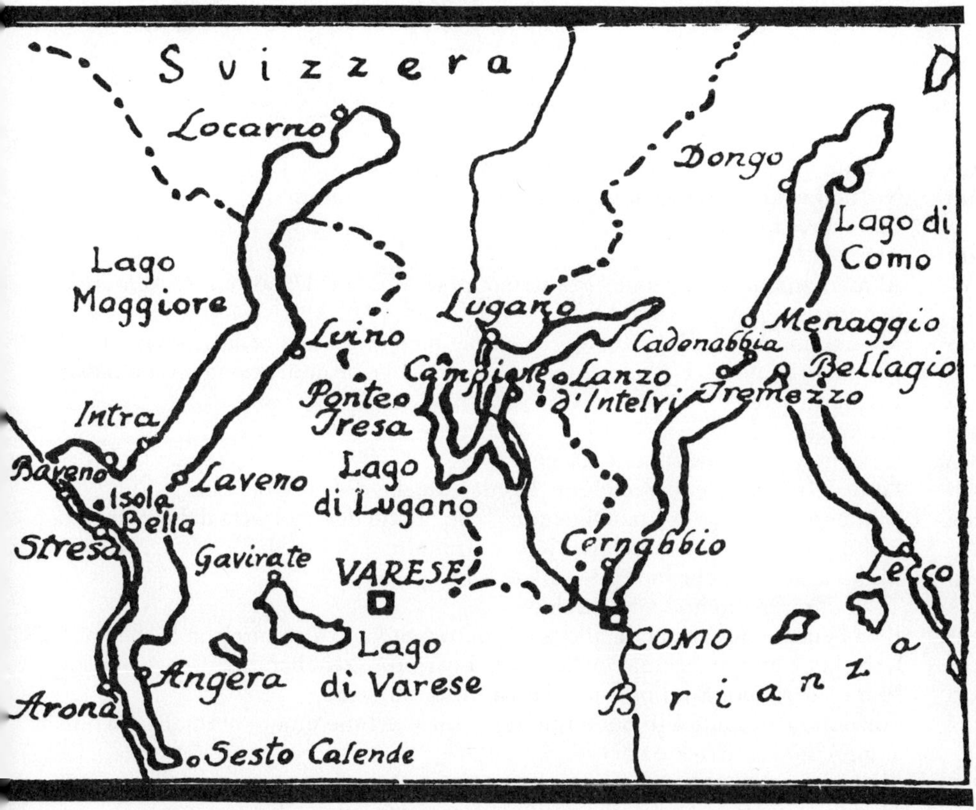
Svizzera
Locarno
Lago Maggiore
Luino
Intra
Baveno
Isola Bella
Stresa
Laveno
Gavirate
Angera
Arona
Sesto Calende
Lago di Varese
VARESE
Lago di Lugano
Ponte Tresa
Campione
Lugano
Lanzo d'Intelvi
Dongo
Lago di Como
Cadenabbia
Menaggio
Bellagio
Tremezzo
Cernobbio
COMO
Lecco
Brianza

Una passeggiata (2)

11

It's still the same sort of outing as in Unit 10—only the conversation is different. This time you learn another way of talking about future events, and expand your vocabulary of time expressions.

CARLA   Andate questo pomeriggio a fare una passeggiata?

MARIO   No, non ci andiamo oggi. Ci andremo domenica prossima.

CARLA   Ah, e dove andate?

MARIO   Al mare.

CARLA   Al mare di questa stagione? Ma siamo quasi alla fine dell'autunno. Al mare c'è sempre vento. Avrete freddo.

MARIO   Ma no, non è vero che c'è sempre vento. Quando c'è una bella giornata di sole è come primavera. E poi, se il tempo è cattivo, ce ne andremo in città a ballare.

CARLA   In quanti sarete?

MARIO   Saremo in sei.

CARLA   In sei non ci entrate in una macchina.

MARIO   Lo so, lo so. Ne prenderemo due, la mia e quella di Giorgio.

CARLA   Non puoi prendere la tua. Dimentichi che sabato devi portarla dal meccanico, e molto probabilmente non l'avrai di ritorno prima di lunedì.

MARIO   Mi ha assicurato che me la dà sabato sera.

CARLA   Te la darà, ma io ho i miei dubbi.

MARIO   E va bene, se non me la dà allora chiederò a Stefano di venire con la sua.

CARLA   E me la chiami macchina quella? È una carretta sgangherata!

MARIO   Non esageriamo. È un po' vecchia ma funziona bene.

CARLA   Funzionerà quando è di buon umore, ma se è nel suo umore normale con quella al mare non ci arrivate di certo.

MARIO   Ma no, ci arriveremo, ci arriveremo, non ti preoccupare.

CARLA   Magari ci arrivate anche, ma chissà se poi sarete capaci di ritornare.

MARIO   Come sei pessimista! Ti dico che tutto andrà bene.

CARLA   Sarà. E quando pensate di ritornare? Per ora di cena?

MARIO   No. Mangiamo fuori. Stefano ha detto che ci porterà in una pizzeria che conosce lui dove si mangia benissimo.

CARLA   Finirete per tornare tardissimo.

MARIO   Torneremo verso le undici.

CARLA   E la tua padrona di casa ti aspetta fino a quell'ora?

MARIO   Normalmente mi aspetta fino alle undici.

CARLA   E se torni dopo? Quando non ti vedrà arrivare se ne andrà a letto.

MARIO   Mi farò dare le chiavi.

Vocabolario

periodi del giorno   times of day

> **mattina** morning; **pomeriggio** afternoon; **sera** evening, night; **giorno** day,
> daytime, daylight; **notte** night (**sera** refers to the period between dusk and bedtime,
> and **notte** to the period after bedtime). (For associated greetings see 4.3)
> **mezzogiorno** midday, noon; **mezzanotte** midnight.
> In certain expressions like **i giornali del mattino** morning papers, **i treni del
> mattino** morning trains, the masculine form of **mattina** is used.

giorni della settimana   days of the week:

> **lunedì** Monday (considered as the first day of the week); **martedì** Tuesday;
> **mercoledì** Wednesday; **giovedì** Thursday; **venerdì** Friday; **sabato** Saturday;
> **domenica** Sunday
> Note that no capital initials are used. All are masculine except **domenica**; **sabato**
> and **domenica** have a plural: **i sabati**, **le domeniche**. The others are invariable.

stagioni   seasons:

> **primavera** (*fem.*) Spring; **estate** (*fem.*) Summer; **autunno** (*masc.*) Autumn;
> **inverno** (*masc.*) Winter

prossimo   next

vento   wind; **avere freddo** to feel cold, to be cold

cattivo   bad

assicurare   to assure

dubbio   doubt; **dubitare** to doubt

una carretta sgangherata   a dilapidated old jalopy

umore   humour, mood

preoccupare   to worry

chissà   who knows

capace   capable

mi farò dare le chiavi   I'll get the keys from her (see note on **fare** + Infinitive in 12.4)

Note di grammatica

11.1 Future tense

Infinitve	-are ballare	-ere prendere	-ire finire	dare	essere	avere
sing. 1	ballerò	prenderò	finirò	darò	sarò	avrò
2	ballerai	prenderai	finirai	darai	sarai	avrai
3	ballerà	prenderà	finirà	darà	sarà	avrà
pl. 1	balleremo	prenderemo	finiremo	daremo	saremo	avremo
2	ballerete	prenderete	finirete	darete	sarete	avrete
3	balleranno	prenderanno	finiranno	daranno	saranno	avranno

Note that **fare** and **stare** are conjugated like **dare** above: unlike other verbs in **-are** they do not change the **-a-** of the Infinitive ending.

Like **avere** (in the table above) the following verbs form their future from a contracted Infinitive:

Infinitive: **andare dovere potere rimanere sapere tenere vedere venire volere**
Future: **andrò dovrò potrò rimarrò saprò terrò vedrò verrò vorrò**

11.1.1 Use of the Future

In talking about future time the Future tense MAY have to be used, but there is no necessary connection between TIME and TENSE. Remember that:

(a) One talks about the future in Italian mostly in the Present tense:

Andate questo pomeriggio a fare una passeggiata? Are you going out this afternoon?

(b) The Future is used to contrast an immediate future time, expressed in the Present tense, with a more distant future:

No, non ci andiamo oggi. Ci andremo domenica prossima.

(c) The Future tense may refer to present time, in which case it implies present possibility:

Penso che la macchina sarà già pronta I think the car must be ready
Sarà un po' vecchia, ma funziona bene It may be old but it works well

(d) In some cases the Future tense may even refer to past time:

Sempre spaghetti a pranzo! Li mangerò almeno da una settimana. Always spaghetti for lunch! I must have been eating it for at least a week.
Per te queste idee non sono nuove: le conoscerai da tempo
For you these ideas are not new: you must have known them for a long time.

11.2 Superlative of adverbs

The adverbs not ending in **-mente** (see 7.7) form their superlative by replacing their end vowel with the ending **-issimo**: **bene** well – **benissimo** very well; **tardi** late – **tardissimo** very late. The superlative of the other adverbs consists in prefacing them by another suitable adverb such as **molto** very; **davvero** really; **troppo** too much etc.

11.3 Idiomatic use of reflexive pronouns

On certain occasions the use of reflexive pronouns does not imply that one is performing the action upon oneself, merely that one is doing it by oneself or for one's own benefit. Since this idiomatic use does not carry any real reflexive meaning, such pronouns can be used also with verbs that could not be used reflexively in the proper sense, including intransitive verbs, and are difficult to render into English. (The auxiliary, when required, is always **essere**.)

Quella pizza se l'è mangiata tutta lui   He's eaten that pizza all by himself
Ce ne andremo in città a ballare   We'll go into town to dance
Mi faccio un caffè   I'm making myself a cup of coffee
Le rifaccio il pacco o se lo porta via così com'è?   Shall I rewrap it for you, or will you take it as it is?

Also indirect object pronouns can be used idiomatically in a way that does not imply that the indirect object is being directly affected:

E me la chiami macchina quella?   You call that a car?
Questa macchina non ti funziona   This car of yours does not work

11.4 Use of prepositions with expressions indicating time

The preposition **di** may be used before all the nouns listed above under times of day, days of the week, seasons:

Qui d'estate fa caldo   It's hot here in the summer
Vai al mare di domenica?   Are you going to the seaside on Sundays?
Non mi piace lavorare di sera   I don't like working in the evenings

With a noun referring to an identifiable length of time it is essential to use **di**. One can say **di giorno** *in the day* but not **di mezzogiorno** because strictly speaking noon is an instant and not a length of time. One can say **di stagione** only when it means **di questa stagione** (e.g. **frutta di stagione**). **Di** can be omitted in which case it should be replaced by the definite article:

Qui l'estate fa caldo
Va al mare la domenica?
Non mi piace lavorare la sera
BUT
Vai al mare domenica?   Are you going to the seaside next Sunday?
Sei andato al mare domenica?   Did you go to the seaside last Sunday?

Other prepositions may occasionally be used to indicate a period of time but their use and meaning is normally unambiguous, and so a full survey of them is not necessary.
Per in expressions of time correspond to *by*:

Per ora di cena   by supper time
Deve essere pronto per sabato   It must be ready by Saturday

A indicates a definite point in time:

Alla fine dell'autunno   at the end of Autumn
Vieni alle tre   come at three o'clock
A mezzogiorno c'è il segnale orario   The time signal is at noon

It cannot therefore be used to indicate periods of time: **lo rimandiamo alla settimana prossima** *we'll put it off until next week* (considered as a point in time) but not **verrà alla settimana prossima** (some time during that period), which should be **verrà la settimana prossima** or (if the time is known) **verrà all'inizio/alla fine della settimana prossima**.

11.5 Perfect of modal verbs

To form the Perfect of **dovere**, **potere**, **volere**, one should use the auxiliary **essere** or **avere** appropriate to the verb following the modal:

sono dovuto/potuto/voluto venire (as in **sono venuto**)

BUT

l'ho dovuto/potuto/voluto fare (as in **l'ho fatto**)

The Perfect of **ci vuole**, **ci vogliono** requires **essere**:

Ci sono volute due ore It took two hours

Esercizi

● **(a)**

You are being questioned about your, and other people's, plans. Say that everything will take place at a time further in the future than your questioner expects: instead of today or this week, say tomorrow, next day or next week. Replace objects with the appropriate object pronouns.

1. Andate oggi a fare una passeggiata?
   No, ci andremo domani.
2. Vedrai Maria questo lunedì?
   No, la vedrò lunedì prossimo.
3. Venite al concerto questa domenica?
4. Questo lunedì sei a casa?
5. Vedi Giorgio questo martedì?
6. Quando arriva tua zia? questo mercoledì?
7. Andiamo a teatro questo giovedì?
8. Ritorni a Milano questo venerdì?
9. Avete il pomeriggio libero (*afternoon off*) questo sabato?
10. Hai una vacanza questa settimana?

● **(b)**

Your friend tells you about certain events which are going to take place, but you fail to hear when. Ask him to repeat the time.

1. Partiremo lunedì.
   Quando hai detto che partirete?
2. Andrò al mare domenica prossima.
   Quando hai detto che andrai?
3. Giorgio verrà a visitarti questo mercoledì.
4. Prenderò la macchina questa sera.
5. Avremo una vacanza il mese prossimo.
6. Faremo una visita a Marisa questo venerdì.
7. Il professore sarà all'università domani mattina (*tomorrow morning*).
8. Andrete al concerto la settimana prossima.

(c)

You, or other people, may end up by doing something which your friend obviously disapproves of. Say it does not matter if that happens.

1. Stefano finirà per prendere la mia macchina.
   Va bene. Non importa se prenderà la tua macchina.
2. Finiremo per fare una passeggiata al mare.
   Va bene. Non importa se faremo una passeggiata al mare.
3. Finirai per cenare al ristorante.
4. La padrona di casa finirà per andare a letto.
5. Giorgio finirà per arrivare in ritardo.
6. Finirete per avere freddo.
7. Finiremo per mangiare malissimo.
8. Finirò per tornare tardissimo.

(d)

Answer the questions using the superlative of the adverb.

1. Sei tornato tardi?
   Tardissimo.
2. Ti sei alzato presto questa mattina?
3. Faceva freddo al mare?
4. Stai bene?
5. Hai mangiato male in pizzeria?
6. Fa molto caldo d'estate a Roma?
7. Hai camminato (*walked*) molto?

(e)

Translate into Italian:

1. The shop attendant assured me that my cassette recorder will be ready on Friday night.
2. This radio is rather old, but still works well.
3. When did you say you were going to Rome?
4. I said I'll go there next month.
5. And when do you think you'll come back?
6. I'll come back extremely late, at the end of Summer.
7. Will you go to Milan on Friday?
8. No, I shall go there next week.

(f)

Translate into Italian:

I went to the beach with Anna and George and two of Anna's friends whom I had not met before. There were five of us. One of Anna's friends had a cassette recorder and a few cassettes of really boring music, which he kept on playing (*continuare a* + infinitive) in spite of (*nonostante*) our protests. Fortunately its batteries went flat, and as it was Sunday it was impossible to buy new ones.

The weather was too cold at least (*almeno*) for me. We went for a long walk and did not get back until late. Then we all went to George's house, and he cooked spaghetti for us. He's not a bad cook (*cuoco*).

(a)

You are being pestered by people asking you when you will do certain things. Postpone them for a day or two.

1. Quando parti?
   Partirò domani, o dopodomani.
2. Quando vieni a casa nostra?
   Verrò domani o dopodomani.
3. Quando telefoni a Marisa?
4. Quando scrivi alla zia (*aunt*)?
5. Quando vai a Bologna?
6. Quando ritorni a Milano?
7. Quando cominci a lavorare? (cominciare = *to begin*)
8. Quando arrivi in Italia?

(b)

This is a page from Giorgio's diary (**agenda**). Note that, where he's written various reminders for next Friday, as people usually do, he has written his reminders in telegraphic style, omitting many articles and prepositions, and with verbs in the Infinitive.

1. Portare macchina garage per manutenzione
2. Telefonare a Rossi
3. Scrivere a casa
4. Registrare programma radio BBC ore 11,15
5. Incontrare Marchesi pranzo Ristorante Capri
6. Andare ospedale per visita medica
7. Comprare vino per party
8. Studiare lezione d'inglese

And now write down in Italian, in full, what he is going to do next Friday. Use the Future tense throughout.

1. Venerdì prossimo Giorgio . . . . . .
2. Poi . . . . . .
3. E dopo . . . . . .
4. Alle 11, 15 . . . . . .
5. Ad ora di pranzo . . . . . .
6. Nel pomeriggio . . . . . .
7. Poi . . . . . .
8. E la sera . . . . . .

(c)

You are with a friend, and are being asked whether certain objects belong to you. Say they belong to him/her.

1. Questa macchina è tua?
   No, non è la mia; è la sua.
2. Di chi sono queste cassette: sono le tue?
   No, non sono le mie; sono le sue.
3. È tuo questo pacco?
4. Sono tuoi questi dischi?
5. Queste riviste illustrate, sono le tue o quelle del tuo amico?
6. Di chi è questa macchina fotografica? è la tua?
7. Ci sono due chiavi qui: questa è la tua?
8. Di chi sono questi libri: sono tuoi?

(d)

Complete the following expressions indicating time by inserting the appropriate preposition.

1. Mi piace fare una passeggiata . . . . . . domenica.
2. . . . . . . mezzogiorno danno il segnale orario.
3. In Italia può fare molto freddo . . . . . . inverno.
4. Questa settimana lavoro . . . . . . notte.
5. La sua macchina sarà pronta . . . . . . le cinque questo pomeriggio.
6. Se puoi vieni a vedermi oggi . . . . . . tre.
7. Giorgio arriverà da Torino . . . . . . mezzanotte precisa.
8. I gufi (*owls*) riposano . . . . . . giorno e cacciano (*hunt*) . . . . . . notte.

Carla va a fare delle commissioni (1)

12

How to make people do things for you:
Mario asks Carla to do the day's shopping
and to run a few errands. In this unit the
Imperative is introduced, and many
examples are given of the causative
construction (**fare** + Infinitive).

MARIO	Carla, senti un po'.
CARLA	Cosa?
MARIO	Devo fare diverse commissioni, ma non ho tempo. Fammi un favore, aiutami tu.
CARLA	Che cosa devo fare?
MARIO	Falle tu per me. Sei libera questo pomeriggio?
CARLA	Sì, sono libera.
MARIO	Allora, prima di tutto, passa in banca a ritirare dei soldi perché non ne abbiamo in casa. Ecco un assegno: fallo cambiare. Se hai delle difficoltà perché non ti conoscono, va a nome mio allo sportello numero cinque e chiedi del signor Ferrara.
CARLA	Tutto lì?
MARIO	No, aspetta, fammi un po' di spesa al supermercato.
CARLA	Dov'è la lista?
MARIO	Eccola. Poi passa dal calzolaio, fa risuolare queste scarpe e ritira quelle che gli ho dato da risuolare la settimana scorsa.
CARLA	Va bene, anch'io ho un paio di scarpe da far aggiustare.
MARIO	A fianco della calzoleria c'è la cartoleria Moretti. Comprami della carta da lettere, un nastro per macchina da scrivere e un po' di carta carbone.
CARLA	Come lo vuoi, il nastro?
MARIO	Non bicolore. Prendimelo tutto nero. Altrimenti non riesco mai a consumare il rosso.
CARLA	C'è altro?
MARIO	Un ultimo favore. Al ritorno passa dall'ottico e chiedigli se sono pronte le fotografie che gli ho dato da sviluppare l'altro ieri.
CARLA	Solo l'altro ieri? Vedrai che non le ha ancora fatte sviluppare.
MARIO	Chiediglielo lo stesso.
CARLA	Posso prendere la tua macchina?
MARIO	No, perché ha una gomma a terra e non l'ho ancora fatta riparare.
CARLA	Che noia! Allora devo andare in autobus.
MARIO	Ma coll'autobus si fa molto più in fretta. Parcheggiare in centro è difficile, e fa perdere un sacco di tempo.

Vocabolario

senti un po'   listen (**un po'** is often omitted in translation)
diverse commissioni   various errands (for **diverso** see 12.5)
ritirare dei soldi   withdraw some money
assegno   cheque; **libretto di assegni** cheque book
cambiare   to exchange, to cash (a cheque)
sportello   till, position, hatch

chiedere to ask (for) (past part. **chiesto**)
tutto lì is that all?
spesa shopping (fem. past part. of **spendere** to spend)
risuolare to fit new soles; **suola** sole
un paio di scarpe a pair of shoes
aggiustare to repair, to mend (also **riparare**)
carta da lettere writing paper; **carta carbone** carbon paper
nastro bicolore two-colour ribbon
ottico optician, camera shop. (Italian chemists do not normally offer a developing and printing service.)
sviluppare to develop
l'altro ieri the day before yesterday
una gomma a terra a flat tyre
che noia! what a nuisance! bother!
in fretta quickly
parcheggiare to park; **parcheggio** car park; **parchimetro** parking meter
un sacco di ... a lot of ...

Names of tradesmen, their shops and (some of) their wares:

bottegaio shopkeeper	**bottega** shop	**merci vendute** things sold
pellicciaio furrier	**pellicceria**	**pellicce** furs
camiciaio shirt-maker	**camiceria**	**camicie** shirts
merciaio haberdasher	**merceria**	(1)
valigiaio (2)	**valigeria**	**valigie** suitcases
orologiaio watchmaker	(3)	**orologi** watches, clocks
giornalaio newsagent	(4)	**giornali** newspapers
cartolaio stationer	**cartoleria**	**carta** paper, **cartoline** postcards
calzolaio shoemaker	**calzoleria**	**calzature** footwear
lattaio milkman	**latteria**	**latte** milk
macellaio butcher	**macelleria**	(5)
salumaio (6) grocer	**salumeria**	**salumi** salted meats, salami
carbonaio coalman	(7)	**carbone** coal
fornaio baker	(8)	
libraio bookseller	**libreria**	**libri** books
fioraio florist	(9)	**fiori** flowers
birraio brewer	**birreria** (10)	**birra** beer
bigliettaio ticket-seller	**biglietteria**	**biglietti** tickets

(1) **La merce**, **le merci** means goods, wares in general.
(2) There is no exact English equivalent, though *saddler* may be used in some cases. Strictly speaking *saddler* corresponds to **sellaio**, and *saddle* to **sella**.
(3) **Orologeria** does not mean *watchmaker's shop* but *clockwork*.
(4) The news kiosk is called **edicola**.
(5) The related word **macello** means *slaughterhouse*. It is also used metaphorically: **che macello!** what a mess!
(6) Also **salumiere**. The names of a few other tradesmen end in **-iere**, e.g. **droghiere** grocer, **panettiere** baker (**pane** = bread).

90

(7) **Carboneria** refers today exclusively to the secret political society operating in 19th century Italy, which took its name from charcoal makers (in the same way as Freemasonry took its name and symbolism from masons).

(8) **Forneria** is antiquated. **Forno**, the word often found on shop signs, means oven. One of Raphael's models, who worked in a bakery, is known as **La Fornarina**.

(9) **Fioraio** or **fiorista** are the words found on shop signs.

(10) **Birreria** is also the name of a public house specializing in beer, similar to the French 'brasserie', besides indicating the place where beer is brewed.

Note di grammatica

12.1 Ecco

This word combines with unstressed pronouns, in which case it means *here . . . is*, or *there . . . is*, with the corresponding pronoun inserted:

Eccomi Here I am	**Eccolo** Here he/it is	**Eccola** Here she is
Eccoci Here we are	**Eccone uno** Here's one of them	**Eccotelo** Here it is for you

(*There* may be substituted for *here*.)

12.2 Use of preposition 'da'

With the names of persons, the meaning of **da** depends upon the meaning of the verb used with it: **vengo dal fornaio** I'm coming from the baker's but **vado dal fornaio** I'm going to the baker's; **la carne si compra dal macellaio** one buys meat at the butcher's **sono dall'ottico** I am at the optician's. **Da** should not be used with the names of shops: **passa dal macellaio** (*butcher's*) but **passa in macelleria** (*butcher's shop*). **Da** also implies the purpose or the use of some object: **carta da lettere** writing paper (BUT **carta carbone**, because carbon is not the purpose, but the type of paper), **macchina da scrivere** typewriter, **macchina da cucire** sewing machine, **camera da letto** bedroom, **musica da camera** chamber music, **borsa da viaggio** travel bag etc.

Before an Infinitive **da** implies that the action or process expressed by the Infinitive is to be performed: **gli ho dato queste scarpe da aggiustare** I gave him these shoes to be mended, **queste lettere sono da spedire** these letters have to be posted, **ho molto da fare** I have a lot to do.

12.3 Imperative

The Imperative is used to express requests or give orders, when addressing people informally in the **tu** form. (For formal requests, see 7.1.)

The Imperative has only three persons: 2nd person singular and 1st and 2nd person plural. Their conjugation is identical to the corresponding forms of the Present Indicative, except in the following cases:

(a) The 2nd person singular of verbs in **-are** ends in **-a**; **parla!** speak up!

(b) **Andare, dare, fare, stare** and **dire** have a monosyllabic 2nd person singular: respectively **va, dà, fa, sta, dì**. When followed by unstressed pronouns (except **gli**) the initial consonant of the pronouns is doubled: **dammi** give me; **diccelo** tell us; **stanne lontano** keep clear of it etc. There is a tendency for the first four Imperatives in this group to be replaced by the corresponding forms of the Indicative: **vai via, dai qui, fai vedere, stai lontano** instead of **va via, dà qui, fa vedere, sta lontano**.

As in (b) above, all unstressed pronouns, and also the unstressed place adverbs **ci** and **vi** (*here, there*) are attached to the end of the Imperative, whereas with the Subjunctive, when used for polite requests, they precede the verb. Compare the following Subjunctives and Imperative phrases:

Mi aiuti lei	**Aiutami tu**	Help me
Glie lo chieda	**Chiediglielo**	Ask him/her/them about it
Ci vada subito	**Vacci subito**	Go there at once

12.4 Fare + Infinitive

Note the following structures using **fare** and the variety of English meanings that they convey:

Fa cambiare queste scarpe   Have these shoes changed
Fa cambiare le scarpe a Carla   Ask Carla to change the shoes/to change her shoes
Fa cambiare le scarpe da Carla   Have the shoes changed by Carla (*not her shoes*)
Falle cambiare a Carla   Ask Carla to change them (*both hers and others'*)
Falle cambiare da Carla   Have them changed by Carla (*not hers*)
Fagliele cambiare   Ask her to change them (*both hers and others'*)
Fa cambiare il nastro alla macchina da scrivere   Have a new ribbon fitted to the typewriter
Fa cambiare il nastro a Carla   Ask Carla to fit a new ribbon
Fa cambiare il nastro da Carla   Have a new ribbon fitted by Carla
Fallo cambiare   Have it (*the ribbon*) changed
Faglielo cambiare   Have it changed by her/him
Fa risuolare le scarpe a Carla   Ask Carla to fit new soles to these shoes/to have new soles fitted to these shoes/Have new soles fitted to Carla's shoes
Fa risuolare le scarpe da Carla   Have new soles fitted by Carla (*she is supposed to be doing the job herself*)

12.5 Position of adjectives

The meaning of a few Italian adjectives is affected by whether they come before or after the noun they qualify:

diversi negozi   various shops; **negozi diversi** different shops
pover'uomo!   poor man!; **un uomo povero** a man who is not rich
una nuova automobile   a new car (not the same as before); **un 'automobile nuova** a brand new car
certe informazioni   certain information; **informazioni certe** reliable information
un unico quadro   one painting only; **un quadro unico** a unique painting

Esercizi

(a)

You want your friends to help you run some errands and do the shopping. Answer their questions using the Imperative. Omit the modal verbs in your answers, and replace objects with **lo**, **la**, etc., and locations with **ci**.

1. Quando devo fare le commissioni?
   Falle questo pomeriggio.
2. Quando devo andare in banca?
   Vacci questo pomeriggio.
3. Quando posso prendere la macchina?
4. Quando devo cambiare questo assegno?
5. Quando devo fare la spesa?
6. Quando devo passare dall'ottico?
7. Quando posso venire a casa tua?
8. Quando devo andare a fare la spesa?
9. Quando posso ritornare dal signor Ferrara?
10. Quando devo andare dal dentista?

(b)

Various things still need doing. Say you'll have them done today.

1. Questo assegno è ancora da cambiare?
   Sì, ma lo faccio cambiare oggi.
2. Queste fotografie sono ancora da sviluppare?
3. Questa gomma è ancora da riparare?
4. Questo vestito (*suit*) è ancora da smacchiare (*dry-clean*)?
5. Queste lettere sono ancora da spedire?
6. Queste scarpe sono ancora da risuolare?

(c)

Your friend is too busy, or too lazy to do certain jobs. Suggest Carla does them instead. Use **da** throughout (although many Italian speakers would also use **a**).

1. Ho un assegno da cambiare.
   Fallo cambiare da Carla.
2. Devo fare la spesa.
   Falla fare da Carla.
3. Ho delle commissioni da fare.
4. Devo prendere dei soldi in banca.
5. Ho delle scarpe da portare al calzolaio.
6. Ho delle fotografie da ritirare.
7. Voglio cambiare il nastro della macchina da scrivere.
8. Devo portare l'automobile dal meccanico.
9. Ho molte lettere da scrivere.

(d)

In the next three exercises you are the boss, and are being told that various of your employees wish to do something or other. Tell your secretary to let them do it, using **fare** and the polite **lei** form.

1. Il signor Rossi vuole entrare.
   Bene, lo faccia entrare.
2. La signorina Bianchi desidera uscire (*go out*).
   Bene, la faccia uscire.
3. La signora Verdi vuole venire oggi.
4. Il signor Marchesi è al telefono e vuole parlare con lei.
5. Le dattilografe (*typists*) desiderano andare.
6. I clienti desiderano partire.

(e)

1. Il signor Rossi vuole prendere la macchina.
   Bene, gli faccia prendere la macchina.
2. La signorina Verdi desidera consultare il dizionario.
   Bene, le faccia consultare il dizionario.
3. Il signor Bianchi vuole pagare la fattura (*settle the invoice*).
4. La dattilografa desidera cambiare questo assegno.
5. Il signor Marchesi desidera leggere il rapporto (*report*).
6. I clienti desiderano incontrare il direttore.

(f)

1. Il signor Rossi desidera prendere le vacanze (*holidays*) questa settimana.
   Bene, glie le faccia prendere.
2. I clienti vogliono pagare la fattura.
   Bene, glie la faccia pagare.
3. La signorina Verdi desidera cambiare questi assegni.
4. Il signor Marchesi desidera consultare l'annuario (*yearbook*).
5. La signora Bianchi desidera leggere il rapporto.
6. Le segretarie vogliono incontrare il direttore.

(g)

Translate into Italian:

My friend had no time to go out, and so I helped her with some errands. First I went to the bank to withdraw some money. She gave me a cheque and I cashed it. I went to the supermarket and bought spaghetti, salami, tea, apples, electric bulbs and a few other things. Then I went to the shoe-repairer's shop, had a pair of shoes fitted with new heels (*tacchi*) and got back another pair I had left there last week. On the way back home I bought a newspaper, a ribbon for the typewriter, writing and carbon paper and some flowers for my friend's birthday (*compleanno*).

extra

(a)

You are being asked where various persons or things are. Point them out.

1. Dov'è Giorgio?
   Eccolo!
2. Dov'è la tua macchina?
   Eccola!
3. Dove sono le mie scarpe?
4. Dove sono i tuoi libri?
5. Dov'è il giornale di oggi?
6. Dov'è la borsa da viaggio?
7. Dov'è la carta da lettere?
8. Dove sono le buste (*envelopes*)?
9. Dove sono i biglietti?
10. Dov'è la penna?

(b)

Listen to the dialogue on tape entitled **Mario va a fare la spesa**, in which Mario and Carla discuss the shopping that has to be done. Do not attempt to understand every word they say, but concentrate on the things they want to buy and tick them off on the following list:

1. beer	5. butter	9. ground coffee	13. fruit yoghourt
2. wine	6. parmesan cheese	10. coffee beans	14. salami
3. spaghetti	7. meat	11. tea	15. artichokes
4. tagliatelle	8. frozen peas	12. natural yoghourt	16. lettuce

Answers in the Answer Section.

(c)

This shopping list is in Italian. Supposing you wanted to buy all the items listed on it, which of the shops illustrated below would you have to visit?

burro	carta da lettere	vino
mele	buste	carne
pasta	film a colori	piselli surgelati
formaggio	aspirina	carciofi

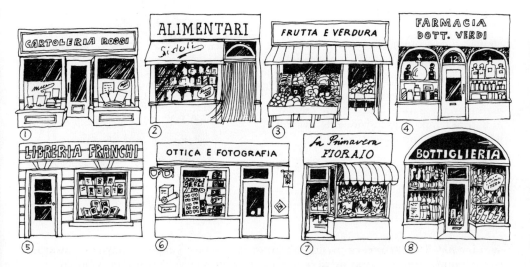

Revision

A. Come usare l'apparecchio fotografico 'Sigma' Modello 126

Questo apparecchio fotografico è semiautomatico e di uso molto facile. Seguite attentamente le istruzioni: avrete sempre successo!

Per aprire l'apparecchio fate scorrere il fermaglio (1) verso il basso

Mettete un caricatore formato 126 nell'apertura (2)

Regolate il tempo di esposizione col bottone (3)

Inquadrate la foto attraverso il mirino (4)

Per mettere a fuoco l'obbiettivo girate l'anello (5)

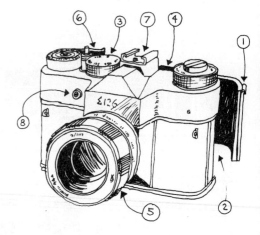

Fate avanzare il film con la leva (6). Il diaframma sarà automaticamente regolato in base al tempo di esposizione fissato. Per scattare la foto, premete il bottone vicino alla leva.

Per fare fotografie con poca luce inserite il flash nella tacca (7)

Se il flash è elettronico, inserite il cavetto nel sincronizzatore (8)

seguire to follow; **scorrere** to slide; **fermaglio** fastener; **verso il basso** downwards; **esposizione** exposure; **inquadrare** to frame; **mirino** viewer; **mettere a fuoco** to focus; **obbiettivo** lens; **anello** ring; **diaframma** aperture; **tacca** notch; **cavetto** lead

And now answer in Italian the following questions by reference to the instructions above:

1. A che cosa serve il fermaglio (1)?
   Serve ad aprire l'apparecchio.
2. A che cosa serve l'apertura (2)?
3. A che cosa serve il bottone (3)?
4. A che cosa serve il mirino (4)?
5. A che cosa serve l'anello (5)?
6. A che cosa serve la leva (6)?
7. A che cosa serve la tacca (7)?
8. A che cosa serve il sincronizzatore (8)?

B. Certificato di garanzia

L'apparecchio SIGMA Modello 126 è garantito contro ogni guasto dovuto a difetto di fabbricazione. La durata della garanzia è di mesi dodici. La ditta SIGMA non sarà responsabile per guasti dovuti al cattivo uso dell'apparecchio.

In caso di guasto, rispedite l'apparecchio al seguente indirizzo:

Società Industriale Grafica e Meccanica Aretina
Casella Postale 47
52100 AREZZO

accompagnato dal tagliando sottostante, che deve portare il timbro a data del venditore.

TAGLIANDO DI GARANZIA

Apparecchio fotografico SIGMA Mod. 126

Venduto a .... il 19   Timbro del venditore

dalla Ditta ....

al .... Sig....... ....
              cognome   nome

Indirizzo ....
              via   città

....
              provincia   C.A.P.

Guasto o difetto riscontrato ....

---

guasto damage; **difetto** fault; **rispedire** to send back; **tagliando** coupon; **sottostante** below; **timbro a data** date stamp; **ditta** firm; **venditore** seller; **cognome** surname; **C.A.P. codice di avviamento postale** postcode

Check your comprehension by answering the following questions:

1. What does the warranty cover?
       (i) manufacturing faults   (ii) defects arising out of responsible use
2. How long is the camera covered?   (i) two months   (ii) one year
3. What should you do if you wish to claim?
       (i) take the camera back to the shop   (ii) send it back to the manufacturers
4. List all the information you should provide on your coupon. (Answers in Answer Section.)

Esercizi

(a)

You are trying to memorize the directions a patient policeman is giving you. Repeat them after him, but do not forget, of course, to change the verb to 1st person singular. The policeman is using the **lei** form.

1. Vuole andare alla posta centrale? Prenda la terza strada a sinistra . . .
   Prendo la terza strada a sinistra . . .
2. Lì volti a sinistra e prenda via Roma.
3. Seguiti per via Roma finché vede a destra la chiesa di Sant'Antonio.
4. Lì giri a destra e prenda via Mazzini.
5. Continui per via Mazzini finché arriva all'incrocio con il corso Vittorio Emanuele.
6. Troverà la posta centrale subito dopo l'incrocio.

(b)

Tell a tourist that ALL the means of transport or routes he mentions will take him where he wants to go.

1. Questo è l'unico treno per Venezia?
   Da qui tutti i treni vanno a Venezia.
2. Questo è l'unico autobus per la stazione centrale?
3. Questa è l'unica linea per l'aeroporto?
4. Questa è l'unica strada per il centro della città?
5. Questo è l'unico vagone (*railway carriage*) per Roma?
6. Questo è l'unico tram per il mare?
7. Questo è l'unico traghetto (*ferry-boat*) per la costa orientale?
8. Questo è l'unico battello (*boat*) per Capri?

(c)

You are a courier taking inexperienced people to Italy. Warn one of them that what she is about to do is the wrong thing. Use the **lei** form.

1. Prendo questa strada?
   No, prenda quella strada, non questa.
2. Prendo questo treno?
3. Aspetto questo autobus?
4. Compro un biglietto per questa linea?
5. Entro in questo vagone?
6. Vado con questo tassì?
7. I gettoni li metto in questo apparecchio?
8. Vado con questo gruppo?
9. Compro queste cartoline?
10. Mi siedo (*sit*) a questo tavolo (*table*)?

(d)

Your friend is generously prepared to let you have all he has. Tell him you only want some of it.

1. Ti do tutte le cartoline: eccole.
   Ma non le voglio tutte! voglio solo qualche cartolina.
2. Ti do tutte le pere: eccole.
3. Ti do tutte le pile: eccole.
4. Ti do tutti i giornali: eccoli.
5. Ti do tutti i francobolli: eccoli.
6. Ti do tutte le bottiglie di vino: eccole.
7. Ti do tutti i dischi: eccoli.
8. Ti do tutti i biglietti: eccoli.
9. Ti do tutte le cassette: eccole.
10. Ti do tutte le salsicce: eccole.

(e)

You, unlike the friend in Exercise (d), are stingy. Refuse to give what you are asked for.

1. Scusi, ha una cartolina?
   Mi dispiace, ma non ho cartoline.
2. Allora, ha un francobollo?
3. Ha un foglio di carta da lettere?
4. Devo cambiare il nastro alla macchina da scrivere. Ne ha uno?
5. Ha un gettone per il telefono?
6. Che caldo! Ha una birra?
7. Ha un libro da leggere?
8. Ha una rivista?
9. Ha almeno un giornale?
10. Ma insomma, lei non ha proprio niente!

(f)

Various people are trying to arrange a meeting with you, but always at the wrong time. Put it off by half an hour, answering in the Imperative. Though the pattern of the cues may vary, keep your answer to a constant pattern.

1. Allora, ci vediamo domani alle tre.
   No, alle tre è troppo presto. Vediamoci alle tre e mezza.
2. Perché non c'incontriamo questa mattina alle nove?
3. Allora ci vediamo all'università alle nove e mezza.
4. Ci telefoniamo questa sera alle otto e mezza.
5. Ci troviamo davanti al teatro alle sette?
6. Allora ci diamo un appuntamento per domani mattina alle undici.

(g)

Repeat the above exercise, this time asking your friends to meet you three-quarters of an hour later:

   Allora, ci vediamo domani alle tre.
   No, alle tre è troppo presto. Vediamoci alle quattro meno un quarto.

(h)

Now repeat the exercise using the following answer:

   No, alle tre è troppo presto. Possiamo vederci alle quattro meno un quarto.

(i)

Taking the dialogue entitled **Una passeggiata** (Unit 10, p. 75) as your text, change it from present to past time using Perfect and Imperfect tenses as appropriate.

1. Che cosa avete fatto di bello ieri pomeriggio?
   Siamo andati a fare una passeggiata.
2. Bene. Chi è venuto con te?
   etc.

(j)

Translate into Italian:

1. Whose is this car?
2. It's Stephen's.
3. Where is your car?
4. It's not working. I had to take it to a mechanic.
5. Nothing serious, I hope (*spero*).
6. I don't think so.
7. How do you intend (*pensate di*) to go to the sea tomorrow?
8. We take Stephen's and George's car to go to the sea.
9. We leave around one o'clock.
10. We eat in a pizzeria Stephen knows about, and after dinner we go dancing.

Carla va a fare delle commissioni (2) 13

How does one express one's wishes or preferences when shopping? Let us follow Carla on her errands to the bank, the stationery shop and the photographic shop. The Conditional tenses are introduced in this unit.

A. Carla – l'impiegato della banca – il signor Ferrara

CARLA	Mi cambi questo assegno, per piacere.
IMPIEGATO	Glie lo cambierei subito, signorina, ma Lei è conosciuta qui in banca?
CARLA	Veramente non credo. È la prima volta che ci vengo, ma ...
IMPIEGATO	Ha dei documenti di riconoscimento? un passaporto, una carta d'identità, una patente?
CARLA	No, purtroppo sono uscita senza documenti ... Ma ... mi hanno suggerito di parlare col signor Ferrara.
IMPIEGATO	Il signor Ferrara? Ma allora Lei conosce qualcuno in banca.
CARLA	Non proprio. È il signor Ferrara che conosce i miei, e forse potrebbe garantire l'assegno.
IMPIEGATO	Se glie lo garantisce lui, niente problema. Attenda un momento che glie lo chiamo. Ferrara, scusa, puoi venire qui un momento?
FERRARA	Sì, finisco questo conteggio e vengo subito.

B. Carla – il commesso della cartoleria

CARLA	Vorrei della carta da lettere.
COMMESSO	Come la vuole, signorina?
CARLA	Ma ... non so ... me ne faccia vedere qualche tipo.
COMMESSO	Ne abbiamo di diverse qualità. Questa carta a mano, per esempio ...
CARLA	Molto bella, ma preferirei qualche cosa di più semplice e meno costoso.
COMMESSO	Allora prenda questo blocco. È di ottima qualità, ma è meno cara. Può servirsene anche per scrivere a macchina.
CARLA	Già, a proposito, mi dia anche un nastro per macchina da scrivere. Nero, non bicolore.
COMMESSO	Come lo preferisce? Di seta, di cotone, o di plastica per macchina elettrica?
CARLA	Me lo dia di seta, per un'Olivetti portatile.

C. Carla – l'ottico

CARLA	Mi potrebbe dire se sono pronte queste fotografie? Ecco lo scontrino.
OTTICO	Mi dispiace, ma non sono ancora pronte.
CARLA	Eppure sullo scontrino c'è la data di oggi.
OTTICO	Sì, ma Lei capisce, le fotografie non le sviluppiamo noi qui, le mandiamo in laboratorio. Adesso sono le quattro e venti. Il furgone parte dal laboratorio alle cinque e arriva qui verso le cinque e un quarto. Se le sue fotografie sono comprese nell'invio di oggi, potrà ritirarle dopo le cinque e un quarto.
CARLA	Capisco, ma non posso ritornare questa sera. Passerò a prenderle domani.
OTTICO	Come preferisce.

Vocabolario

documenti di riconoscimento   identity papers; **il passaporto** passport; **la carta
 d'identità** ID card, a document issued by the local authority on behalf of the
 Ministry of Interior: all Italian citizens are expected to bear it (even if not all do); **la
 patente** driving licence
suggerire   to suggest; **suggerimento** suggestion
garantire   to guarantee, to vouch for
carta a mano   hand-made paper
seta (*fem.*)   silk; **cotone** (*masc.*) cotton
scontrino   check, receipt, ticket
furgone   van
invio   consignment; **inviare**   to send
Lei, **La**, **Le** and **Sua** are printed with a capital initial, a spelling convention often used
when they function as 2nd person formal address pronouns and possessive adjectives.

Note di grammatica

13.1 Agreement of adjectives and participles

13.1.1 With 'lei, la/le'

The grammatical gender of adjectives or participles agreeing with **lei** used as a 2nd
person singular pronoun in polite forms of address is determined by the sex of the person
being addressed, and not by the fact that **lei** is a feminine pronoun.

Quando è arrivata, signorina?
Quando è arrivato, signor Rossi?

Signorina, Lei è conosciuta qui in Banca?
Signore, Lei è conosciuto qui in Banca?

On the other hand the unstressed object pronouns related to **lei** are always feminine: one
uses **la** and **le** regardless of the sex of the person addressed. If **la** is the object of a
compound tense, then the participle also tends to be feminine:

Io l'ho salutata, signor Rossi, ma Lei non mi ha sentito.
I did say goodbye/hello to you, Mr Rossi, but you didn't hear me.

Agreeing adjectives, after **la**, follow the sex of the person addressed:

La vedo contenta oggi, signorina.
La vedo contento oggi, signor Rossi.

La credevo già arrivata, signorina.
La credevo già arrivato, signor Rossi.

(Note that the past part. **arrivato, arrivata** in the second example has an adjectival
function because it is not part of a compound tense.)

13.1.2 Qualche cosa (di)

Although **qualche cosa di** is an expression technically involving a feminine noun (**cosa**) adjectives following it are always masculine:

Vorrei qualche cosa di meno costoso   I'd like something cheaper

The same applies to the shortened form **qualcosa di**:

Vorrei qualcosa di veramente bello   I'd like something really beautiful

If, on the other hand, **qualche cosa** is not followed by **di**, and means *some objects*, *a few things*, regular agreement applies:

Ha qualche cosa bella in casa   He's got some beautiful objects at home

13.2 Use of article with prepositions

In a large number of prepositional expressions the article is omitted, particularly if the noun referred to is a 'concept' rather than a specific object or place.

È andato in ufficio   He's gone to work
È andato nell'ufficio   He's gone into the office (building)
È andato in un ufficio   He's gone inside one of the offices
Il piatto di spaghetti   (spaghetti as part of a meal)
Il piatto degli spaghetti   (the actual plate containing spaghetti)
Ho viaggiato in autobus   I travelled by bus
Non c'era posto nell'autobus   There was no room in the bus

Here are a number of the most common prepositional phrases of this type:

a   **andare a casa, a scuola, a teatro** to go home, to school, to the theatre (but **al cinema**); **andare a passeggio** to go for a walk, **a piedi** on foot, **a cavallo** on horseback; **macchina a vapore** steam engine; **mulino ad acqua** water mill; **motore a corrente alternata** AC motor; **carta a mano** hand-made paper; **pacco a mano** parcel delivered by hand; **scrivere a macchina** to type; **a destra** right; **a sinistra** left

con   **agire con energia** to act with energy; **suonare con sentimento** to play (an instrument) with feeling

di   **un vaso di cristallo** a cut glass vase; **un coltello di acciaio inossidabile** a stainless steel knife (and countless other phrases indicating the material an object is made of); **la città di Milano** the city of Milan; **la regina d'Inghilterra** the Queen of England; **di giorno** by day; **di notte** by night; **muoio di fame** I'm dying of hunger, I'm starving; **è arrivata di corsa** she came running; **è pieno di soldi** he's loaded with money; **è lunga di gambe** she's got long legs

da   **macchina da scrivere** typewriter; **macchina da cucire** sewing machine; **bicchiere da vino** wine glass, etc. (see 7.6 and 12.2); **un francobollo da cento lire** a hundred-lira stamp; **vengo da scuola** I'm coming from school

in   **andare in ufficio, in banca, in chiesa** to go to the office, to the bank, to church; **essere in cucina, in salotto, in bagno** to be in the kitchen, in the drawing room, in the bathroom; **camminare in fretta** to walk in a hurry, **parlare in dialetto** to speak in dialect (indicating the manner of speaking as distinct from **parlare un dialetto** indicating the knowledge of the dialect regardless of whether it is being spoken or not); **è dottore in legge** he's got a degree in law; **in alto** high up, **in basso** low down, **gruppo** in a group; **viaggiare in treno, in autobus, in aereo** to travel by train, by bus, by air

per **spedire per posta** to send by post; **agire per necessità** to act out of necessity; **per errore** by mistake (and many similar phrases indicating the manner or cause of an action or the reason for it)

13.3 Verbs in -ire

The majority of verbs in **-ire** add **-isc-** to the endings of the three persons singular and the 3rd person plural of the Present Indicative and Subjunctive:

	Present Indicative		Present Subjunctive	
sing. 1	preferisco	finisco	preferisca	finisca
2	preferisci	finisci	preferisca	finisca
3	preferisce	finisce	preferisca	finisca
pl. 1	preferiamo	finiamo	preferiamo	finiamo
2	preferite	finite	preferiate	finiate
3	preferiscono	finiscono	preferiscano	finiscano

The most common verbs NOT adding **-isc-** are given in Appendix 1. You have already come across a few like **aprire**, **dormire**, **partire**, **sentire**, **servire**.

13.4 Present Conditional

Like the Future (11.1) the Present Conditional is formed from the Infinitive. Verbs in **-are** change the **-a-** to **-e-**:

Infinitive	cambiare	credere	suggerire
sing. 1	cambierei	crederei	suggerirei
2	cambieresti	crederesti	suggeriresti
3	cambierebbe	crederebbe	suggerirebbe
pl. 1	cambieremmo	crederemmo	suggeriremmo
2	cambiereste	credereste	suggerireste
3	cambierebbero	crederebbero	suggerirebbero

Infinitive	dare	essere	avere
sing. 1	darei	sarei	avrei
2	daresti	saresti	avresti
3	darebbe	sarebbe	avrebbe
pl. 1	daremmo	saremmo	avremmo
2	dareste	sareste	avreste
3	darebbero	sarebbero	avrebbero

Note that **fare** and **stare** are conjugated like **dare** above.

Like **avere**, the following verbs form their Conditional from a contracted Infinitive; verbs having a contracted Future also have a contracted Conditional.

Infinitive	**andare**	**avere**	**dovere**	**potere**	**rimanere**
Conditional	**andrei**	**avrei**	**dovrei**	**potrei**	**rimarrei**

Infinitive	**sapere**	**tenere**	**vedere**	**venire**	**volere**
Conditional	**saprei**	**terrei**	**vedrei**	**verrei**	**vorrei**

In main clauses the Conditional is used to express something which is not considered as feasible or realized because of some (expressed or implied) adverse condition:

Glie lo cambierei subito, ma non posso   I would change/cash it immediately, but I cannot

Prenderei un gelato, ma mi fa male   I'd love an ice-cream, but it is bad for me

It is also used as a form of request, implying that the granting of it is subject to the consent of the person who is being asked:

Vorrei un gelato, per favore   I'd like an ice-cream, please

Mi darebbe un francobollo da cento?   Would you give me a hundred-lira stamp?

Esercizi

● (a)

The second of the two things mentioned is preferable. Say so.

1. Preferisci il nastro di cotone o quello di seta?
   Preferisco il nastro di seta.
2. Carlo preferisce il té col latte o col limone (*lemon*)?
   Preferisce il té col limone.
3. Preferisci il vino bianco o il vino rosso?
4. La mamma preferisce il Martini o il Cinzano?
5. Lo zio (*uncle*) preferisce il Banco di Roma o la Banca Commerciale?
6. Preferisci le foto in bianco e nero o quelle a colori?
7. Preferisci scrivere a macchina o scrivere a mano?
8. Il signor Ferrara preferisce il té o il caffè?
9. Preferite un nastro nero o un nastro bicolore?
10. Preferite il caffè col latte o senza latte?
11. Preferisci questa carta a mano o quella meno costosa?
12. Carlo preferisce *La Stampa* o *Il Corriere della sera?*

● (b)

You are at a party with your friend Carlo. The hostess approaches you with a choice of two things. Say you prefer the first, but Carlo prefers the second.

1. Vino bianco o vino rosso?
   Io preferisco il vino bianco, ma Carlo preferisce il vino rosso.
2. Martini o Cinzano?
3. Té o caffè?
4. Cioccolattini (*chocolates*) o caramelle (*sweets*)?
5. Dolce (*cake, pudding*) o gelato?
6. Sigarette americane o italiane?
7. Whisky o cognac?
8. Salatini (*savoury biscuits*) o noccioline (*peanuts*)?
9. Gelato o macedonia di frutta (*fruit salad*)?
10. Caffè o cappuccino (*milk coffee made with espresso machine*)?
11. Cognac o grappa (*Italian brandy*)?

(c)

You are unwilling to comply with the other person's request. Say you can't.

1. Mi cambi questo assegno, per favore.
   Glie lo cambierei volentieri ma non posso.
2. Mi porti della carta da lettere, per favore.
3. Mi presti la macchina da scrivere, per favore.
4. Mi dia un nastro di seta bicolore, per favore.
5. Mi ritiri le fotografie dall'ottico, per favore.
6. Mi compri il *Corriere della sera*, per favore.
7. Mi faccia un caffè, per favore.
8. Mi copii questo articolo a macchina, per favore.
9. Mi prenda una bottiglia di vino, per favore.

(d)

You are the secretary of a holiday club, and questions are being asked as to the members' programme for the coming week. Answer them by moving them from one day to the next. Use **ci** (for places) or pronouns, if applicable.

1. Quando pensate di partire?
   Penso che partiremo domenica.
2. E quando pensate di andare al mare?
3. E poi, quando pensate di visitare l'esposizione?
4. Quando pensate di avere un giorno libero?
5. Quando pensate di spostarvi in montagna (*move to the mountains*)?
6. E poi quando pensate di organizzare il ballo (*dance*)?
7. E quando pensate di ritornare?

E questo me lo chiamate progresso?

Una volta c'erano negozi e botteghe per ogni tipo di commercio. Il fornaio vendeva pane ancora caldo, appena sfornato. Il salumiere aveva ogni tipo di salumi e salsicce, e anche diverse qualità di formaggi da ogni regione d'Italia. Dal macellaio si trovava non solo del filetto tenero, ma anche gli ossi per fare il brodo. Una piccola bottega all'angolo della strada vendeva lattuga, cicoria, indivia, carote, frutta. Il vino lo si comprava dal vinaio, la birra dal birraio. Tutti questi negozianti e bottegai erano come degli amici: si poteva parlare con loro e farsi consigliare sugli acquisti. Generalmente avevano tutto quello che si voleva, ma se non lo avevano lo facevano venire in un giorno o due. Oggi i loro negozi non ci sono più. Ci sono soltanto enormi supermercati, dove tutto quello che c'è è artificialmente vitaminizzato, standardizzato, omogeneizzato, messo in pacchetti di plastica. Quello che non c'è non si può avere. Non c'è nessuno con cui parlare. E questo me lo chiamate progresso?

negozi e botteghe: the difference between **negozio** and **bottega** is that **bottega** tends to indicate a smaller shop where things may be prepared, mended or manufactured besides being sold (e.g. a butcher's shop); **sfornare** to take out of the oven; **salsicce** sausages; **ossi** bones; **brodo** broth, stock; **consigliare** to advise; **acquisto** purchase; **una volta** once upon a time; **con cui** with whom

(a)

Answer in Italian the following questions.

1. Dove si poteva comprare pane appena sfornato?
2. Chi vendeva salumi e salsicce?
3. Dove si potevano comprare formaggi da ogni regione d'Italia?
4. Con che cosa si faceva il brodo?
5. Dove si compravano una volta frutta e verdura (*green vegetables*)?
6. Se non c'era quello che si voleva, quanto tempo si doveva aspettare?
7. Da che cosa sono stati sostituiti oggi i negozi e le botteghe di una volta?
8. Con chi si può parlare nei supermercati?

● **(b)**

It's easier to ask people to do things for you if you know them well enough to use the familiar **tu** form. Use the **tu** form and the Imperative in asking your friend to help you (the requests have been written in the **lei** form). Do it in writing. (The correct forms are recorded on tape as a continuous text.)

1. Mi faccia un favore.
   Fammi un favore.
2. Passi in banca
3. E mi ritiri dei soldi.
4. Prenda questo assegno
5. E se lo faccia cambiare.
6. Poi mi faccia un po' di spesa.
7. Mi compri del nastro per la macchina da scrivere.
8. Me lo compri tutto nero, non bicolore.
9. Poi passi dall'ottico.
10. E gli dia queste fotografie da sviluppare.
11. Glie le chieda per lunedì prossimo.
12. Prenda pure la mia macchina.
13. Ma me la riporti prima delle cinque.

(c)

You are at a party, with your boy-/girl-friend and with another couple of friends. The hostess approaches you with a choice of two things. Say you and your friend prefer the first choice, but the other couple prefer the second. Use the same cue sentences as in Exercise (b) page 104.

Vino bianco o vino rosso?
Noi preferiamo il vino bianco ma i nostri amici preferiscono il vino rosso.
etc.

(d)

Fill in the blanks with the appropriate prepositions or prepositional articles (in some cases there may be more than one correct answer).

1. I miei amici abitavano ...... un vecchio mulino ...... vento (*wind*), vicino ...... campo ...... golf.
2. Sono tornato ...... città ieri sera tardi, e sono subito andato ...... casa ...... miei genitori (*parents*).
3. Vorrei due chili di pesche (*peaches*) ...... duemila lire al chilo.
4. Questo piatto non è ...... cristallo, ma è ...... vetro comune.
5. ...... condire (*dress*) l'insalata (*salad*), prendi la bottiglia ...... olio che è ...... tavola ...... cucina.
6. Giorgio ci ha portato due fiaschi ...... Chianti genuino.
7. Ieri sera c'è stata un'interruzione ...... elettricità durata circa tre ore. ...... fortuna avevamo una lampada ...... gas ...... campeggio, se no saremmo restati ...... buio.
8. La motocicletta di Giorgio ha un motore ...... quattro cilindri ...... mille centimetri cubi. È una macchina ...... gran turismo, fatta ...... i lunghi viaggi, non tanto ...... circolare ...... città.
9. ...... quella difficile situazione Laura si è comportata (*behaved*) ...... molta discrezione e intelligenza.
10. Ero andato ...... stazione ...... corsa, col caldo che faceva, e morivo ...... sete (*thirst*).

(e)

Translate into Italian:

1. Take this coffee. It's best quality, but less expensive.
2. I would ring George at once but I know he's not at home.
3. Could you please tell me whether my shoes have been mended? It's the second time I have to come here.
4. Let me see the ticket.
5. I'd let you see it with pleasure, but I don't know where it is.
6. Without a ticket I cannot find your shoes. I have about a hundred pairs (*paia*) here in the shop.
7. The shoes are not yet ready. Could you come back tomorrow after half past five?
8. I am sorry, I cannot come back tomorrow.
9. I'd like to see the new play by Stoppard. Could you let me have a ticket for tomorrow's performance (*rappresentazione*)?

(f)

You are being asked by various passers-by what time it is. Give the times shown by the clock faces below, immediately after each question. The questions may take one of the following forms:

Scusi, che ora è?
Scusi, che ore sono?
Mi sa dire l'ora, per favore?

Then listen to the correct answer on tape. Use the 12-hour clock.

Un regalo

14

Franca and Mario discuss what sort of gift to send to Franca's English friend. The choice is by no means easy, especially considering that Franca cannot afford more than thirty thousand lire. The conversation includes more numerals and causative expressions, and 3rd person constructions.

FRANCA Vorrei fare un regalo di compleanno al mio amico George in Inghilterra. Che cosa mi suggerisci?

MARIO Ma, non so. Bisognerebbe conoscerlo questo tuo amico. Che tipo è?

FRANCA È una persona molto colta. Gli piacciono la musica, la letteratura, le arti in genere.

MARIO Va bene. Quanto vuoi spendere?

FRANCA Sulle trentamila lire: non posso permettermi di più.

MARIO Allora mandagli dei dischi.

FRANCA Non mi sembra una buona idea. Si rompono come niente. Basta un piccolo urto per farli arrivare in quattro pezzi.

MARIO Già. Allora è meglio mandargli qualche cosa d'altro. Ci vuole un oggetto solido. Hai detto che gli piace la pittura?

FRANCA Sì, moltissimo.

MARIO Spediscigli un libro d'arte. Quello gli arriva sicuramente in buono stato.

FRANCA Un libro d'arte? E dove lo trovo?

MARIO Basta andare in una libreria.

FRANCA Che scoperte! Questo non c'è bisogno di dirmelo: fin lì ci arrivo. Il guaio è che in questa benedetta città non c'è una libreria decente. È già difficile trovare dei romanzi, figurati poi i libri d'arte.

MARIO Hai provato quella nuova libreria che si è aperta di recente? come si chiama, Sandrelli. Forse ne hanno lì.

FRANCA Macché: Sandrelli non ne ha di sicuro. Ci ha già provato Carlo quando voleva fare un regalo alla fidanzata.

MARIO E che regalo le ha fatto, poi?

FRANCA Le ha regalato un disco.

MARIO Mio zio, quando ha bisogno di qualche cosa un po' fuori dell'ordinario lo ordina per corrispondenza. C'è una grande casa di vendite per corrispondenza che fa la pubblicità su tutti i giornali. Fatti spedire un catalogo.

FRANCA Troppo complicato. E poi chissà quanto tempo ci vuole.

MARIO Regalagli una cassetta di spumante.

FRANCA Ti sei dimenticato della dogana inglese? Chissà quanto gli farebbero pagare di dazio! Non sarebbe più un regalo.

MARIO Be', insomma, io sono a corto d'idee. Decidi tu. Non capisco proprio perché dovrei star lì a rompermi la testa per il regalo da fare a questo George. Dopo tutto, è il tuo amico, non il mio!

Vocabolario

regalo di compleanno   birthday present; **regalare** to give (as a present)
urto   knock, shock; **urtare** to knock, bump into
in buono stato   in good condition
che scoperte!   that's nothing new; **la scoperta** discovery; **scoprire**, (past part.
  scoperto) to uncover, to discover
fin lì ci arrivo   I can guess that myself
il guaio è che ...   the trouble is that ...
fidanzata   fiancée (also used euphemistically to mean *girlfriend* and *mistress*)
disco   record; **discoteca** disco, record collection
casa di vendite per corrispondenza   mail-order firm
una cassetta di spumante   a case of sparkling wine
dogana   customs; **doganiere** customs officer
dazio   duty
io sono a corto d'idee   I am short of ideas
star(e) lì a ...   This idiom intensifies the meaning of the following Infinitive, implying
  extra application or effort, but is often not translated: **sono stato lì ad aspettarlo
  per un'ora** I stood there waiting for him for one hour, he kept me waiting one
  whole hour.

Note di grammatica

14.1 Numerals: 1000 upwards

(For numerals up to 999 see 5.1 and 7.4.) 1000 = **mille**, 1001 = **mille uno**, 1002 **mille
due**, 1100 **mille cento** etc.
Note that numbers from 1100 upwards are NEVER considered in Italian as multiples of
one hundred. That is particularly true of dates: 1981, which in English is *nineteen hundred
and eighty one* in Italian is **millenovecento ottantuno**.
All thousands after **mille** are formed by the corresponding numeral followed by **-mila**:
2000 = **duemila**, 3000 = **tremila**, 15.000 = **quindicimila**. Note that, as elsewhere on
the Continent, thousands are separated by a full stop, NOT by a comma. (Figures written
after a comma are fractions.)
To read out long strings of figures presents no particular difficulty: it is done just as in
English. The figure 732.465 is read as:

settecento	**trentaduemila**	**quattrocento**	**sessantacinque**
seven hundred	thirty two thousand	four hundred and	sixty-five

One million is **un milione**, two million **due milioni**. **Milione**, **milioni** are followed by
the preposition **di**: two million lira **due milioni di lire**.
One billion (one thousand million) is **un miliardo**, followed by **due miliardi** etc.

14.2 Possessive adjectives and pronouns

Unlike English, possessive pronouns are always preceded by the definite article; except
after the verb **essere**, when the article may be omitted:

Se non ne hai uno prendi il mio   If you haven't got one take mine
Io mi faccio i fatti miei, tu ti fai i tuoi   I mind my own business, you mind yours
Quelle sono le sue or **sono sue**   Those are his/hers (referring to a fem. pl. noun, e.g.
scarpe shoes)

Possessive adjectives also require the definite article except when they are followed by a singular unqualified unmodified noun indicating family relationship:

mio zio   my uncle
i miei zii   my uncles, *or* my aunt and uncle
il mio zio milanese   my uncle who lives in Milan
il mio zione   my big uncle

The most common nouns indicating family relationship are the following:

il padre	father	**il cugino**	(male) cousin
la madre	mother	**la cugina**	(female) cousin
il figlio	son	**il cognato**	brother
la figlia	daughter	**la cognata**	sister
lo zio	uncle	**il suocero**	father
la zia	aunt	**la suocera**	mother
il fratello	brother	**il genero**	son
la sorella	sister	**la nuora**	daughter
il marito	husband	**il/la nipote**	nephew, niece; grandson, granddaughter
la moglie	wife		

(cognato … nuora group bracketed:) **-in-law**

Papà daddy, **mamma** mummy, **nonno** grandpa, **nonna** grandma, are felt as modified words or forms of endearment, and the rule requiring the omission of the definite article before a possessive in the singular is often waived (**il mio papà** or **mio papà**, **mia nonna** or **la mia nonna** etc.).

14.3 Reflexive forms

Note the difference between reflexive and non-reflexive forms (a difference in meaning does not necessarily follow):

permettere	**Non posso permettermi di più** I can't afford more
	Non posso permetterlo I can't allow it
provare	**Ho provato a parlarne a Mario** I tried talking to Mario about it
	Mi sono provato a parlarne a Mario I tried talking to Mario about it
aprire	**Si è aperta una nuova libreria** A new bookshop opened
	Carlo ha aperto una nuova libreria Carlo opened a new bookshop
rompere	**Il vaso si è rotto** The vase broke
	Carlo ha rotto il vaso Carlo broke the vase

14.4 3rd person constructions

Some constructions (including impersonal constructions; see 3.3) have their verb invariably in the 3rd person (singular or plural). The subject, which normally follows the verb, may be a noun, a noun phrase (i.e. a combination of noun and qualifiers) as in:

ci vogliono (3rd person)   **tre settimane** (noun phrase)

or a verb phrase with the verb in the infinitive, as in:

si deve (3rd person)   **aspettare due giorni** (verb phrase)

The verbs **bisognare** and **occorrere** are only used impersonally, the first mostly in the singular. **Bastare** may occasionally be used with 1st and 2nd person subjects. **Occorre/occorrono** and **ci vuole/ci vogliono** are largely synonymous.

bisognare	**Bisogna andare a casa** One must go home **Bisognava pagare** One had to pay
occorrere	**Occorre più sale** More salt is needed **Occorrono diecimila lire** One needs ten thousand liras
bastare	*impersonal* **Basta partire alle tre** It's enough to leave at three **Basta un etto di burro** 100 grams of butter is enough **Bastano due uova** Two eggs is enough
	personal **Basto io ad aiutarti** My help is enough **Basti tu a far confusione** You are all that's needed to make trouble

A very common construction consists of a form of **essere** followed by an adjective or an adverb and by an Infinitive:

È necessario partire   One must leave
È meglio andare   It's better to go
È difficile trovare dei romanzi   It's difficult to find novels

14.5 'Fare' and 'lasciare' + Infinitive

(see 12.4.)
Here are a few more examples of this construction in conjunction with pronoun particles:

Fagli mandare dei dischi   Have some records sent to him
Faglieli mandare   Have them sent to him
Fatti spedire un catalogo   Have a catalogue sent to you
Fattelo spedire   Have it sent to you
Falle vedere il catalogo   Let her see the catalogue
Faglielo vedere   Let him/her see it
Fallo smettere   Make him stop
Falli entrare   Let them in

A similar construction is found with **lasciare**:

Lasciale vedere il catalogo   Let her see the catalogue
Lasciaglielo vedere   Let her/him see it
Lascialo venire   Let him come
Lasciagli guardare la televisione   Let him watch TV

In construction with Infinitives, modal verbs allow the pronoun to be attached to the Infinitive (**lo voglio vedere** or **voglio vederlo**, see Unit 7); but **fare** and **lasciare** do not:

L'hai fatto smettere?   Did you make him stop?
Glie l'ho lasciato vedere   I let him/her see it

(NEVER **Hai fatto smetterlo** etc.)

14.6 Agreement

Note the masculine object pronoun **lo** in the sentence **Mio zio, quando ha bisogno di qualche cosa un po' fuori dell'ordinario, lo ordina per corrispondenza** My uncle, when he needs something slightly out of the ordinary, places an order with a mail-order firm (see Unit 13). Taking **cosa**, however, in the sense of 'object', 'article', it would also be possible to use **la**: **Mio zio ... la ordina**

Esercizi

● (a)

Your friend is preparing some sort of cake, and asks for your advice. You advise her to double all the quantities in her recipe.

1. Basterà un etto di burro (*butter*)?
   Secondo me ce ne vogliono due.
2. Basterà una tazza di latte?
3. Basteranno tre uova (*eggs*)?
4. Basterà mezzo chilo di farina (*flour*)?
5. Basterà un etto di uva passa (*raisins*)?
6. Basteranno due cucchiaini di lievito (*2 teaspoons of baking powder*)?
7. Basterà mezzo limone (*lemon*)?
8. Basterà un pizzico di sale (*a pinch of salt*)?
9. Basteranno cento grammi di zucchero (*sugar*)?
10. Basterà un bicchierino (*small glass*) di cognac?

● (b)

It is better not to put off until to-morrow what should be done to-day. Say so.

1. Quando spediamo la lettera?
   Bisogna spedirla oggi.
2. Quando compriamo il libro?
3. Quando mandiamo il pacco?
4. Quando ordiniamo il catalogo?
5. Quando paghiamo il conto (*bill, account*)?
6. Quando spediamo il regalo?
7. Quando proviamo (*try out*) la macchina?
8. Quando invitiamo Giorgio?

● (c)

On the other hand, there are a few things that may be postponed, and safely left until to-day.

1. Bisognava spedire la lettera ieri.
   No, basta spedirla oggi.
2. Bisognava comprare il libro ieri.
3. Bisognava mandare il pacco ieri.
4. Bisognava ordinare il catalogo ieri.
5. Bisognava pagare il conto ieri.
6. Bisognava spedire il regalo ieri.
7. Bisognava provare la macchina ieri.
8. Bisognava fare la spesa ieri.

● (d)

Various relatives of yours are coming to see you next week. Say so.

1. Quando arriva tuo zio?
   Mio zio arriva la settimana prossima.
2. Quando arriva tua nonna?
3. Quando arriva tuo fratello?
4. Quando arriva il marito di tua sorella?
5. Quando arriva la moglie di tuo cugino?
6. Quando arrivano le tue zie?
7. Quando arrivano i tuoi cugini?
8. Quando arrivano le tue nipoti?
9. Quando arrivano i tuoi nonni?
10. Quando arrivano i tuoi figli?

(e)

Translate into Italian:

1. Have you not seen our catalogue? I'll have one sent to you tomorrow.
2. Let me listen to your new record.
3. Can the cat come in? Yes, let it in.
4. This book may be useful to George. Make him buy it.
5. Tomorrow is your aunt's birthday. Have some flowers sent to her.
6. I don't know how much the Customs will make us pay for this case of sparkling wine.
7. If Laura wishes to sell her house make her advertise it in the local paper.
8. His handwriting (*calligrafia*) is terrible. Make him type his letters.

(a)

This is the family tree of three inter-related Italian families. Fill in the gaps in the sentences below indicating the relationship of their various members.

```
ALBERTO      BIANCA          CARLO      DORA
  └──┬──────────┘              └──┬────────┘

ERNESTO      FRANCA          GIORGIO    IRENE
              └────┬─────────────┘
            LAURA     MARIO
```

1. Alberto è il . . . . . . di Bianca.
2. Dora è la . . . . . . di Carlo.
3. Franca è la . . . . . . di Alberto e Bianca.
4. Giorgio e Irene sono i . . . . . . di Carlo.
5. Franca è la . . . . . . di Ernesto.
6. Giorgio è il . . . . . . di Irene.
7. Franca è la . . . . . . di Carlo.
8. Carlo è il . . . . . . di Franca.
9. Giorgio è il . . . . . . di Ernesto.
10. Ernesto è lo . . . . . . di Laura e di Mario.
11. Irene è la . . . . . . di Laura e di Mario.
12. Laura e Mario sono i . . . . . . di Alberto e di Bianca.
13. Carlo e Dora sono i . . . . . . di Laura e di Mario.
14. Laura è la . . . . . . di Irene.
15. Dora è la . . . . . . di Franca.
16. Alberto è il . . . . . . di Giorgio.

(b)

Here are various items which you may wish to buy as gifts for your friends – only the price tag is blank. Listen to the voice on tape telling you how much they cost (not necessarily in the same order as below) and write down the number of the object and the price.

(c)

You are shopping in a large food shop, and ask the attendant for the things you want. Below are the shop attendant's replies. Fill in your questions from the list on the right (the items do not appear in the same order as in the questions).

1. Ha della . . . . . .?	lattuga
Sì, mele, pere, mandarini.	caffè
2. . . . .?	frutta
No, solo dell'olio di soia.	pasta
3. . . . .?	spumante
Sì, abbiamo Chianti, Soave, Valpolicella, Lambrusco	vino
4. . . . .?	olio d'oliva
No, oggi ho solo indivia e cicoria.	burro
5. . . . .?	
Sì. Come lo vuole, salato o senza sale?	
6. . . . .?	
Sì. Lo vuole macinato, in grani, oppure solubile?	
7. . . . .?	
No. Abbiamo però dello champagne francese.	
8. . . . .?	
Sì. Abbiamo spaghetti, maccheroni, tagliatelle, quello che vuole.	

(d)

Translate into Italian:

Marco wishes to send a birthday present to his friend George in England, and has asked me to suggest what I should send him. I do not know George, and therefore (*perciò*) it's a bit difficult for me to give him intelligent advice (*consigli*). Marco can only afford about forty-thousand lire, that's about twenty pounds. It's better not to send records because they break easily. It's very difficult to buy art books in this town where there isn't even a decent bookshop. One could try a mail-order firm, but it would take too long a time. Marco would first have to ask them to send him a catalogue, then choose something from it, then place the order, and it would certainly take at least (*almeno*) another ten days for the present to reach George in England (for 'to reach' use *perché* + subjunctive of *arrivare* + *a*). I have tried giving Marco a few suggestions (*suggerimenti*), but, after all, I do not see why I should rack my brains about this present. George is Marco's friend, not mine.

Al negozio di articoli da regalo

15

A lady is trying to buy a gift for a friend, but she is rather short of ideas. The shop assistant shows her various things which she finds unsuitable. He suggests eventually that she should buy a Japanese recipe card-index – an amusing novelty her friend might appreciate. In this unit you are introduced to Italian meal-times, food and restaurant menus.

COMMESSO   Buona sera, signora. In che cosa posso servirla?

SIGNORA   Vorrei mandare un pacco regalo a una mia amica inglese, e mi mancano le idee. Ha qualche cosa da suggerirmi?

COMMESSO   Mi ci proverò, signora. Bisogna però che Lei mi dica qualcosa su questa sua amica. Non occorre che mi dia molte informazioni, solo, ad esempio, che età ha, quali sono i suoi gusti, i suoi passatempi preferiti . . .

SIGNORA   Ha più o meno la mia età. Le piacciono molto la musica, la pittura e la cucina.

COMMESSO   Quanto pensa di spendere?

SIGNORA   Ma . . . sulle venti o trentamila lire. Un'idea! Potrei mandarle dei dischi.

COMMESSO   Non glie lo consiglio, signora. È meglio che Lei scelga un oggetto più solido. Sa, basta che il pacco vada a finire sotto altri pacchi più pesanti, e i dischi arrivano in pezzi. Perché non le regala un libro d'arte, o uno di cucina?

SIGNORA   Il libro d'arte glie l'ho regalato l'anno scorso. Quanto a libri di cucina, ne ha la casa piena. Bisogna proprio che scelga qualcosa d'altro . . . Quanto costa quella scacchiera in svendita?

COMMESSO   Quella in alabastro? 87.750 lire, prezzo svendita.

SIGNORA   Bella, ma troppo cara.

COMMESSO   Sarebbe un regalo di ottimo gusto . . .

SIGNORA   Sì, certo: peccato solo che tutti i regali di ottimo gusto siano così cari!

COMMESSO   Se la sua amica è appassionata di cucina perché non fa una visita al nostro reparto di articoli per la casa? Può darsi che lì trovi un regalo adatto.

SIGNORA   Lei crede? La mia amica ha una dotazione di arnesi di cucina che farebbe invidia a un grande albergo!

COMMESSO   Ma è molto difficile che abbia una novità che ci è appena arrivata dal Giappone. È un ricettario automatico, Signora. Le ricette sono stampate su speciali schede perforate di plastica, montate in uno schedario che si fissa al muro. Sullo schedario ci sono diversi bottoni corrispondenti alla stagione dell'anno, al tipo di menù che occorre (colazione, pranzo, cena fredda eccetera; a base di carne o di pesce, di uova o di verdura) e alle varie portate (antipasto, primo e secondo piatto, contorni, dessert). Lei tira i bottoni di sua scelta, e le schede di ogni piatto, con la verdura e la frutta di stagione e i vini appropriati, cadono automaticamente fuori dallo schedario. Sembra che sia una cosa molto divertente, signora. Non ricordo esattamente il prezzo, ma mi pare che non costi molto: intorno alle trentamila lire.

SIGNORA   Grazie del suggerimento. Può darsi che questo ricettario vada bene. Fate anche spedizioni?

COMMESSO   Certo, signora. Basta che Lei lasci al commesso l'indirizzo della sua amica.

Vocabolario

età   age (also in the sense of *historical period*) But: what age is he? **quanti anni ha?**

gusto   taste (also in the sense of *flavour*)

passatempo   pastime

la pittura   painting

la cucina   cookery, kitchen

sulle venti o trentamila lire   about twenty or thirty thousand lire

quanto a ...   as far as ... at to ... as regards ...

scacchiera   chessboard; **il gioco degli scacchi** chess

svendita   sale (in the sense of discount or end of season sale)

articoli per la casa   household goods

arnesi di cucina   kitchen implements

dotazione   supply, equipment

fare invidia a qualcuno   to make someone envious

novità   novelty

ricettario   recipe book; **ricetta** recipe. There are a large number of words in **-ario**, both nouns and adjectives. Many correspond to English words in *-ary* (e.g. **anniversario** anniversary, **arbitrario** arbitrary, **contrario** contrary, **mercenario** mercenary, **missionario** missionary, **ordinario** ordinary, **salario** salary etc). A number of them indicate a set or collection of things:

    scheda   card; **schedario** card index

    casella   pigeon hole; **casellario** set of pigeon holes

    vocabolo   word; **vocabolario** vocabulary

    epistola   letter; **epistolario** collected letters

    macchina   machine; **macchinario** machinery

    campione   sample; **campionario** pattern-book, samples

    questione   question; **questionario** questionnaire

    scena   stage, **scenario** stage set, scenario

schede perforate   punched cards

tirare   to pull

portata   serving dish

verdura   vegetables, greens (**verde** = green)

piatto   dish, plate

The names of meals in Italian fall into either a three- or a four-name pattern. The former is the more usual of the two.

Time	3	4	
mattina	**colazione**	**prima colazione**	breakfast
mezzogiorno	**pranzo**	**colazione**	lunch
sera	**cena**	**pranzo**	dinner
		cena	supper

One should add to the above: **la merenda** light mid-morning or mid-afternoon snack given to children, picnic; **lo spuntino** snack.

118

An Italian **colazione** is typically composed of **caffè** or **caffellatte** black or white coffee, **pane** bread, **burro** butter and **marmellata** jam or marmalade.

An Italian **pranzo** may begin with **l'antipasto** hors-d'oeuvre, but usually consists of **pastasciutta**, any one of umpteen varieties of pasta (**spaghetti**, **vermicelli**, **tagliatelle**, **fettuccine**, **maccheroni**, **lasagne** etc.) served **asciutta**, that is drained and seasoned with a tomato-based sauce. Then **carne** meat (**arrosto** roast, or **bollita** boiled) with **contorno**, literally: surround, that is any vegetable that goes with it, or **insalata** salad, usually **mista** mixed. The meal may end with **formaggio** cheese, **frutta** fruit and **caffè** coffee. A sweet course, **il dolce**, is generally reserved for Sundays and special occasions.

In the evening **pastasciutta** is generally replaced by **minestra** soup. The meat course may be replaced by **uova** eggs or **pesce** fish.

Note di grammatica

15.1 Further points on gender and agreement

15.1.1 Nouns changing their gender in the plural.

A few nouns change from a masculine singular in **-o** to a feminine plural in **-a**. The most common are:

l'uovo egg: **le uova**
il paio pair: **le paia**
il centinaio the hundred: **le centinaia**
il migliaio the thousand: **le migliaia**

Some keep also a normal masculine plural in **-i**, in which case the two plurals have different meanings:

(i) feminine plural: collective sense:
    masculine plural: several but singly considered, not part of a set:

il dito finger: **le dita** (all together), **i diti**
il lenzuolo bedsheet: **le lenzuola** (a pair), **i lenzuoli**

(ii) masculine and feminine plurals refer to different things:

il ciglio eyelash: **le ciglia** eyelashes **i cigli** margins, edges
il braccio arm: **le braccia** (of the body) **i bracci** (of objects)
il membro member, limb: **le membra** limbs, **i membri** members (of a club)
l'osso bone: **le ossa** human bones, **gli ossi** animal or meat bones
il fondamento foundation: **le fondamenta** (of a house), **i fondamenti** (of a theory)

Note also:

il riso rice, laughter: **le risa** laughter, **i risi** types of rice

In some cases the choice of plural form is arbitrary:

il ginocchio knee: **le ginocchia** or **i ginocchi**
l'orecchio ear: **le orecchie** or **gli orecchi**

In the historical development of the language a few plurals in **-a** have become feminine singular with a collective meaning:

il frutto fruit (also metaphorical): **le frutta** ⟶ **la frutta**
i frutti

Note the agreement:

una delle più grosse uova or **un uovo dei più grossi**
una delle più belle paia   or **un paio dei più belli**
un orecchio   **una delle due orecchie**

15.1.2

Some words belonging to the noun/adjective class may take on an adverbial function, in which case they remain in the masculine singular and do not agree with the noun they refer to:

arrostire (past part. **arrostito**) to roast, **l'arrosto (di carne)** roast (meat). **la carne arrosto** roast meat

15.1.3

If a noun is followed by another noun having a qualifying function, each preserves its original gender and number:

un pacco regalo a gift parcel, **dei pacchi regalo** gift parcels
una camera stile albergo a room furnished and decorated like a hotel room
prezzo svendita or **prezzo liquidazione** sale price, **prezzi svendita** sale prices

15.2 Subject and object clauses

Not only nouns like **partenza** departure, but also clauses like **partire alle tre** can be subjects and objects of verbs:

subject	**È meglio partire alle tre** It's better to leave at three.
object	**Penso di partire alle tre** I'm thinking of leaving at three

Normally if the subject of the two verbs is the same (as in the previous sentence: I'm thinking, I'm leaving), or if neither has a specific subject (as in the first example), the verb in the subject/object clause is in the Infinitive. If it is an object, it is normally preceded by **di**:

Basta lasciare l'indirizzo It's enough to leave the address
È necessario/Bisogna partire It's necessary to leave
Credo di avere trovato un oggetto adatto I think I've found a suitable object
Penso di fare un regalo a una mia amica I intend to send a gift to a girl-friend of mine

If, on the other hand, the subject of the verb in the clause is different from that of the main verb (including the case where the main verb is impersonal and the dependent verb has a specific subject) the dependent clause is introduced by **che**:

Basta che Lei lasci l'indirizzo
È necessario/Bisogna che io parta
Credo che la signora abbia trovato un oggetto adatto
Penso che la mia amica voglia farmi un regalo

In sentences of this type, verbs introduced by **che** are in the Subjunctive.

15.3 More 3rd person expressions

(See 14.4)

Note the following 3rd person expressions:

Non occorre   It isn't necessary
Ti occorre?   Do you need it?
Ti basta?   Is it enough for you? Do you need more of it?
Sembra che sia una cosa divertente }
Sembra una cosa divertente } It looks amusing
Mi sembra (che sia) una cosa divertente   It seems amusing to me
Può darsi, ma non mi sembra   It may well be but I don't think so
Può darsi che venga tardi   He may well come late
Peccato che costi troppo   Pity it costs too much

Esercizi

● **(a)**

Your friend is making general statements about things which are really his responsibility. Remind him of it by pointedly repeating his sentences with **tu** as the grammatical subject.

1. Non occorre dargli molte informazioni.
   Non occorre che tu gli dia molte informazioni.
2. Bisogna mandarle dei dischi.
   Bisogna che tu le mandi dei dischi.
3. Bisogna mandare un regalo alla tua amica inglese.
4. È difficile trovare un regalo adatto.
5. È meglio scegliere un oggetto più solido.
6. Basta lasciare l'indirizzo al commesso.
7. Non è necessario andare alla posta centrale.
8. Bisogna comprare il ricettario non più tardi di domani.
9. È più semplice comprare i dischi in un negozio specializzato.
10. Non occorre lasciare l'indirizzo.

● **(b)**

Answer the following questions in the negative.

1. Questo regalo costa molto?
   No, non mi sembra che costi molto.
2. È difficile trovare un regalo adatto?
   No, non mi sembra che sia difficile.
3. La tua amica è ricca?
4. Ha una casa molto grande?
5. Le piace la musica, alla tua amica?
6. Viene dal Giappone questo ricettario automatico?
7. È una cosa divertente?
8. Va bene come regalo?
9. È necessario spedire il pacco raccomandato?
10. Basta questo francobollo da 350 lire?

● **(c)**

Continue to be negative in your replies.

1. Questi regali costano molto?
   No, non credo che costino molto.
2. Vengono dal Giappone?
   No, non credo che vengano dal Giappone.
3. I tuoi amici sono ricchi?
4. Hanno una casa molto grande?
5. Vanno bene questi dischi come regalo?
6. Sono interessanti questi libri d'arte?
7. Bastano questi francobolli?
8. I Grandi Magazzini fanno spedizioni?
9. Vendono libri?

(d)

You are in a permissive mood and ready to make concessions.

1. Non voglio che Marco guardi la televisione.
   Ma no, lasciagliela guardare.
2. Preferisco che i tuoi amici non vengano con noi.
   Ma no, lasciali venire.
3. Non voglio che Giorgio compri una motocicletta.
4. Preferisco che gli studenti non imparino (*learn*) un dialetto.
5. Non voglio che Marco veda questo film.
6. Laura ha appena mangiato. È meglio che non faccia il bagno.
7. Non desidero che i ragazzi (*boys*) vadano al cinema questa sera.
8. Preferisco che tuo padre non paghi il conto del ristorante.
9. Non è necessario che Marisa compri un cappello (*hat*) nuovo.
10. È meglio che il gatto non entri in cucina.

(e)

Translate into Italian:

1. I should like three pairs of cotton sheets.
2. I do not like eggs for breakfast. I prefer eating them at lunch, with sausage and chips (*patate fritte*).
3. One of the arms of the easy chair (*poltrona*) is broken.
4. It is not necessary for you to give much information in the questionnaire.
5. You'd better choose something different this time, not the usual (*solito*) records or books.
6. Is a 500 lire stamp enough?
7. I don't think it's enough. You should ask (*domandare a*) the post office.
8. My sister does not think that these art books are interesting enough.

extra

You are going to dine in an Italian restaurant with two friends.
The menu is on the next page.
Friend 1 is on a diet – she is not going to have any hors-d'oeuvres, will have soup to begin with, followed by some sea food, green salad, no sweet course, no cheese, ending with some fruit.
Friend 2 wants mixed hors-d'oeuvres, cannot stand sea-food, prefers rice to pasta, would like to try something unusual for the second course, likes rich puddings to end a meal with.
You would like to begin with some ham and melon, followed by a substantial pasta course; roast meat and two vegetables for the main course, cheese and ice-cream.
You are all going to drink wine (white for Friend 1) and have espresso coffee.

(a)

Write down the numbers corresponding to your orders:
- Friend 1:
- Friend 2:
- Yourself:

(See our suggestions in the Answer Section.)

(b)

Now calculate how much you would spend (excluding service charge and VAT) if you chose the following:

(i) Melon and ham
Vegetable soup
Roast veal with roast potatoes and peas
Apple tart
Fruit
Coffee

(ii) Lasagne
Charcoal-grilled sausages with haricot beans and spinach
Chocolate pudding
$\frac{1}{2}$ litre white wine
$\frac{1}{4}$ litre mineral water
Coffee

ANTIPASTO

1.	Antipasto misto della casa .... L.	2000
2.	Prosciutto del Friuli con melone ...... L.	2500
3.	Antipasto misto di mare .... L.	2300

PRIMI PIATTI

4.	Spaghetti al sugo .... L.	1800
5.	Fettuccine al burro .... L.	1800
6.	Ravioli alla panna .... L.	2000
7.	Lasagne al forno .... L.	2000
8.	Risotto ai funghi .... L.	2000
9.	Minestrone di verdura .... L.	1500

SECONDI PIATTI

10.	Arrosto di vitello al forno .... L.	3000
11.	Bistecca alla fiorentina (400 g.) ..... L.	4500
12.	Osso buco .... L.	2800
13.	Salsicce alla brace .... L.	2800
14.	Fritto misto di mare .... L.	4000
15.	Scampi fritti .... L.	4500

CONTORNI

16.	Patate al forno .... L.	800
17.	Patate fritte .... L.	800
18.	Spinaci al burro .... L.	800
19.	Fagiolini all'olio .... L.	800
20.	Insalata verde o mista di stagione .... L.	900
21.	Piselli .... L.	800

FORMAGGI

22.	Gorgonzola	25.	Pecorino	L. 900
23.	Bel Paese	26.	Grana	
24.	Fontina	27.	Camembert	

DOLCI

28.	Crème caramel .... L.	1000
29.	Budino di cioccolato .... L.	1200
30.	Torta di mele .... L.	1200
31.	Gelati assortiti della casa .... L.	1000
32.	FRUTTA DI STAGIONE .... L.	800
33.	CAFFÈ ESPRESSO .... L.	500
34.	ACQUA MINERALE (bottiglia da $\frac{1}{4}$) ...... L.	300
35.	VINO DELLA CASA in caraffe da mezzo litro	
	Bianco .... L.	900
	Rosso .... L.	1000

Per i vini in bottiglia si richieda la carta dei vini.
Ai prezzi va aggiunta l'I.V.A.

● (c)

Listen to the dialogue on tape. A waiter is approaching a couple sitting at a table in a restaurant. The couple order a meal. When you think you have understood the dialogue, answer the following questions.

1. Which of the following is a speciality of the restaurant?
   (i) pasta al burro   (ii) risotto   (iii) cannelloni
2. Do the man and the woman?
   (i) both order the same first course   (ii) order different first courses
3. As a second course do they order?
   (i) fish   (ii) meat
4. What does the man order for drinks?
   (i) beer   (ii) white wine   (iii) red wine

(d)

And now have a look at the following recipe:

Spaghetti alla carbonara (per 6 persone)

Ingredienti

spaghetti	g. 600
pancetta	g. 150
olio	2 cucchiai
burro	g. 50
uova	4
panna	g. 150
parmigiano	g. 200
pepe	
sale	

Fate cuocere gli spaghetti in acqua salata bollente. Mentre cuociono, fate soffriggere nell'olio la pancetta tagliata a quadretti. In una ciotola sbattete le uova con sale, pepe, panna e metà del parmigiano grattugiato. Fate fondere il burro in una pentola, versatevi il contenuto della ciotola, e subito dopo gli spaghetti bollenti e la pancetta. Mescolate per un minuto e servite, condito col resto del parmigiano.

Test your comprehension of this recipe by answering the following questions.

1. What should you do with the bacon?
   (i) boil it in salted water   (ii) chop it up and fry it in two tablespoonfuls of oil   (iii) mix it up with the beaten eggs

2. What should you do with the eggs?
   (i) fry them in butter   (ii) boil them with the spaghetti   (iii) beat them up, together with salt, pepper, cream and grated parmesan cheese, and pour into a saucepan containing melted butter

3. What should you do with the spaghetti?
   (i) fry it with the bacon   (ii) pour the egg mixture on top of it   (iii) drain it and pour it into the saucepan with the egg mixture; season with bacon and parmesan cheese

Quale sarà il migliore?

16

The shop assistant is advising a customer who wishes to buy a perfume for his girl-friend. In the course of the conversation comparative expressions and ways of indicating prices are introduced and brought in.

CLIENTE	Non so decidermi ...
COMMESSA	Questa è una lavanda, e questa è una colonia. La colonia è più fresca della lavanda. Senta un po', eh? Questa è più leggera, come profumo.
CLIENTE	Mmm ... sì ...
COMMESSA	A me piace più la colonia della lavanda. Ma forse Lei preferisce qualcosa di meno classico, più dolce della lavanda, più profumo ... Ecco, qui c'è un profumo molto buono, con lo sprai. Senta un po'.
CLIENTE	Quanto costa?
COMMESSA	Undicimila cinquecento.
CLIENTE	Un po' troppo dolce.... Non ha qualcosa di meno dolce?
COMMESSA	Provi questo. È più secco.
CLIENTE	Quanto costa?
COMMESSA	Come l'altro. Undici e cinque.
CLIENTE	E la qualità? È buona?
COMMESSA	È altrettanto buona quanto l'altra. Forse anche un po' migliore dell'altra. Poi abbiamo anche un profumo più concentrato, senza lo sprai: questo qui. Senta.
CLIENTE	Mmm ... ottimo davvero. Quanto costa?
COMMESSA	Questo viene diciottomila ottocento cinquanta.
CLIENTE	È più di quello che pensavo di spendere ...
COMMESSA	Guardi, è un affare, perché è un'offerta speciale. Normalmente un profumo così concentrato come questo, e di questa qualità, costa sulle venti, anche più di venti. Secondo me, di quelli che le ho fatto vedere è il migliore. E anche il più resistente. Dura di più. E poi è così concentrato che ne basta una goccia. Lo prenda. Vedrà che sarà contento.
CLIENTE	Va bene. Allora lo prendo. Pago a Lei?
COMMESSA	No, per pagare passi alla cassa.

Vocabolario

non so decidermi or **non mi so decidere**   I can't make up my mind

profumo   scent, perfume; **lavanda** lavender water; (**acqua di**) **colonia** eau-de-cologne. As in English, adjectives indicating the type of perfume are rather approximate: **fresco** fresh; **leggero** light; **dolce** sweet.

con lo sprai   in a spray container

sentire   (of perfumes) to smell (In other contexts: to hear, to listen, to taste. Reflexive: to feel.)

provare   to try

Quanto costa? How much (does it cost)? Other ways of asking the same question: **Quant'è? (A) quanto viene? A quanto lo vende?** When you are actually committed to paying you may ask: **Quanto pago?** There are several ways of indicating the price, some omitting the words **-mila** and **-cento**. For 11,500 lire the shop assistant may say: **undicimila(e) cinquecento, undicimila e cinque, undici e cinque.**

è un affare   it's a bargain
sulle venti   about twenty (thousand lire)
secondo me   in my opinion; **secondo lui** according to him
durare   to last
una goccia   one drop

Note di grammatica

16.1 Comparisons (1)

In the following diagrams the first box represents a word or expression (an adjective in most cases) qualifying the first thing compared. The second box is the second thing compared, which may be expressed by a noun or noun phrase, an adjective, a pronoun, a verb or a verb phrase. The word preceding the first box may be omitted.
The second half of the comparison may be implied.

16.1.1 Between equal terms

(a)   **così** + ☐1☐ + **come** + ☐2☐

    Questo profumo è così concentrato come quello   This perfume is as concentrated as that one
    È buono come l'altro   It's as good as the other one
    È come l'altro   It's like the other one
    È così buono   It's so good

(b)   **(altret)tanto** + ☐1☐ + **quanto** + ☐2☐

    È altrettanto buono quanto l'altro   It's as good as the other one
    È tanto fresco quanto leggero   It's as fresh as it is light/It's both fresh and light
    Ce n'è tanto in questa boccetta quanto in quella   There is as much in this bottle as in that one
    È altrettanto caro   It's just as dear.

(c)   ☐2☐ may be a clause expressing the consequences following from the first half of the statement:

    così ⎫
            ☐1☐ + ⎡ **che** + verb ⎤
    tanto ⎭   ⎣ **da** + infinitive ⎦

    È così concentrato che ne basta una goccia   It's so concentrated that one drop is enough
    Non sono così ricco da spendere tanto per un profumo   I'm not so rich that I can spend so much for a perfume

126

16.1.2 Between unequal terms

(a) $\dfrac{\textbf{più}}{\textbf{meno}}$ + $\boxed{1}$ + **di** + $\boxed{2}$

La colonia è più fresca della lavanda   Cologne has a fresher smell than lavender water

Questa è meno leggera, come profumo   As a perfume this one is not so light

A me piace più la colonia della lavanda   I like cologne better than lavender water

Forse preferisce qualcosa di meno classico   Perhaps you prefer something less traditional

Costa più di venticinquemila lire   Costs more than 25,000 lire

XYZ lava più bianco   XYZ washes whiter

(b) A few adjectives (let us call them comparative adjectives) already include the meaning of more or less, and cannot therefore be preceded by **più** or **meno**. They are:

migliore better; **peggiore** worse; **maggiore** greater; **minore** lesser, smaller; **superiore** higher, superior; **inferiore** lower, inferior

The last two, however, take the preposition **a** instead of **di**.

Forse questa colonia è migliore dell'altra   Perhaps this cologne is better than the other one

Lo sconto qui è maggiore   There is a larger discount on this item

La qualità è inferiore a quella di un profumo francese   The quality is inferior to that of a French perfume

(c) $\boxed{2}$ may be a clause:

È più di quello che pensavo   It's more than I thought

È migliore di quanto mi avevano detto   It's better than I was told

16.1.3 Translation of 'the ...-er of the two' or 'the ...-est'

(See also 17.1.2.)

In this construction **più/meno** or the comparative adjectives in (b) above are preceded by the definite article:

Di quelli che le ho fatto vedere, questo è il migliore   Of those I have shown you, this one is the best

È anche il più resistente   It's the one that lasts longer

È il meno caro   It's the least expensive

Esercizi

(a)

The example mentioned by your friend (who speaks second) is not quite on the same level as the one you mentioned. Say so.

1. – Com'è alto Alfredo! – Anche Giorgio lo è.
   – *Sì, ma Alfredo è più alto di Giorgio.*
2. – Il tuo stereo è molto bello. – Anche il tuo lo è.
   – *Sì, ma il tuo è più bello del mio.*
3. – L'italiano è facile. – Anche il francese lo è.
4. – Il caffè è stimolante. – Anche il té lo è.
5. – La mia poltrona è comoda. – Anche la mia lo è.
6. – La casa di Marco è antica. – Anche quella di Giorgio lo è.
7. – La FIAT 126 è economica. – Anche la Renault 5 lo è.
8. – Com'è noioso questo documentario! – Anche la commedia sull'altro canale lo è.
9. – Oggi fa caldo. – Anche ieri faceva caldo.
10. – Questa lezione è difficile. – Anche la precedente lo era.

(b)

Your problem is that you tend to underestimate things.

1. – Sei stanco?
   – *Sì, sono più stanco di quello che pensavo.*
2. – Questo romanzo è interessante?
   – *Sì, è più interessante di quello che pensavo.*
3. Sei arrivato tardi?
4. Il viaggio è stato lungo?
5. Il treno era affollato? (*crowded*)
6. La tua amica è stata contenta di vederti?
7. La casa della tua amica è grande?
8. La città dove abita è bella?
9. Hai passato una buona vacanza? (*use a comparative adjective*)
10. Sei contento?

(c)

This time you tend to overestimate things.

1. Sei stanco?
   Sì, ma sono meno stanco di quello che mi aspettavo.
2. Questo romanzo è interessante?
   Sì ma è meno interessante di quello che mi aspettavo.
3. Questo registratore è caro?
4. Questo amplificatore è potente (*powerful*)?
5. Questo gioco (*game*) è divertente (*amusing*)?
6. Questa automobile è economica?
7. Questo disco è bello?
8. Questo esercizio è facile?
9. Questa poltrona è comoda?
10. Questa casa è antica?

(d)

Listen to the following dialogue between a grocer and his customer. For each of the following items the customer buys (listed in English and not in the same order as in the dialogue) add the unit price and specify the unit (e.g., tin, kilo, flask etc.)

GOODS	UNIT	COST IN LIRE
Egg tagliatelle	......	......
Peeled tomatoes	......	......
Parmesan cheese	......	......
Chianti wine	......	......

(e)

Translate into Italian:

1. The documentary we saw tonight is not as interesting as the one we saw yesterday.
2. I do not agree. It was neither better nor worse than all the others.
3. One cannot expect very much from popular programmes.
4. This book is just as boring as the one you gave me last week.
5. Today it's not as cold as it was yesterday.
6. This lesson on comparatives is easier than I expected.
7. Nobody can help (*aiutare*) her. It is her worst problem.
8. Could you give me the most recent railway time-table?
9. This Japanese automatic recipe card-index is the most amusing gift I ever received.
10. The English usually have a larger (*più abbondante*) breakfast than the Italians.

No need to translate the English words in this advertisement. **Lambswool di lana** is quite absurd, since **lana** means *wool*. You may like to have translations of the following words:

imbottito   padded
impermeabilizzato   shower-proof (**impermeabile** waterproof)
pelo   fur
collo e polsi in maglia   knitted collar and cuffs
trapuntato   quilted
scozzese   tartan (i.e. 'Scottish')
a quadretti   check, chequered (**quadrato** square)
velluto   corduroy, velvet

(a)

The advertisement was published in November 1980 by a well-known department store in Milan – and reflects 1980 prices! Refer to it for the following exercise. Using the words **caro** expensive, **a buon mercato** cheap, complete the following sentences:

1. Il giubbino è più ...... del giaccone.
2. Il giaccone è più ...... del giubbino.
3. Il maglione è meno ...... della camicia.
4. La camicia è meno ...... del maglione.
5. I pantaloni di flanella sono più ...... di quelli di velluto.
6. I pantaloni di velluto sono meno ...... di quelli di flanella.

(b)

Using the same cues as in exercise (a) on page 128, give your responses according to the following model:

1. Com'è alto Alfredo! – Anche Giorgio lo è.
   Sì, ma Giorgio è meno alto di Alfredo.
2. Il tuo stereo è molto bello. – Anche il tuo lo è.
   Sì, ma il mio è meno bello del tuo.
   etc.

(c)

Fill in the gaps in the following sentences using the words in the list on the right, each one to be used only once, and not in the same order as the sentences.

1. Londra ha ...... abitanti di Roma.	tanto
2. Questo profumo francese che mi hai regalato è	quanto
di quello che ho comprato il mese scorso (*last*).	meno
3. Oggi non fa così ...... come ieri.	più
4. Questa commedia è meno ...... di quello che mi	migliore
aspettavo.	divertente
5. Come si sta bene in questa poltrona! È così	caro
6. Questo vino è il più ......, ma è di qualità davvero	comoda
......	caldo
7. Mi dia il maglione che costa	superiore
8. Mio zio è ...... ricco ...... avaro (*stingy*).	

(d)

And now try this Italian crossword. The Italians call it **cruciverba** or **parole incrociate**. The clues are given below, either in English or by means of a single Italian sentence with one word missing. **Orizzontali** (horizontal) is 'Across', and **Verticali** (vertical) is 'Down'.

ORIZZONTALI

1. Communist Party (abbreviation).
3. 'Hai telefonato ... tuo amico?'
5. Unsuitable for an armchair, but all right for a human body.
7. Now it's the time!
8. Basic ingredient of cakes, and a perfume-blender in Germany.
10. A by-product of fire.
11. An Italian MP (abbreviation).
12. 'Questo regalo è per ...? Grazie!'
14. 4711 was originally made in this town by 8 above.

VERTICALI

1. A pleasant smell.
2. A crème often found in Italian menus.
3. 'Ho regalato un libro ... miei cugini.'
4. A traditional toilet water.
6. Expensive.
9. Negation.
13. 'Ho passato le vacanze ... Sicilia.'

Revision

This time the revision texts are meant to be read, not spoken, and are not recorded on tape. The first one is a (perhaps unfair) presentation of a well-known Italian novelist.

A. Un romanziere noioso

Ogni anno il nostro scrittore ci sforna un romanzo con regolarità così monotona che è ormai possibile al critico di presentare ai lettori un profilo tipo delle sue opere narrative. Eccolo.

Il suo romanzo più recente non è né migliore né peggiore degli altri. È così soporifico come quello dell'anno precedente, ed è altrettanto noioso quanto lo sarà quello dell'anno successivo. Ha circa lo stesso numero di pagine (non meno di centocinquanta) e di personaggi principali (non più di cinque). I personaggi hanno nomi popolari, come Alfredo, Anna, Maria; oppure nomi popolari fra la gente del popolo che cerca di evitare nomi troppo popolari, come Ivana, Fausto, Nelly. Gli uomini esercitano le professioni più ordinarie, come ferroviere, carbonaio, agricoltore; oppure non hanno nessuna professione particolare. Le donne stanno per lo più a casa, e la loro scialba esistenza è ravvivata solo da qualche banale intrigo amoroso. Nessun personaggio è più interessante degli altri, o è meno insignificante. Il romanzo si apre con un personaggio, di preferenza una donna, che sbriga le solite faccende, e si chiude con un altro personaggio che ha appena finito di sbrigare, oppure si appresta a sbrigare, le solite faccende. Non succede mai niente d'insolito o di veramente interessante. Se si osserva bene, certi avvenimenti potrebbero essere più drammatici degli altri, ma, raccontati come sono, sembrano ugualmente noiosi.

Il nostro autore racconta, in un suo scritto autobiografico, che, quando era bambino, si era messo a scrivere un'opera storica con un inchiostro tanto diluito da rendere leggibili solo i titoli dei capitoli, che spiccavano sopra una massa di parole sbiadite. Pare che, da adulto, abbia continuato a scrivere romanzi con lo stesso metodo.

romanzo   novel; **romanziere** novelist
ormai   by now
un profilo tipo   a typical outline; the noun **tipo** is used here adjectivally, instead of **tipico** (see 15.1.3)
popolo   people (only in the sense of 'natives of a country'), populace, lower classes; **popolano, -a** man/woman of the people, commoner; **popolare** (*adj.*) popular, (*verb*) to populate; **popolaresco** common, plebeian; **una danza popolare** or **popolaresca** a folk dance; **popoloso** populous; **popolazione** population
ferroviere   railwayman; **ferrovia** railway; **ferroviario** (*adj.*) **l'orario ferroviario** the railway timetable
agricoltore   farmer; **agricoltura** farming; **agricolo** agricultural
esercitare una professione   to practise (a profession)
per lo più   mostly (note the article **lo** instead of **il**, reflecting an earlier linguistic usage)
scialbo   drab, dull, faded (of colours)
ravvivare   to enliven, to brighten up
di preferenza   preferably
sbrigare   to get through a task quickly, **sbrigare una pratica** to expedite some business; **mi sono sbrigato di lui** I soon got rid of him; (*refl.*) to hurry, to make haste; **sbrigati! sbrigatevi!** (*pl.*) be quick!
apprestare   to prepare, to make ready; (*refl.*) to get ready, to be about to
faccenda   work, business, thing to be done
avvenimento   event
raccontare   to tell; **racconto** tale, story, short story
si era messo a scrivere   he had begun to write
inchiostro   ink

leggibile   readable, legible
spiccare   to stand out (+ **su** or **sopra**)
sbiadito   faded

To test your comprehension of the first text, answer in Italian the following questions. Of course they can be answered in more than one way: model answers are in the Answer Section.

1. Con che frequenza questo romanziere scrive romanzi?
2. Quante pagine hanno in media (*on average*) i suoi romanzi?
3. E quanti personaggi principali?
4. Dite i nomi di qualche personaggio maschile.
5. E ora, dite i nomi di qualche personaggio femminile.
6. Che professione esercitano gli uomini nei suoi romanzi?
7. Che cosa fanno le donne nei suoi romanzi?
8. Come sono giudicati i romanzi di questo autore?

B. La mia famiglia

This second text could be an excerpt from a typical school essay about one's family. Can you tell whether the writer is a boy or a girl? (Answer in the Answer Section.)

Si potrebbe dire che la mia è una famiglia tipo, di quelle che piacciono ai compilatori di statistiche e di analisi di mercato. I miei genitori sono di classe media, anche se tutti e due vengono da famiglie di lavoratori. Il mio nonno paterno era capo officina, mentre mio padre è impiegato di banca. Mia madre, che lo ha sposato ventidue anni fa, è figlia di un agricoltore: i miei nonni materni vivono ancora in campagna. I miei si sono sposati dopo un breve fidanzamento, e circa tre anni dopo sono nata io, che adesso ho diciotto anni e, secondo le consuetudini di miglioramento sociale tradizionali nella nostra famiglia, faccio l'università (i miei genitori si sono fermati alle scuole secondarie).

Ho un fratello minore, che ha sedici anni e studia al liceo. Mio padre vorrebbe farlo studiare anche lui all'università, ma mio fratello è molto più attirato dalle cose pratiche, è un appassionato di meccanica, e passa il suo tempo libero a pulire, smontare e rimontare il suo ciclomotore. I nostri cugini, due ragazzi di quindici e diciassette anni, che abitano a poca distanza, condividono la sua passione. Mio zio, il fratello di mio padre, è proprietario di una stazione di servizio ed è un ottimo meccanico.

La nostra casa è un appartamento moderno, piuttosto spazioso, alla periferia della città. Ma la distanza dal centro non è molta: circa un quarto d'ora di autobus. I miei nonni materni abitano in una fattoria in collina, e di tanto in tanto andiamo tutti a trovarli, a passare una giornata all'aria aperta.

compilatori   compilers; **analisi di mercato** market research; **compilatori di
   analisi di mercato** market researchers
paterno   paternal, on father's side, fatherly
materno   maternal, on mother's side, motherly
capo officina   foreman (of a workshop)
fidanzamento   engagement
consuetudine   habit
liceo   a type of secondary school, giving a predominantly humanities-oriented education
smontare   to take to pieces; **(ri)montare** to assemble
ciclomotore   moped
condividere (past part. **condiviso**)   to share
appartamento   flat

periferia outskirts
fattoria farm, farmhouse
di tanto in tanto every now and then, from time to time
andare a trovare qualcuno to visit someone

● Now imagine you are the person who wrote the passage above. You are being interviewed for a job by someone who needs a lot of information about 'your' family. His questions are in the polite **lei** form. Give your real name in answer to question 1.

1. Buongiorno. Come si chiama?
2. Bene. Quanti anni ha?
3. Studia?
4. Dove abita? In città o in campagna?
5. Quanto è distante dal centro?
6. Che professione ha suo padre?
7. Ha fratelli, o sorelle?
8. Quanti anni ha suo fratello?

Esercizi

● **(a)**

Your friend is once more making general statements about things which are really his responsibility. Suggest pointedly that HE should take care of them.

1. Occorre reagire (*react*) con fermezza.
   Occorre che tu reagisca con fermezza.
2. Basta arrivare in orario.
   Basta che tu arrivi in orario.
3. Basta garantire questo assegno.
4. È meglio arrostire questa carne.
5. È necessario riferire i risultati del nostro incontro.
6. Bisogna pulire (*clean*) questa stanza (*room*).
7. È bene stabilire ogni cosa con chiarezza (*set out clearly*).
8. Bisogna restituire (*give back*) questi libri alla biblioteca.
9. Bisogna agire (*act*) con prontezza.
10. Basta fornire solo le informazioni essenziali.
11. È bene spedire subito il telegramma.
12. Bisogna decidere prima di questa sera.

(b)

For further practice along the same lines of Exercise (c) you may re-work Exercise (a) Unit 15 (p. 121), first by replacing the impersonal with **voi**.

1. Non occorre dargli molte informazioni.
   Non occorre che voi gli diate molte informazioni.
2. Bisogna mandarle dei dischi.
   Bisogna che voi le mandiate dei dischi.

(c)

Now use **loro**:

1. Non occorre dargli molte informazioni.
   Non occorre che loro gli diano molte informazioni.
2. Bisogna mandarle dei dischi
   Bisogna che loro le mandino dei dischi.

(d)

There are situations in life when one of a kind is not enough. Tell your friend that at least two are needed.

1. Giorgio parla solo una lingua.
   Non basta. Bisogna parlarne almeno due.
2. Porto solo una valigia (*suitcase*).
   Non basta. Bisogna portarne almeno due.
3. Maria ha comprato una bottiglia di vino.
4. In viaggio porto solo un paio di scarpe.
5. Ho fatto una copia di questo articolo.
6. Siamo in sei. Usiamo solo una macchina.
7. Ho preso una settimana di vacanza.
8. Michele e Laura hanno solo un figlio.
9. Ho preso un'aspirina.
10. Abbiamo visitato solo un museo.

(e)

In other cases, moderation is to be preferred.

1. Bisogna imparare il francese, non solo l'inglese.
   Ma no, basta imparare l'inglese.
2. Bisogna portare una valigia, non solo una borsa (*briefcase*).
   Ma no, basta portare una borsa.
3. Bisogna portare il cappotto (*overcoat*), non solo l'impermeabile (*raincoat*).
4. Bisogna scrivere ai tuoi zii, non solo ai tuoi cugini.
5. Bisogna andare a far la spesa (*shopping*) in centro, e non solo al mercato locale.
6. Bisogna comprare *La Stampa*, non solo il *Corriere della sera.*
7. Bisogna leggere il romanzo, non solo vedere il film.
8. Bisogna fare un regalo a Laura, non solo a Michele.
9. Bisogna mettere riso nella minestra di verdura (*vegetable soup*) non soltanto fagioli (*beans*).
10. Bisogna parlare con Giorgio, non solo con Luigi.

(f)

Your friend is feeling apathetic. Spur him on.

1. Non ho voglia di vedere Marisa.
   Santo cielo! (Good Heavens!) *perché? Devi vederla.*
2. Non voglio riportare i libri in biblioteca.
   Santo cielo! perché? Devi riportarli.
3. Non ho voglia di leggere il giornale.
4. Non ho fame. Non voglio mangiare gli spaghetti.
5. Non ho sete. Non voglio bere questa birra.
6. Non ho voglia di vedere l'ultimo film di Fellini.
7. Non ho proprio nessun bisogno di prendere una vacanza.
8. Non ho voglia di studiare l'italiano.
9. Non voglio guardare la televisione.
10. Non ho voglia di fare questo esercizio.

(g)

Your friend tells you that various people around you are reluctant to do what they ought to do. Tell her to make them do it, whatever it is, all the same.

1. Giorgio non vuole venire.
   Fallo venire lo stesso.
2. Tuo cugino non vuole entrare.
3. Tuo fratello non vuole andare in giardino.
4. I tuoi nipoti non vogliono mangiare.
5. Tuo figlio non vuole bere.
6. I bambini non vogliono dormire.
7. Le bambine non vogliono giocare.
8. Luisa e Pina non vogliono più camminare.
9. Tua figlia non vuole uscire a passeggio.

(h)

Answer as in the previous exercise, but
note the combination of pronouns!

1. Giorgio non vuole bere il latte (*milk*).
   Faglielo bere lo stesso.
2. I tuoi nipoti non vogliono mangiare la
   minestra.
3. Giorgio non vuole prendere una vacanza.
4. Marisa non vuole restituire il libro.
5. La tua amica non vuole leggere questo
   romanzo.
6. L'architetto non vuole accettare il tuo
   regalo.
7. Le tue cugine non vogliono conoscere
   Giorgio.
8. Tuo figlio non vuole scrivere la lettera alla
   zia.
9. Tua figlia non vuole fare l'esercizio.

● **(i)**

Things aren't quite what you believed them to
be.

1. Questo romanzo è interessante?
   Sì, ma non è così interessante come credevo.
2. È un romanzo sentimentale?
   Sì, ma non è così sentimentale come credevo.
3. La casa della tua amica è grande?
4. La città dove abita è bella?
5. Questo gioco è divertente?
6. Questa poltrona è comoda?
7. Il disco che hai comprato è bello?
8. La tua automobile è economica?
9. Questo televisore a colori è caro?
10. Questo esercizio è facile?

(j)

Write an essay about your family along the
lines of reading passage 2.

Che cosa fare di domenica?

17

Deciding what to do on a Sunday is always a problem. Angela and Bruno compare the merits of different forms of entertainment. Their dialogue leads on to the study of more comparative expressions and of the superlative.

ANGELA   Per me la domenica è il giorno meno divertente della settimana. Non so mai che cosa fare.

BRUNO   Perché non leggi un bel libro?

ANGELA   Ne conosci uno bello? Io trovo i romanzi italiani di oggi noiosissimi.

BRUNO   Più noiosi dei francesi?

ANGELA   Molto più noiosi. I più noiosi di tutti.

BRUNO   Davvero? e per quali ragioni?

ANGELA   Gli scrittori di avanguardia sono illeggibili. Quelli tradizionali riscrivono i loro vecchi romanzi, riprendono in mano e gonfiano lavori giovanili che starebbero molto meglio in fondo a un cassetto, e ripetono sempre le stesse cose. Gli autori che si fanno leggere sono pochissimi.

BRUNO   Forse c'è più vitalità nel cinema italiano che nella letteratura.

ANGELA   Ma certo. Il cinema è un'arte più popolare, e quindi più radicata nella realtà. I personaggi dei film sono più realistici, le situazioni meno artificiali.

BRUNO   Insomma, meglio andare al cinema che leggere un romanzo. Che cosa danno al cinema più vicino?

ANGELA   L'ultimo film di Fellini. Ti è piaciuto?

BRUNO   Abbastanza, ma meno del precedente.

ANGELA   Io invece l'ho trovato bellissimo, forse il più bello di tutti.

BRUNO   Ti sentiresti di rivederlo?

ANGELA   L'ho già visto tre volte . . . Poi non ho voglia di uscire.

BRUNO   Resterebbe allora la televisione.

ANGELA   I programmi di oggi sono un disastro. Finirò per leggere un libro. Meglio un libro noioso che un programma disgustoso.

Vocabolario

divertente   amusing, entertaining
avanguardia   avantgarde
vecchio   old
gonfiare   to blow up (not applicable to photographs, when **ingrandire** is used)
giovanile   youthful; **associazione giovanile** youth club
cassetto   drawer; **il cassettone** chest of drawers
radicato   rooted; **la radice** roots
insomma   on the whole, in short
ti sentiresti di rivederlo? would you feel like seeing it again?
avere voglia di   to feel like, to want
restare   to remain, to be left; **resterebbe allora la televisione** it looks as if television is the only thing left

Note di grammatica

17.1 Comparisons (2)

17.1.1

If the two words on either side of the comparative conjunction are both of the same type (i.e. both adjectives, verbs, phrases of similar structure) the conjunction is **che** instead of **di**:

Conosco Alfredo meglio di mio cugino   I know Alfredo (*object*) better than my cousin (*subject*) does
Conosco Alfredo meglio che mio cugino   I know Alfredo better than I know my cousin (*both objects*)
Trovo il tennis più interessante (*adj.*) **del calcio** (*noun*)   I find tennis more interesting than football
Trovo più interessante il tennis (*noun*) **che il calcio** (*noun*)
C'è più vitalità nel film del romanzo   There's more life in the film of the novel
C'è più vitalità nel film che nel romanzo   There's more life in the film than in the novel

Other examples:

Meglio un asino vivo che un dottore morto (*proverb*)
Better a live donkey than a dead doctor
Mi sembra più interessante andare a teatro che andare al cinema
Theatre-going seems to me more rewarding than cinema-going
Mario è più furbo che intelligente
Mario is more cunning than intelligent

17.1.2

In all the comparisons we have seen so far, the first term was not a part of the term it was compared with. In another structure, called inclusive comparative, the second term is a class of which the first is a member. The inclusive comparative is characterized by the presence of the definite article before **più/meno** and the adjective which is the essence of the comparison. In the following pairs of sentences, the second is the inclusive comparative:

Il suo appartamento è più grande della sua casa   His flat is larger than his house
Il suo appartamento è il più grande della sua casa   His flat is the largest in his house
È più bella la sonata del concerto or **La sonata è più bella del concerto**   The sonata is more beautiful than the concerto
È la sonata più bella del concerto   It's the most beautiful sonata in the concert
Carlo è più alto dei fratelli Rossi   Carlo is taller than the Rossi brothers (and he is not one of them)
Carlo è il più alto dei fratelli Rossi   Carlo is the tallest of the Rossi brothers

Grammars call the inclusive comparative 'relative superlative'. There is however no compelling reason for denying this structure the name of comparative: there is little to choose between

Generalmente agosto in Italia è più caldo degli altri mesi   In Italy August is generally hotter than the other months

and

Generalmente agosto in Italia è il più caldo di tutti i mesi   In Italy August is generally the hottest month of all

Both express a comparison between August and the other months.

17.2 Superlative

(See also Unit 11.)

The superlative, on the other hand, means no comparison, whether expressed or implied. In the superlative form, the suffix **-issimo, -issima** etc. is added to the stem of the adjective.

Questo libro è noiosissimo   This book is exceedingly boring
Io invece lo trovo bellissimo   I, on the other hand, find it most beautiful
Gli autori che si fanno leggere sono pochissimi   The authors who write in a readable style are extremely few

To convey a superlative idea adjectives may also be reinforced (as in English) by appropriate adverbs:

Questo libro è estremamente noioso
Io invece lo trovo assai bello
Gli autori che si fanno leggere sono infinitamente pochi

The adjectives **ottimo** and **pessimo**, meaning respectively exceedingly good/bad, are considered as superlatives and cannot be preceded by **più, meno** and similar adverbs. The same applies to **massimo** and **minimo** indicating respectively the highest and smallest degree. Unlike other superlatives, however, **massimo** and **minimo** can function as inclusive comparatives; not unlike **maggiore** and **minore**.

la maggiore onoreficenza }
la massima onoreficenza }   the greatest honour
il libro che ha avuto il minore successo }
il libro che ha avuto il minimo successo }   the least successful book

Note, however, that in the negative there is a difference. **Il libro che non ha avuto il minore successo** means 'The book which was not the least successful', i.e. which had some success; whereas **Il libro che non ha avuto il minimo successo** means 'The book which did not have any success at all', since the combination **non ... minimo** is treated as a double negative with an overall negative meaning. (See below.)

17.3 Double negative

In an Italian negative phrase, the verb must always be preceded by a negative word. This means that, if a negative pronoun like **nessuno** no-one, **nulla**, **niente** nothing, or a negative adverb like **mai** never, is an object of the verb, or is placed after it, the verb must be preceded by **non**, giving what is in effect a double negative with a single negative meaning. This also applies to negative subjects placed after a verb:

Nessuno è venuto oggi }
Oggi non è venuto nessuno } Nobody came today
Non ho visto nessuno   I did not see anybody
Non succede mai niente }
Niente succede mai   } Nothing ever happens
Nessun personaggio è interessante in questo romanzo } There are no interest
In questo romanzo non c'è nessun personaggio interessante } characters in this nov
Mai avrei pensato che ... }
Non avrei mai pensato che ... } I would never have thought that ...

17.4 'Uscire' and 'riuscire'

The verb **uscire** to go out, and its compound **riuscire** to succeed (but see examples below) have an irregular Present:

		Indicative		Subjunctive	
sing. 1		esco	riesco	esca	riesca
2		esci	riesci	esca	riesca
3		esce	riesce	esca	riesca
pl. 1		usciamo	riusciamo	usciamo	riusciamo
2		uscite	riuscite	usciate	riusciate
3		escono	riescono	escano	riescano

Note the following expressions:

Non ci riesco   I can't manage
Non sono riuscito a vederla   I wasn't able to see her
Dopo tante prove ci è riuscito   After many attempts he managed to do it

Esercizi

● **(a)**

There is no doubt: in our sports club Carlo excels every time. Say so.

1. Siamo tutti sportivi nel nostro gruppo.
   Sì, ma Carlo è il più sportivo di tutti.
2. La settimana scorsa eravamo tutti raffreddati.
   Sì, ma Carlo era il più raffreddato di tutti.
3. Siamo tutti molto alti.
4. Siamo tutti abbastanza atletici.
5. Siamo tutti giovani.
6. Siamo tutti molto resistenti alla fatica.
7. Siamo tutti veramente bravi.
8. Dopo la partita eravamo tutti molto stanchi.
9. Quando vinciamo (*win*) siamo tutti molto allegri (*glad*).
10. Dopo aver celebrato la vittoria, eravamo tutti un po' ubriachi (*drunk*).
11. Siamo tutti molto puntuali agli allenamenti (*training sessions*).
12. Insomma: siamo tutti dei grandi campioni.

● (b)

Your friend is given to exaggerations.
Moderate his enthusiastic statements.

1. Moravia è il più importante romanziere
   italiano.
   *Non esageriamo. È uno dei più importanti
   romanzieri italiani.*
2. La FIAT Mirafiori è la migliore automobile
   europea.
3. *Amarcord* è il più bel film di Fellini.
4. Fellini è il più famoso regista italiano.
5. Questo romanzo è il più interessante
   dell'anno.
6. Questo negozio è il meglio fornito della
   città.
7. Quel ricettario giapponese è il regalo più
   divertente che abbiamo visto.
8. La casa della tua amica è la più grande del
   quartiere.
9. Questa chiesa è la più antica della zona.
10. Questo programma televisivo è il più
    noioso della settimana.

(c)

Answer the following sentences in the negative:

1. È venuto qualcuno oggi?
   No, non è venuto nessuno.
2. Hai qualche francobollo da darmi?
3. Avete già mangiato qualche cosa?
4. C'è qualche racconto interessante in questo
   libro?
5. Al convegno (*conference*) ha partecipato
   qualche tuo collega?
6. Hai incontrato degli studenti italiani?
7. Quello che quel tuo amico ti ha detto ha
   qualche importanza?
8. È successo qualcosa mentre ero via?
9. Hai letto qualche articolo interessante?
10. Hai fatto delle fotografie, durante le tue
    vacanze?

● (d)

Modify your friend's statement as from the
following model.

1. Quello scrittore scrive romanzi e novelle.
   È vero, ma scrive più novelle che romanzi.
2. Quell'attore recita (*performs*) a teatro e alla
   televisione.
3. Giorgio gioca a dama (*draughts*) e a scacchi.
4. Carla ha scritto lettere e cartoline.
5. Questo romanzo è divertente e istruttivo
   (*educational*).
6. Il professore fa lezione di mattina e di
   pomeriggio.
7. Questo negozio vende vini italiani e francesi.
8. Giorgio legge libri inglesi e americani.

(e)

Translate into Italian:

1. I do not believe that cinema is a more
   popular form of art. It is simply a more
   commercial one.
2. Yesterday's television programmes were
   extremely boring.
3. Where can one find the best beaches in
   Italy, on the western (*occidentale*) or eastern
   (*orientale*) coast?
4. Your friend's comedy did not have any
   success at all in Italy, but English audiences
   found it extremely entertaining.
5. What your friend told us hasn't got the
   slightest importance.
6. Films inspired (*ispirare*) by books are
   generally not so bad as books inspired by
   films.
7. This wine is not simply better than the other
   one, it's the best of them all.

(a)

Your friend does not know what to do on his/her day off. The following sentences offer a few suggestions. Complete them choosing the most likely phrases from the list on the right (not in the same order as the sentences)

1. È una bella giornata. Perché non vai a . . . . . .?
2. Potresti . . . . . . Ho visto che danno *Amarcord* all'Odeon.
3. Questa sera danno *Il Barbiere di Siviglia.* Io ho due biglietti. Vieni con me . . . . . .
4. C'è un importante . . . . . . allo stadio comunale questo pomeriggio. Perché non ci vai?
5. Vai al circolo (*club*) a . . . . . .
6. Perché non vai . . . . . .? Danno una commedia di Pirandello al Nuovo.
7. Marisa dice sempre che non vede mai nessuno dei suoi amici. Perché non le telefoni e non vai a . . . . . .?
8. Be', se non ti va niente di tutto questo, non c'è altro da fare che restare a casa e . . . . . .

farle una visita
guardare la televisione
a teatro
partita di rugby
fare una passeggiata
all'opera
giocare a biliardo
andare al cinema

(b)

Complete the comparisons with **di** or **che**.

1. Giorgio è più alto . . . Alfredo.
   Giorgio è più alto di Alfredo.
2. Alfredo è più diligente . . . intelligente.
3. È meglio vivere un giorno da leone . . . cento anni da pecora (*sheep*).
4. Oggi mi sento meglio . . . ieri.
5. Sono più contento di stare in tua compagnia . . . di guardare la televisione.
6. Il romanzo è migliore . . . film.
7. Ho visto questo film più . . . tre volte.
8. Il cinema dove siamo andati ieri è più vicino . . . quello dove andiamo di solito.

● (c)

Confirm, with a superlative, your friend's opinion.

1. Non è vero che questo scrittore è molto noioso?
   Altro che! (You bet!) *è noiosissimo.*
2. Marisa è assai simpatica, non è vero?
   Altro che! è simpaticissima.
3. Gli autori che si fanno leggere sono molto pochi, non è vero?
4. Non è vero che Marisa è assai gentile (*kind*)?
5. Questi esercizi sono molto semplici, non è vero?
6. Questo attore è proprio bravo, nevvero?
7. Non è vero che D'Annunzio e Pirandello sono scrittori famosi in tutta Europa?
8. Il tuo amico è molto cordiale (*warm-hearted*), non è vero?
9. Questi regali sono estremamente costosi, non è vero?
10. Non è vero che questi articoli sono eccezionalmente interessanti?

● **(d)**

Disagree with your friend as from the following models:

1. Sia il cinema che la televisione sono interessanti.
   Io invece trovo il cinema più interessante della televisione.
2. Il cinema e il teatro sono arti popolari.
   Io invece trovo il cinema più popolare del teatro.
3. I romanzi italiani sono noiosi come quelli francesi.
4. I vini francesi sono buoni quanto i vini italiani.
5. L'ultimo film di Fellini è bello come tutti gli altri.
6. Anna e Marisa sono tutte e due molto simpatiche.
7. Gli studenti del primo gruppo e quelli del secondo sono ugualmente bravi.
8. Gli scacchi e la dama (*draughts*) sono giochi divertenti.
9. Le tragedie di Shakespeare sono drammatiche come quelle di Alfieri.
10. I programmi di questa settimana e della settimana scorsa sono ugualmente disgustosi.

Con chi è andata Laura a teatro?

18

There are two alternative versions of the same dialogue between Laura and her friend Mario, who questions her about her visit to the theatre the previous night: he wants to know who accompanied her. In the second version many phrases appear linked together by relative pronouns.

A.

Laura, che è la proprietaria di un negozio di mode in una via del centro, è andata una sera a teatro con un conoscente. Il giorno dopo incontra il suo amico Mario, che l'ha vista a teatro e le rivolge alcune domande in proposito.

MARIO   Ieri sera ti ho vista a teatro con un signore molto simpatico. Chi era?
LAURA   Giacomo Rossi.
MARIO   E chi è Giacomo Rossi?
LAURA   È un mio amico. Tu non lo conosci, ma ti ho già parlato di lui.
MARIO   Ah! l'industriale. Mi hai detto che hai firmato un contratto con lui il mese scorso, non è vero? . . .
LAURA   Ma no! non è l'industriale, è l'architetto. Gli ho chiesto di modernizzarmi il negozio.
MARIO   Il nome non mi dice niente. È bravo?
LAURA   Il Comune gli ha dato un premio per il suo progetto di mercato coperto.
MARIO   A quale impresa ti sei rivolta per i lavori?
LAURA   A Giorgi e Figli. È una buona ditta. Li conosco già e mi fido di loro completamente.
MARIO   Bene. Porta anche loro a teatro una di queste sere.
LAURA   Mario, non fare lo stupido.

B.

La conversazione si sarebbe potuta svolgere anche così:

MARIO   Chi era il signore molto simpatico con cui ti ho vista ieri sera a teatro?
LAURA   Giacomo Rossi.
MARIO   E chi è Giacomo Rossi?
LAURA   È un mio amico che tu non conosci ma di cui ti ho già parlato.
MARIO   Ah, l'industriale, quello con cui hai firmato un contratto il mese scorso . . .
LAURA   Ma no, non è l'industriale, è l'architetto a cui ho chiesto di modernizzarmi il negozio.
MARIO   Il nome non mi dice niente. È bravo?
LAURA   È quello a cui il Comune ha dato un premio per il suo progetto di mercato coperto.
MARIO   A quale impresa ti sei rivolta per i lavori?
LAURA   A Giorgi e Figli, una buona ditta che conosco già e di cui mi fido completamente.
MARIO   Bene. E porterai anche loro a teatro una di queste sere?
LAURA   Mario, non fare lo stupido.

Vocabolario

il proprietario, la proprietaria   owner; **la proprietà** thing owned, estate, ownership; **proprietà letteraria**   copyright

la moda   fashion

conoscente   acquaintance

in proposito   about it, on that matter

simpatico   nice, likeable, pleasant, attractive

modernizzare   to modernize. **-izzare**, like *-ize*, is a very productive suffix. Here are a few examples, among those verbs with English analogues:

> **standardizzare, scandalizzare, idealizzare, materializzare, normalizzare, nazionalizzare, paralizzare, generalizzare, demoralizzare, neutralizzare, evangelizzare, stabilizzare, immobilizzare, sterilizzare, fertilizzare, utilizzare, civilizzare, tranquillizzare, simbolizzare, economizzare, meccanizzare, organizzare, sincronizzare, fraternizzare, immunizzare, regolarizzare, drammatizzare**
>
> Most of the above are related to abstract feminine nouns in **-izzazione** (**standardizzazione, materializzazione, utilizzazione, organizzazione** etc.); and many to masculine nouns in **-izzatore** (**organizzatore, sincronizzatore** etc.)

il nome non mi dice niente   the name doesn't ring a bell

premio   prize; **premiare** to give a prize; **premiazione** prize-giving; **il premiato** the prizewinner

impresa   enterprise, contracting firm, contractors; **imprenditore** contractor; **impresario** impresario

rivolgere (past part. **rivolto**); **rivolgere una domanda**   to address a question, to ask; **rivolgersi a ...** to turn to ..., to ask; **svolgersi** to unfold, to take place

ditta   firm; but **firma** signature; **firmare** to sign

fidarsi di qualcuno   to trust someone

Note di grammatica

18.1 Chi, che, cui, quale

18.1.1

Chi is only used:

(a) in questions:

> **Chi è?** Who is it? **Chi è venuto?** Who came?
> **Per chi è questo regalo?**   Who is this gift for?
> **Con chi vai al cinema?**   With whom are you going to the pictures?
> **Dimmi chi è venuto**   Tell me who came

(b) in answers to questions:

> **Non so chi è venuto**   I don't know who came
> **Non voglio dirti con chi vado al cinema**   I don't want to tell you with whom I am going to the pictures

(c) in general statements, as a translation of 'whoever',

Chi ha la casa di vetro non getti sassi al vicino   Those who live in glass houses should not throw stones (at their neighbours)
Chi dorme non piglia pesci   The early bird catches the worm (the literal translation is: Those who sleep do not catch fish)

In general **chi** is taken as singular, since it implies either that the questioner does not know the number of persons in question, or that one unspecified person is taken as an example. (Except in questions of the type: **Chi sono i tuoi amici?** Who are your friends?)
Chi is also used as a translation of 'some ... some': **chi entrava, chi usciva** some were coming in, some (others) going out

18.1.2

Che (see 9.2) functions both as subject and direct object:

Quel signore che ti ha parlato ieri è l'architetto Rossi
That gentleman who spoke to you yesterday is Mr Rossi, the architect

Quel signore che hai incontrato ieri è l'architetto Rossi
That gentleman whom you met yesterday is Mr Rossi the architect

Che can be preceded by a preposition only in questions and answers to questions; when it is translated as 'which' or 'what':

Per che ragione?   For what reason?
Dimmi in che giornale è stato pubblicato l'articolo   Tell me in which paper the article was published
Con che cosa lo apro?   What do I open it with?
Ora ti faccio vedere con che cosa lo apri   Now I'll show you what you can open it with.

In all other cases the form of the relative pronoun preceded by preposition is **cui**:

Quel signore con cui hai parlato ieri è l'architetto Rossi.
Quel signore a cui ti sei rivolto ieri è l'architetto Rossi.
Quel signore di cui ti ho parlato ieri è l'architetto Rossi.

'Whose' is translated into Italian by **cui** placed between the definite article and the noun to which it refers:

L'architetto Rossi, il cui progetto è stato premiato dal Comune ...   Mr Rossi, the architect whose project received a prize from the Council ...
Laura, la cui bottega di mode si è aperta ieri   Laura, whose fashion boutique opened yesterday ...

Since **che** and **cui** are not determinate as to gender and number, there may be a few cases in which their use could produce ambiguity, e.g.: **La moglie dell'architetto che ti ha parlato ieri sera** might mean both (a) the wife of the architect who spoke to you last night; or (b) the architect's wife who spoke to you last night. This is true mainly in the written language, since in speech the ambiguity can be resolved by pause, emphasis or even the avoidance of a relative clause. Otherwise one may use **quale, quali** preceded by the appropriate definite article, e.g.

(a) **la moglie dell'architetto il quale ti ha parlato ieri sera**
(b) **la moglie dell'architetto la quale ti ha parlato ieri sera**

Quale functions also as an adjective in interrogative sentences:

Quale impresa ti ammoderna il negozio? Which contractor is renovating your shop?

Con quale industriale hai firmato un contratto? With which industrialist did you sing a contract?

Non so per quale ragione ha avuto un premio I don't know for what reason he was given a prize

Dimmi a quale amico hai scritto Tell me to which of your friends you wrote

18.2 Present participle

It is theoretically possible to form the present participle of verbs by replacing the **-are** ending with **-ante**, **-anti**, and both **-ere** and **-ire** with **-ente**, (although some verbs in **-ire** have a form in **-iente**):

parlare	parlante, parlanti
conoscere	conoscente, conoscenti
partire	partente, partenti
convenire	conveniente, convenienti

In practice, however, only a minority of verbs have a present participle in current use. Many nouns/adjectives in **-nte** (see Unit 3 Vocabolario) are related to verbs, or forms of verbs, no longer in use (e.g. **studente** presupposes **studere**, which is the Latin and not the modern Italian form of 'to study').

The present participle has strictly a noun/adjective function and, unlike its English counterpart in **-ing**, cannot be used as a verb, i.e. it can be used to translate 'the speaking clock' **l'orologio parlante**, but not 'the clock is speaking the time'. In many cases it corresponds to English nouns in **-er**:

insegnare	to teach	l'insegnante	teacher
abitare	to dwell	l'abitante	dweller, inhabitant
credere	to believe	il credente	believer

Esercizi

● (a)

Ask your friend questions about the identity of the person he mentions.

1. Sono uscito ieri sera con una ragazza.
   E chi è la ragazza con cui sei uscito ieri sera?
2. Ho comprato questo libro per un amico.
   È chi è l'amico per cui hai comprato questo libro?
3. Vado al cinema con un collega.
4. Ho passato le vacanze con un amico.
5. A teatro ero seduto tra due vecchie signore.
6. Posso fidarmi completamente dell'imprenditore.
7. Sono molto amico di una studentessa americana.
8. Ho molta simpatia per Giacomo Rossi.
9. Sono molto seccato (*annoyed*) con l'architetto.
10. Devo dare cinquantamila lire al libraio.

(b)

The person your friend mentions may be any one of a number. Ask him which one.

1. Sono uscito ieri sera con una ragazza.
   Con quale ragazza sei uscito?
2. Ho comprato questo libro per un amico.
   Per quale amico l'hai comprato?
3.–10. Use the same sentences as in Exercise (a) on p. 147.

(c)

Using appropriate relative pronouns, combine the separate phrases into one sentence.
Note that, occasionally, there may be more than one way of doing it.
Note the changed position of **a teatro** in the first example, in order to keep the relative pronoun as close as possible to the noun to which it refers.

1. Ho visto Laura a teatro. Laura è la proprietaria di un negozio del centro.
   Ho visto a teatro Laura, che è la proprietaria di un negozio del centro.
   or *Laura, che ho visto a teatro, è la proprietaria di un negozio del centro.*
2. Laura si rifornisce di tessuti di moda da un industriale di Como. Un mese fa ha firmato un contratto con lui.
3. Giacomo Rossi è un architetto. Ha ricevuto un premio dal Comune.
4. Giacomo Rossi è un architetto. Laura gli ha affidato l'ammodernamento del suo negozio di mode.
5. Il signor Ferrara conosce i miei. Forse potrebbe garantire lui il mio assegno.
6. Questo blocco di carta da lettere è meno caro. Ma è di ottima qualità.
7. Il mio amico George è una persona molto colta. Gli piacciono la musica, la letteratura e le arti in genere.
8. La mia amica è inglese. L'anno scorso le ho regalato un libro d'arte per il suo compleanno.
9. Questo ricettario automatico è una novità. Ci è appena arrivato dal Giappone.
10. Questo romanzo è noiosissimo. Te ne ho parlato ieri.

(d)

Combine each one of the bits in the first block with one of the bits in each of the following blocks, in such a way as to form correct and meaningful sentences.

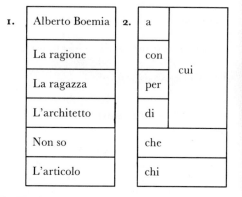

1.

| Alberto Boemia |
| La ragione |
| La ragazza |
| L'architetto |
| Non so |
| L'articolo |

2.

| a |
| con |
| per |
| di |
| che |
| chi |

cui

3.

| non mi piacciono i quiz |
| ha telefonato |
| Laura ha fatto rinnovare il negozio |
| ti ho parlato |
| scrive sul *Giorno* |
| sono uscito ieri sera |

4.

| si chiama Giacomo Rossi |
| è una studentessa americana |
| è una critica dei film televisivi |
| mentre eri fuori di casa |
| è che sono un divertimento superficiale |
| è un noto critico televisivo |

(e)

Translate into Italian:

1. With whom did Laura go to the theatre last night?
2. With a friend who is a well-known (*noto*) industrialist.
3. The contractor to whom I entrusted (*affidare*) the work is Mr. Giorgi.
4. His son, who is an engineering graduate (*ingegnere*) is in the firm.
5. From whom did you get this beautiful gift?
6. From that English friend of mine who visited me last summer.
7. The novel, whose author is a well-known Italian writer, won (*ha vinto*) the Strega literary prize for 1981.
8. I cannot trust the colleague on whom I counted.
9. I think that town-dwellers must save (use *economizzare*) energy in all its forms, more so than those who live in the country (*campagna*).
10. Whose signature is this?

(a)

Read the following schedule of TV programmes:

──────── *Tv1* ────────────────────

10 **IL MATTATORE** - Film. Regia di Dino Risi. Interpreti: Vittorio Gassman, Dorian Gray, Anna Maria Ferrero, Mario Carotenuto, Fosco Giachetti, Peppino De Filippo, Alberto Bonucci	18.15 **IL COLPO A VITE** - Telefilm. Regia di F. Mamoserov. 3° *ed ultimo episodio*
11.40 **GRANDI DIRETTORI D'ORCHESTRA** - Un programma di Corrado Augias. «Rafael Kubelik»	18.45 **ESTRAZIONI DEL LOTTO**
	18.50 **LOTTA PER LA SOPRAVVIVENZA** - Documentario
12.30 **IL MONDO IN GUERRA** - 40 anni fa. A cura di Mario Francini e Piero Ruspoli. Testi di Piero Pieroni. Regia di Amleto Fattori. *4ª puntata*: «Il Pacifico in fiamme»	19.20 **LA FRONTIERA DEL DRAGO** - *33° ed ultimo episodio*: «Nove dozzine d'eroi». Regia di Toshio Masuda
	19.45 **ALMANACCO DEL GIORNO DOPO** CHE TEMPO FA
13.25 **CHE TEMPO FA**	20 **TELEGIORNALE**
13.30 **TELEGIORNALE**	20.40 **VITA DI DANTE** - di Giorgio Prosperi con Giorgio Albertazzi. *Seconda parte*. Musiche di Daniele Paris. Scene di Cesarini da Senigallia. Costumi di Veniero Colasanti. Regia di Vittorio Cottafavi (replica)
14 **SCUOLA APERTA** - Settimanale di problemi educativi. Un programma di Angelo Sferrazza a cura di A. Sessa	
14.30 **SABATO SPORT** - A cura della Redazione sportiva	21.55 **UNO STRANO PRETE: DON ORIONE** - di Sergio Ariotti e Giulio Frascarolo. Testi di Piero Bianucci. Regia di Sergio Ariotti. Un programma della sede regionale per il Piemonte
15.15 **IN...SIEME** - con Riccardo Cocciante. Regia di Adriana Borgonovo	
16.10 **IL GENIO CRIMINALE DI MR. REEDER** - «Il duca». Telefilm. Regia di Mike Vardy	22.05 **AGATON SAX E IL SOSIA DELLA MALAVITA** - Cartone animato
17 **TG 1 FLASH**	22.15 **JOSEPHINE BEAUHARNAIS** - Sceneggiatura e regia di Robert Mazoyer. Interpreti principali: Danièl Lebrun, Daniel Mesuch, Claire Vernet, Jean-Luc Moreau, Jacques Destoop, Antoine Bourseiller, Christine Kaufmann
17.05 **ALLE CINQUE DEL SABATO SERA** - Un programma di Luciano Gigante e Piero Panza condotto da Susanna lavicoli e Didi Perego. Con la collaborazione di Pilù. Scene di Mario Fiorespino. Regia di Lucio Testa	23.05 **TELEGIORNALE** CHE TEMPO FA

And now answer the following questions, to test your comprehension:

1. On which day of the week were these programmes broadcast?
2. Give the times of the following:
   (i) news   (ii) weather forecast   (iii) sports news   (iv) documentary film   (v) cartoon film
3. Who is Rafael Kubelik?
4. How many serials appear in the programme?
5. Give the time of the serials the last episodes of which were broadcast on this day.
6. What sort of programme is *Scuola aperta?*

(b)

The verbs in the list below have a present participle in **-nte** which may function as a noun or an adjective:

calmare		**bollire**	to boil
imbarazzare	to embarrass	**seguire**	to follow
protestare		**passare**	
votare		**insegnare**	to teach

(You may like to guess the missing English translations!)

Complete the following sentences adding what appears to you to be the most suitable present participle from the verbs above (each verb to be taken only once and not in the same order).

1. La signora Bianchi è la mia . . . . . . d'italiano.
2. Molti governi sono eletti da una minoranza di . . . . . .
3. Non sapevo dov'era Piazza Mazzini e l'ho domandato a un . . . . . .
4. Bisogna buttare gli spaghetti in acqua . . . . . .
5. In Italia la religione più comune è la cattolica: ci sono però (*however*) molti . . . . . .
6. Carla era proprio scandalizzata: non si era mai trovata in una situazione così . . . . . .
7. Ho dovuto rimandare (*postpone*) il mio viaggio (*journey*) alla settimana . . . . . .
8. Non riesco a dormire: prenderò un . . . . . .

(c)

Using **che** and **cui** (preceded by the appropriate preposition), combine the following pairs of sentences, inserting the first one into the second, so that the resulting sentence makes sense. (You do in Italian what you would do in English; so, if the English translation of your Italian sentence does not make sense, try again!)

1. Alberto Boemia scrive sul *Giorno*.
   Alberto Boemia è un noto critico televisivo.
   Alberto Boemia, che scrive sul Giorno, *è un noto critico televisivo.*
2. Gli articoli di Alberto Boemia si pubblicano sul *Giorno*.
   Alberto Boemia ha criticato i quiz trasmessi (*broadcast*) dalla televisione italiana.
   Alberto Boemia, i cui articoli si pubblicano sul Giorno, *ha criticato i quiz trasmessi dalla televisione italiana.*
3. *Il Giorno* si pubblica a Milano.
   Il Giorno è venduto (*sold*) e letto in tutta Italia.
4. Alcuni telespettatori (*TV viewers*) preferiscono i quiz ai programmi seri.
   Alberto Boemia scrive che quei telespettatori non hanno molto buon gusto (*taste*).
5. Avete incontrato Laura a teatro.
   Laura è la proprietaria di un negozio di mode.
6. Laura è andata a teatro con un amico.
   L'amico si chiama Giacomo Rossi.
7. Laura è la proprietaria di un negozio.
   Il negozio si trova (*is*) in una via del centro.
8. Giacomo Rossi è un architetto.
   Giacomo Rossi ha modernizzato il negozio di Laura.

(d)

Listen to the recording on tape, which is an excerpt from a 'What's on' type of programme broadcast by a local radio station. When you think you have understood it, answer the following questions:

1. Where is the sale going to be held?
   (i) Primavera Department Store   (ii) Magazzini Generali
2. What's in store for sport fans?
   (i) athletics at the Stadium   (ii) a football match
3. Who are *I Cinque in armonia*?
   (i) a pop group   (ii) a folk group   (iii) a chamber music consort
4. What opera is going to be performed in the evening?
   (i) an opera by Verdi   (ii) *The Barber of Seville*
5. Who is the author of the play staged by the Filodrammatici?
   (i) Giacosa   (ii) Pirandello
6. Where is *Bicycle Thieves* by De Sica going to be shown?
   (i) at the Over Twenty-One Club   (ii) at the Polytechnic Film Society

I quiz televisivi 19

Here is an article by our TV critic Alberto Boemia. Though it has been recorded on your tape in the form of a short radio talk, it is really an example of written, not spoken language. The new grammatical features it introduces are the gerund and the passive transformation.

In questi ultimi anni molti programmi di quiz, o indovinelli a premio, sono stati diffusi anche in Italia dalla televisione, con evidente successo.

    Secondo i servizi di sondaggio dell'opinione, essi sono tra i programmi più popolari, certo più popolari di quelli culturali in senso stretto. Il loro difetto più evidente è che essi incoraggiano una concezione bassamente nozionistica e utilitaria della cultura. I migliori concorrenti non sono quelli che dimostrano di saper riflettere, che si pongono dei problemi reali cercando di risolverli nel modo più razionale. Al contrario, sono quelli che hanno la memoria più ferrea e la risposta più rapida; quelli che avendo accumulato centinaia di nozioni inutili sanno che il monte McKinley è la cima più alta dell'America Settentrionale, e che i più piccoli colibrì sono lunghi appena sei milimetri, e sono in grado di dire in quale delle opere minori di Verdi appare per la prima volta il controfagotto, battendo l'inesorabile contasecondi.

    La conclusione più ovvia è che, coll'acquistare e collo sfoggiare una simile 'cultura' si possono raggiungere notevoli vantaggi finanziari e sociali. Riflettendo bene, però, sarebbe facile vedere che le nozioni sfoggiate dai partecipanti al quiz sono altrettanto superflue quanto i premi offerti (la mazza da golf dorata a chi gioca solo a bocce, il viaggio turistico in India alla coppia suburbana che non è mai andata più in là del Lido di Venezia, e – suprema irrisione – l'enciclopedia di cognizioni utili in quindici volumi). I concorrenti e i premianti sono due aspetti complementari della stessa mistificazione, creata e alimentata dalla società di consumo.

Vocabolario

i 'quiz'   It should not come as a surprise to you that Italian, like French, has been welcoming in recent times a large number of loan words from English. According to the convention already outlined in Unit 7, they are mostly considered masculine (a notable exception is **la leadership** which is considered feminine like most other abstract words). English loan words are particularly frequent in those areas of language which are dominated by technologies developed in the English-speaking world, like computer programming, systems analysis, nuclear energy, electronics etc. Also advertising and marketing have left their mark on the Italian language. There is also a number of what one might call 'pseudo-loan words', which the Italians mistakenly believe to be English: like **lo smoking** dinner jacket, **il footing** jogging, **il thrilling** thriller (film). Brand names or commercial names often take on a pseudo-English look: a chain of supermarkets is called **Ingros**, presumably from **vendita all'ingrosso** wholesale; a big dairy in Parma calls itself **Parmalat** instead of **Parmalatte** or even **Latte Parma**.

sono stati diffusi   have been broadcast; from **diffondere** (past part. **diffuso**) (For the use of the passive form see 19.2.)

indovinelli   riddles, guessing games, from **indovinare** to guess

servizi di sondaggio dell'opinione   opinion polls

una concezione bassamente nozionistica e utilitaria della cultura   the idea that culture consists merely in isolated notions learned for utilitarian purposes. In this, as in many other similar cases, it is not possible to give a word-for-word translation, since the Italian language prefers abstract expressions and noun phrases to concrete expressions and verb phrases. From **nozione** notion, item of information, the words **nozionismo** love to bits of information for their own sake, unrelated to a wider cultural context, and **nozionistico** have been derived.

dimostrano di saper riflettere   show they know how to think

che si pongono dei problemi reali   who set themselves real problems; the forms of verb are **porre** (a 'contracted infinitive' from Latin *ponere*); Pres. ind. **pongo, poni, pone, poniamo, ponete, pongono**; Fut. **porrò**; Imperf. **ponevo**; (past part. **posto**

ferreo   adjective from **ferro** iron

risposta   answer: from the past part. of **rispondere** to answer

cima   peak, summit

colibrì   humming bird

appena   only, hardly (in limiting expressions)

essere in grado di   (+ Infinitive) to be in a position to

controfagotto   double bassoon

contasecondi   timer, seconds counter

ovvio   obvious

sfoggiare   to show off (in Italian it must be followed by an object)

raggiungere   to reach

mazza da golf dorata   gilded golf club

bocce   a game like the French *pétanque*, played with **bocce**, bowls smaller than their English equivalent, often on roughish ground

più in là di   further than

suprema irrisione   the biggest joke of all

cognizione   notion, item of information, knowledge, cognition

alimentare   to feed, to foster

la società di consumo   the consumer society. Related words: **consumismo** consumerism, **consumistico**

Note di grammatica

19.1 Gerund

Unlike the present participle (see (18.2) the Gerund is an invariable part of the verb. It is formed by replacing the Infinitive endings as follows:

-are	-ando	parlare	parlando
-ere ⎱ -ire ⎰	-endo	leggere finire	leggendo finendo

The Gerund is equivalent to an Infinitive, preceded by the prepositions **con**, **in** or **a**; or to a secondary clause expressing time (**mentre ...**, **quando ...**) or a condition (**se ...**).

Non risolverai nulla coll'arrabbiarti ⎱
Non risolverai nulla arrabbiandoti ⎰   You'll not solve anything by getting angry

Sono inciampato nell'entrare ⎱
Sono inciampato entrando ⎰   I stumbled as I was going in

Carlo, se vai in città, comprami il giornale ⎱   Charles, if/as/when you go into
Carlo, andando in città, comprami il giornale ⎰   town, buy me the newspaper

In the previous examples the part of the sentence that can stand by itself (e.g. **non risolverai nulla, sono inciampato**) is the MAIN CLAUSE; the part that needs to be completed by it (**coll'arrabbiarti**, **nell'entrare**) and that may be replaced by the Gerund, is the DEPENDENT or SECONDARY CLAUSE. The secondary clause can only be replaced by a Gerund if its subject is the same as in the clause from which it depends:

Ho incontrato Carlo andando al cinema
As I was going to the cinema I came across Charles (it can NEVER mean: I came across Charles who was going to the cinema)

If the sentence consists of three parts or clauses, the Gerund must still refer to the subject of the clause on which it depends (which may not be the main clause):

Ho detto a Carlo	**di comprarmi il giornale**	**andando in città**
I told Charles	to buy me the newspaper	when he goes into town

(**Andando** must refer to **Carlo** who is the subject of **comprare**.)

I soldati obbligarono i prigionieri a cantare	**marciando**
The soldiers obliged their prisoners	to sing	while marching

(**I prigionieri** is the subject of both **cantare** and **marciando**.)

The Gerund may refer to the notional subject of impersonal sentences:

Si vede entrando a destra   One can see it on the right as one goes in

Sbagliando s'impara   One learns by one's mistakes

All unstressed pronouns must be attached to the Gerund:

Me ne sono ricordato parlandogli
I remembered it as I was talking to him

Le scale erano così ripide che sono scivolato scendendole
The stairs were so steep that I slipped as I was going down

19.2 Passive transformation

subject	verb	direct object
La TV italiana	**diffonde**	**molti programmi d'indovinelli a premi**

A sentence, having this basic structure can be transformed into another sentence with the same information content (even if with different emphasis), having the following structure:

subject	verb	agent
Molti programmi di indovinelli a premi	**sono diffusi**	**dalla TV italiana**

The passive transformation in Italian is clearly similar to the same transformation in English. It is however EXTREMELY IMPORTANT to note that many passive transformations which are possible in English are NOT possible in Italian. The subject of the passive sentence must be the direct object of the verb in the sense defined in 6.4 (i.e. the object not preceded by any preposition). English verbs may take more than one such object, e.g.:   Mary   gives   George   a book
                                   D.O. (1) D.O. (2)

where 'George' and 'a book' are both D.Os. since neither is preceded by a preposition. In fact there may be two passive transformations in English, taking each direct object as the subject of the passive sentence:

(1) George is given a book by Mary
(2) A book is given to George by Mary

In Italian, on the other hand, no verb can take more than one D.O. If two objects are taken by a verb, the one indicating a person is normally the indirect object:

Maria dà un libro a Giorgio

The ONLY possible passive transformation of this sentence is therefore the one corresponding to the second English sentence above:

Un libro è dato a Giorgio da Maria

Esercizi

(a)

Replace the italicized words by a Gerund:

1. *Col risolvere* il difficile problema il signor Rossi si è dimostrato migliore di tutti gli altri concorrenti.
   Risolvendo il difficile problema il signor Rossi ...
2. *Quando guardavo* il programma di quiz televisivi mi sono molto divertito.
3. I telespettatori *passano* il tempo piacevolmente e acquistano cognizioni utili.
4. I telespettatori passano il tempo piacevolmente *e acquistano* cognizioni utili.
5. Non è *con lo scrivere* critiche sui giornali che si può influenzare il contenuto dei programmi.
6. *Se tu mi fai* delle domande idiote non riceverai certo delle risposte intelligenti.
7. In questi ultimi anni i programmi di indovinelli a premio si sono affermati anche alla televisione italiana, *e hanno raggiunto* una notevole popolarità.
8. *Se si partecipa* a questi quiz si possono vincere ricchi premi.
9. Gli organizzatori affermano che questi programmi istruiscono gli spettatori *e li divertono* al tempo stesso.
10. Alcuni critici, invece, sostengono che, *col presentare* questi quiz, la televisione incoraggia una concezione sbagliata della cultura.
11. La cultura non si dimostra *col possedere* una vasta memoria, *coll'accumulare* nozioni inutili, *o col risolvere* velocemente problemi irrilevanti.
12. *Col presentare* al pubblico un'opinione diversa da quella della televisione, i critici esercitano una funzione di controllo, *e contribuiscono* così a migliorare la qualità dei programmi.

(b)

Apply the passive transformation to the following sentences. The transformed sentences are in the Answer Section.

1. Moltissimi stranieri leggono il *Corriere della sera*.
   Il Corriere della sera *è letto da moltissimi stranieri*.
2. Alberto Boemia scrive la critica televisiva del *Giorno*.
   La critica televisiva del Giorno *è scritta da Alberto Boemia*.
3. L'architetto Rossi ha progettato il nuovo negozio di Laura.
4. La televisione italiana ha diffuso un concerto sinfonico dal festival di Torino.
5. Alberto Boemia in un suo articolo ha criticato la TV italiana.
6. Uno scrittore poco conosciuto ha vinto il premio letterario 'Campiello'.
7. La ditta Lurago rifornisce Laura di tessuti di mode.
8. La libreria Sandrelli ha venduto a Giorgio questo libro d'arte.
9. Giorgio ha comprato questo libro d'arte per il suo amico inglese.
10. Laura mi ha prestato l'ultimo libro di Alberto Boemia.

● (c)

And now answer the following quiz. (Unlike TV we can offer no prizes, but you will find the answers on your tape.)

1. In quanti stati indipendenti era divisa l'Italia prima dell'unita?
2. Qual 'è il nome della piccola repubblica indipende ᵗe che si trova nel nord d'Italia?
3. Quale città fu, per pochi anni, capitale d'Italia prima di Roma?
4. Qual 'è il fiume più lungo d'Italia?
5. Quanti vulcani attivi ci sono in Italia?

(d)

Complete the following sentences choosing for each pair either a present participle or a Gerund from the pairs:

dimostrante	conoscente
dimostrando	conoscendo
concorrente	partecipante
concorrendo	partecipando

1. (a) Carlo non è un mio amico: è solo un mio . . . . . .
   (b) Giorgio non sembra molto colto: ma . . . . . . lo meglio si vede che è una persona molto istruita.
2. (a) Non tutti i . . . . . . al gioco hanno ricevuto un premio.
   (b) . . . . . . al gioco si puo ricevere un ricco premio.
3. (a) C'erano venti . . . . . . , da tutte le regioni d'Italia.
   (b) Maria ha vinto un premio . . . . . . al telequiz.
4. (a) C'è stata una dimostrazione di protesta, e la polizia ha arrestato molti . . . . . .
   (b) Carlo ha vinto un viaggio premio negli Stati Uniti . . . . . . di conoscere a perfezione la geografia di quel paese.

(e)

Translate into Italian:

1. Laura was given this novel by George as a birthday present.
2. In his article on *Il Giorno* Alberto Boemia has demonstrated the stupidity of the quiz games broadcast by the Italian TV.
3. The stupidity of the quiz games broadcast by the Italian TV has been demonstrated by Alberto Boemia in an article published by *Il Giorno* of Milan.
4. Whom did you see yesterday at the theatre?
5. I have been told by George only this morning that Laura is not well.
6. George told me only this morning that Laura is not well.

7. One of the reasons why I buy *Il Giorno* is that I very much like the articles by Alberto Boemia on TV programmes.
8. I like very much the articles Alberto Boemia writes for *Il Giorno* on TV programmes. He is an excellent TV critic.
9. In which of his operas did Verdi introduce (*introdurre*, past part. *introdotto*) the double bassoon for the first time?
10. The excellent wine which comes from the hills near Siena is known as Chianti.
11. To whom did you lend Alberto Boemia's book?
12. Whom did you phone last night?

(a)

Using the words and phrases below, and adding appropriate pronouns (such as **che**), conjunctions (**e, ma**), prepositions (**da**) etc., write four short paragraphs, all on the same subject but in different forms, following the outlines given.

> **il 'Giorno'   quotidiano milanese   molto letto in tutta Italia**
> **Alberto Boemia   noto critico televisivo**
> **un articolo   breve   interessante**
> **i programmi di indovinelli a premi   molto popolari**
> **i telespettatori**
> **la televisione italiana**

Appropriate forms of the verbs: **pubblicare**
  diffondere, (past part. **diffuso**)
  trattare
  criticare

1. Il *Giorno*, quotidiano ......, ha pubblicato ...... di ......, noto ......, sui ...... diffusi da ......, e molto popolari fra ....
2. Alberto Boemia, noto ......, ... sul *Giorno*, quotidiano ...... un breve e ...... che tratta dei ......, diffusi dalla ...... e molto popolari tra ....
3. L'articolo che ......, noto critico ......, ... sul *Giorno*, ... milanese molto letto ......, tratta dei ......, diffusi ...... e molto popolari ....
4. I programmi di ......, diffusi dalla ...... e ...... tra i telespettatori, sono ...... da Alberto Boemia in un articolo ...... dal *Giorno*, noto quotidiano milanese, molto ....

(b)

If you are studying this course in a class, write three questions in Italian to be used in a quiz game played with the rest of the class.

157

(c)

To give you an idea of the impact of English on Italian, particularly on the language of advertising, here is an advertisement published by *Corriere della Sera*. See how much you understand of it by answering the questions below.

**UN' IMPORTANTE SOCIETÀ COMMERCIALE
FACENTE PARTE DI UN GRANDE GRUPPO INDUSTRIALE**

ricerca un/a giovane
PRODUCT MANAGER

che, avendo maturato un'esperienza specifica di 3/5 anni
nell'ambito di grandi aziende marketing oriented,
abbia sviluppato sensibilità agli aspetti gestionali
e sia in grado di utilizzare in modo completo
dati statistici e di mercato.

L'aver operato nel settore della vendita per corrispondenza
costituirà titolo preferenziale.

Sarà suo compito l'elaborazione
delle politiche di mercato,
la preparazione del budget
e la completa gestione del prodotto;
dovrà inoltre progettare le iniziative promozionali
e pubblicitarie individuando i media preferenziali.

Si richiede la conoscenza della lingua inglese.
Gli interessati potranno rispondere con un dettagliato curriculum a

PERSONNEL
ORGANIZATION

**20123 MILANO – Piazza Borromeo 10
tel 02 865843**

1. Who is looking for a product manager?
   (i) a big industrial combine   (ii) an important commercial firm
2. Does the advertisement refer to both sexes?
   (i) yes   (ii) no
3. Tick off the required qualifications (we've added one or two which are not in the advertisement):
   (i) maturity   (ii) ambition   (iii) aptitude to commercial correspondence   (iv) 3 to 5 years' experience   (v) the candidate should have worked in mail-order firms   (vi) should be conversant with statistics and market research techniques
4. Tick off the job specifications (as above):
   (i) advising on politics   (ii) development of marketing policies
   (iii) budgeting   (iv) product management   (v) promotion and advertising in appropriate media   (vi) initiating various projects

(d)

Some English words constantly used in Italian could be replaced by an Italian equivalent (but the Italian expression is often cumbersome, or simply longer, which may account for their coming into favour with Italian speakers and writers). Try to match English words and their Italian equivalents in the following lists:

1.	*computer*	(a)	sintonizzatore
2.	*input*	(b)	nebulizzatore a spruzzo
3.	*output*	(c)	bilancio
4.	*juke-box*	(d)	promotore
5.	*tuner*	(e)	grammofono automatico
6.	*terminal*	(f)	calcolatore elettronico
7.	*spray*	(g)	entrata
8.	*manager*	(h)	uscita
9.	*boss*	(i)	capo
10.	*sponsor*	(j)	incontro
11.	*meeting*	(k)	direttore
12.	*summit (meeting)*	(l)	terminale
13.	*leadership*	(m)	(incontro al) vertice
14.	*budget*	(n)	direzione, guida

Dialogo familiare

This dialogue between a husband and wife who are about to go out for the evening has a very familiar ring. What is Ettore going to wear? Why doesn't he ever notice Sandra's new clothes? Where is the button he's lost? Which of them is going to be ready first?

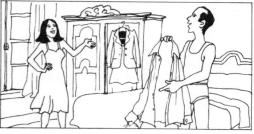

ETTORE   Su, muoviti, se no saremo in ritardo.

SANDRA   Vedi che mi sto vestendo. Sarò pronta fra cinque minuti.

ETTORE   Cinque minuti per te vuol dire mezz'ora. . . . . Di chi è questo cappello?

SANDRA   Come di chi è? È mio.

ETTORE   Tuo? Non te l'ho mai visto prima.

SANDRA   Ma sì, che me lo sarò messo almeno una decina di volte. È che tu non fai mai attenzione a quello che mi metto. Potrei andare in giro in un sacco che per te andrebbe lo stesso.

ETTORE   Quale dei tuoi sacchi indosserai stasera?

SANDRA   Il mio tailleur grigio. E tu cosa ti metti?

ETTORE   Il completo blu scuro.

SANDRA   Oh quel vestito blu! non lo posso vedere. Ti fa rassomigliare a un poliziotto in borghese.

ETTORE   Macché! Mi va benissimo.

SANDRA   Benissimo un corno. L'ultima volta che te l'ho visto addosso ti andava stretto in vita. Su, provati la giacca. Lo vedi che ti va stretto? Oh, e poi, guarda, ti sei fatta una macchia.

ETTORE   Dove?

SANDRA   Qui sul colletto. Chissà che razza di macchia è. Sembra ruggine. O cioccolata.

ETTORE   È sangue. Sarà quando ho preso in braccio quel salame di tuo figlio che piangeva. Cosa si era fatto? Forse gli usciva sangue dal naso . . .

SANDRA   *Mio* figlio? Perché, non è anche il tuo?

ETTORE   Quel salame di nostro figlio. . . . Ora ricordo. Non era il naso. Si era tagliato un dito.

SANDRA   E poi ti manca un bottone alla manica destra. Insomma, questa sera non te lo puoi mettere.

ETTORE   Ma sì che me lo posso mettere. La macchia va via con un po' di acqua fredda e uno spazzolino. Basta che tu mi riattacchi il bottone.

SANDRA   E dove lo vado a pescare un bottone uguale?

ETTORE   Quando si è staccato l'ho conservato. Dev'essere in qualche tasca. Guarda nei pantaloni.

SANDRA   Non c'è.

ETTORE   Nella giacca.

SANDRA   Non c'è nemmeno lì.

ETTORE   Fammi pensare. Che cosa stavo facendo quando mi si è staccato il bottone? Stavo scrivendo una lettera . . . no, stavo per uscire ad imbucarla. Avevo l'impermeabile. L'avrò messo nella tasca dell'impermeabile.

SANDRA   Oh, insomma, con questa storia del bottone e della macchia stiamo perdendo un sacco di tempo. E io devo ancora pettinarmi e farmi le unghie. Perché non ti metti il doppiopetto marrone?

ETTORE   E va bene. Mi metterò il doppiopetto marrone.

SANDRA	Non dimenticare di raderti ...
ETTORE	Sissignora.
SANDRA	... e di spazzolarti le scarpe ...
ETTORE	Sissignora.
SANDRA	... e non prendermi in giro come stai facendo adesso.

Vocabolario

vestire, *refl.* **vestirsi**   to dress, to get dressed
pronto   ready
cappello   hat (not to be confused with **capello** hair)
mettersi *refl.* of **mettere**   to put on
fare attenzione   to pay attention
sacco   sack
per te andrebbe lo stesso   it would be all the same to you, it wouldn't make any difference to you, you couldn't care less
tailleur (pronounced as in French)   woman's suit
completo   man's suit
vestito   suit, dress
non lo posso vedere   I can't stand it
rassomigliare   resemble
poliziotto in borghese   a plain clothes policeman
mi va   it fits me; **mi va stretto** it's a tight fit; **mi va largo** it's a loose fit
un corno (literally: a horn) expression used to reinforce or to express a negative, like 'my foot'
giacca   jacket
macchia   spot
colletto   collar
che razza di ...   what sort of ...
ruggine   rust
sangue   blood
prendere in braccio   to pick up, to hold (in one's arms)
quel salame di tuo figlio   that silly son of yours
piangere   to cry
tagliare   to cut
naso   nose
bottone   button; **attaccare un bottone** to sew on a button, (fig.) to buttonhole
manica   sleeve
spazzolino   brush; **spazzolino da denti** toothbrush
dove lo vado a pescare   where am I going to get it
conservare   to keep, to preserve
tasca   pocket
pantaloni   trousers
impermeabile   raincoat (*noun*) waterproof (*adjective*)
pettinarmi e farmi le unghie   do my hair and nails
doppiopetto marrone   double breasted brown suit
radersi   to shave
Sissignora   Yes Ma'am! an ironical feminine equivalent of the military **Sissignore!** Yessir!
prendere in giro   to pull someone's leg

Note di grammatica

20.1 Unstressed pronouns translating possessive adjectives

In phrases dealing with clothes, personal objects and parts of the body English possessive adjectives are normally translated into Italian by unstressed pronominal (reflexive) particles:

He put on his hat	**Si è messo il cappello**
She put on her hat	**Si è messa il cappello**
He'd cut his finger	**Si era tagliato il dito**
Try on your jacket	**Provati la giacca**
Her nose was bleeding	**Le usciva sangue dal naso**
Clean your shoes	**Spazzolati le scarpe**

A description of what actually happens in Italian when a past participle appears in sentences of this type should mention that both types of agreement are possible: (a) with the subject of the sentence or (b) with the object, e.g.:

Mi sono lavato le mani	(Participle agrees with masculine subject)
Mi sono lavata le mani	(Participle agrees with feminine subject)
Mi sono lavate le mani	(Participle agrees with object)

In practice, however, some choices of agreement would at times be considered incorrect by native Italian speakers; and it is not possible to frame a general descriptive rule to account for all cases and circumstances. That is more of a problem in written than spoken Italian, since in speech at ordinary speed the endings of the participles tend to become blurred anyway. Apart from cases when there may be a need to indicate the sex of the subject (as in **Si è messo il cappello** as opposed to **Si è messa il cappello**), the tendency is for the participle to agree with the object. This is, of course, a rule whenever the object is itself replaced by **lo**, **la**, **li** and **le**:

Me lo sono messo (il cappello)
Me le sono lavate (le mani)
Me li sono stirati (i pantaloni)

Finally, do not expect native Italian speakers to agree on the correctness of any particular choice!

Possessives are often omitted altogether in Italian:

Apra la valigia   Open your suitcase
Con le mani in tasca   with his/her hands in his/her pocket

20.2 'Stare' as an auxiliary

The verb **stare** can be used as an auxiliary in the following cases, and only in its Present, Imperfect and Future tenses.
Stare followed by the Gerund of another verb may be used as a translation of the English 'Continuous' tenses:

Mi sto stirando la camicia   I'm ironing my shirt
Stava leggendo   He/she was reading
Chissà che cosa starà facendo!   Heaven knows what he/she may be doing!
Who knows what he/she may be up to!

162

Stare per followed by an Infinitive is used to express something that is, was or may be about to happen:

Sto per uscire   I'm about to go out
Il concerto stava per cominciare   The concert was about to begin
A quest'ora staranno per arrivare   They should be arriving about now

20.3 Negative Imperative

The negative Imperative in the singular is formed by putting **non** before the Infinitive of the verb:

entra   come in   **non entrare**   do not come in
bevi   drink   **non bere**   do not drink

In the plural, it is formed normally by placing **non** before the Imperative:

entrate   come in   **non entrate**   do not come in
bevete   drink   **non bevete**   do not drink

Esercizi

(a)

Answer the questions about what you and other people should be doing by saying that it's just been done.

1. Perché non ti lavi le mani?
   Me le sono appena lavate.
2. Perché non vi pulite le scarpe?
3. Perché non si spazzola la giacca? (*3rd person singular*, not '*Lei*' form: also 5 and 7.)
4. Perché non ti stiri i pantaloni?
5. Perché non si fa le unghie?
6. Perché non ti radi la barba?
7. Perché non si attacca il bottone?
8. Perché non ti togli la cravatta? (past part. *tolto*)

(b)

One of your relatives asks you to perform certain menial tasks for him and other members of the family. Answer that you have already done them.

1. Mi lavi la camicia?
   Te l'ho già lavata.
2. Mi stiri i pantaloni?
3. Gli spazzoli la giacca?
4. Mi attacchi il bottone?
5. Le pulisci le scarpe?
6. Mi metti un fazzoletto pulito in tasca?
7. Gli togli la macchia dal colletto?

(c)

Re-work Exercise (b) but with a totally different slant. Tell your relative this time that you haven't the slightest intention of doing what he asks.

1. Mi lavi la camicia?
   Non ho nessuna intenzione di lavartela.
2. Mi stiri i pantaloni?
   Non ho nessuna intenzione di stirarteli.
   etc.

(d)

Persist in your more than justifiable revolt against menial household chores. Tell your relative he should do it all by himself.

1. Quando mi attacchi il bottone?
   Attaccatelo da te!
2. Quando mi stiri i pantaloni?
   Stirateli da te!
3. Quando mi lavi la camicia?
4. Quando mi togli la macchia dal colletto?
5. Quando mi spazzoli la giacca?
6. Quando mi pulisci le scarpe?
7. Quando mi compri una cravatta nuova?
8. Quando mi imbuchi le lettere?
9. Quando mi compri il giornale?
10. Quando mi prepari la valigia?

(e)

Translate into Italian:

1. Watching television is fun (*divertente*).
2. I learned quite a lot of Italian by watching TV in Italy.
3. What you told me is encouraging.
4. Encouraging the development of a consumer society is the main aim of television advertising.
5. By encouraging consumerism, TV advertising does a disservice to society as a whole (*nel suo insieme*).
6. This TV set has two loudspeakers.
7. Some people think they are more convincing (*convincenti*) if they speak loud (*ad alta voce*).
8. Talking to Charles is always interesting.
9. Talking to Charles I learned (*ho saputo*) that Marisa has been ill.
10. If you think that by answering idiotic questions you can show you've got brains you are very much mistaken (*ti sbagli di grosso*).

(a)

In compiling a mail order catalogue the publisher has unfortunately mislaid the instructions matching captions and illustrations. See whether you can help her.

1. Completo in galles classico 100% lana.
   Giacca a due bottoni.
   Tasche tagliate.
   Spaccatura centrale

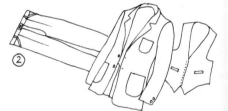

2. Completo in flanella grigia 100% lana.
   Giacca a tre bottoni.
   Tasche tagliate.
   Spaccature laterali.

3. Giacca sportiva in tweed pura lana.
   Tre bottoni in pelle.
   Tasche applicate, con patta.
   Spaccatura centrale.
   Pantaloni in lana pettinata senza cintura.

4. Completo in grisaglia misto lana (30%
   viscosa, 70% lana).
   Giacca a due bottoni.
   Tasche applicate.
   Spaccatura centrale.
   Panciotto assortito.

5. Giaccone marina doppiopetto misto
   lana 50%.
   Tasche tagliate verticali.
   4 bottoni.
   Fodera in nailon trapunta.
   Pantaloni di velluto a coste.

6. Tailleur classico in pura lana, a spina
   di pesce.
   Tasche applicate, e taschino.
   Gonna svasata.

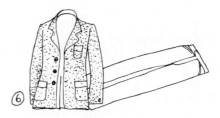

7. I coordinati:
   Blazer doppiopetto blu marina.
   4 bottoni dorati.
   Gonna a pieghe scozzese pura lana.

8. I coordinati:
   Pullover a collo alto in pura lana.
   Giaccone a maglia pura lana con tasche
   e rifiniture in pelle scamosciata.
   Bottoni in pelle.
   Gonna di velluto a coste, da alternarsi
   con pantaloni assortiti della stessa
   stoffa.

● (b)

Your irritating relative asks you when you are going to perform other menial tasks for him and other members of the family. Point out to him that it's precisely what you are doing now.

1. Quando mi attacchi il bottone?
   Te lo sto attaccando proprio adesso.
2. Quando gli stiri i pantaloni?
3. Quando mi lavi la camicia?
4. Quando ti metti il vestito blu?
5. Quando gli compri delle cravatte nuove?
6. Quando mi imbuchi la lettera?
7. Quando ti metti il cappello nuovo?
8. Quando ti provi la giacca?
9. Quando mi togli la macchia dal colletto?

● (c)

Tell your relative not to do what she wants to do.

1. Posso entrare?
   No, non entrare.
2. Devo telefonare a Giorgio?
   No, non telefonargli.
3. Posso uscire?
4. Posso andar via?
5. Posso telefonare?
6. Posso aspettare?
7. Devo scrivere a Maria?
8. Devo imbucare la lettera?
9. Devo mettere il vestito nuovo?
10. Devo comprare una cravatta?

(d)

Answer the questions by saying that you are just about to do whatever is asked of you.

1. Hai già comprato la nuova automobile?
   No, sto per comprarla.
2. Ha già scritto a Maria?
3. Hai già telefonato a Giorgio?
4. Hai già fatto la spesa?
5. Hai già imbucato la lettera?
6. Hai già venduto la casa?

Answer the comprehension questions following each passage.

A. Intervista a un uomo politico

(INTERV. = Intervistatore; ON. = Onorevole)

INTERV. Uno dei problemi più importanti del momento è quello dell'inflazione. Lei, onorevole, è noto per le sue opinioni assai radicali in proposito. Vorrebbe riassumerle per i nostri ascoltatori?

ON. Non sono opinioni radicali. Sono osservazioni dettate soprattutto dal buon senso. Io non sono un economista, e perciò non capisco perché gli economisti di professione non si rendono conto che la causa principale dell'inflazione è il nostro stesso sistema economico, in cui sovraproduzione e spreco sono complementari.

INTERV. Sarebbe a dire? ...

ON. Non occorre che dia molti esempi. Pensi alle migliaia di tonnellate di frutta e ortaggi distrutte ogni anno al solo scopo di tenere alti i prezzi. Pensi ai milioni di bottiglie e di scatolette fabbricate al solo scopo di essere buttate via nella spazzatura. Pensi ai consumi enormi di energia per riscaldare fabbricati non isolati. E potrei continuare a lungo.

INTERV. Il Parlamento, come sappiamo, ha in esame delle severe misure antiinflazionistiche. Dei due progetti di legge presentati a quale darebbe il suo voto?

ON. A nessuno dei due. La legge per cui mi sentirei di votare non è stata ancora proposta. I principi su cui si basano i due progetti sono parziali, classistici e politicamente sbagliati. Non tengono conto dei fattori strutturali, interni al nostro sistema economico, che favoriscono l'inflazione, a cui non si può rimediare soltanto col controllo dei prezzi nei negozi, e delle paghe nelle fabbriche.

INTERV. Molte grazie, onorevole.

onorevole title given to Italian MPs
soprattutto above all
buon senso common sense
rendersi conto to realize
sovraproduzione overproduction
spreco waste, wastage
sarebbe a dire that is to say; (in question form) what do you mean by that?
pensare to think
ortaggi vegetables; **orto** kitchen garden, market garden; **ortolano** market gardener, greengrocer
spazzatura rubbish, garbage; **spazzare** to sweep; **spazzino** road sweeper, dustman, refuse collector; **spazzola** brush
isolato insulated (in other contexts: *isolated*, *lonely*)
progetto di legge bill
classistico class-ridden
sbagliato misguided, wrong; **sbaglio** mistake; **sbagliare** or **sbagliarsi** to make a mistake
paga pay
fabbrica factory

1. What is the MP discussing in his interview?
   (i) radical proposals for a new economic asset   (ii) inflation
2. What are the MP's opinions motivated by?
   (i) basic common sense   (ii) the fact that he is a professional economist
3. What examples does he give of what is wrong with our economy?
   (i) the high cost of vegetables   (ii) the wasting of good food to keep prices
   high   (iii) a throwaway economy   (iv) isolated instances of enormous
   consumption   (v) scandalous fabrications by the media   (vi) conspicuous energy
   waste
4. How, according to him can the problems be remedied?
   (i) by controlling wages and prices   (ii) by starting research projects on the political
   principles of the class system   (iii) by a better analysis of the structure of our economy

B. Farinacei

I più noti farinacei di oggi esistevano già in tempi antichissimi. La prima pizza di cui si
ha notizia è forse quella di cui parla Virgilio nell'*Eneide*, cucinata dai profughi troiani al
loro arrivo in Italia. Maccheroni e ravioli, da condire col formaggio parmigiano
grattugiato, sono presentati in una novella di Boccaccio come una delle attrazioni del
paese di Bengodi. La pizza e gli spaghetti si sono tanto diffusi in tutto il mondo da
diventare presso gli stranieri quasi un simbolo della cucina italiana.

Ma si tratta di simboli inadeguati: in primo luogo perché stanno alla base non di una
gastronomia nazionale ma di una refezione rapida a basso prezzo, come potrebbero
esserlo *fish and chips* in Gran Bretagna, o in Francia *le steak pommes frites*: e poi perché
potrebbero far credere all'esistenza di una cucina nazionale, mentre in Italia la
gastronomia è tutta regionale.

Spesso quello che passa fuori d'Italia per pasta all'italiana non ha nulla in comune con
la realtà. Nessun bolognese sa che cosa siano gli spaghetti alla bolognese. I cannelloni
fabbricati con frittelle avvolte attorno a salsicce tritate susciterebbero in tutta Italia la più
grande indignazione. E le pizze congelate da riscaldare velocemente nel forno giapponese
a microonde, i discendenti dei Troiani non le darebbero nemmeno alle Arpie.

farinacei   starchy foods; **farina** flour
profugo   refugee
condire   to season, to flavour; **condimento** condiment, seasoning; **condire l'insalata**
   to dress the salad
novella   short story
il paese di Bengodi   a mythical country where people do nothing but eat, drink and be
   merry from **ben(e)** well, and **godere** to enjoy
diffuso, past part. of **diffondere**, to spread, to broadcast
in primo luogo   in the first place
refezione   snack, refreshment
frittella   pancake
avvolto   (past part. of **avvolgere**) to wrap round
tritato   minced
suscitare   to arouse
forno   oven
Arpie   the Harpies, monstrous bird-shaped beings with a woman's head and possessing
   extremely foul habits, whom the Trojan refugees had to fight off to protect their food.
   Virgil (70–19 BC) mentions them in the third book of the *Aeneid*.

1. By whom was the pizza allegedly invented?
   (i) by the Latin poet Virgil   (ii) by Trojan refugees in Italy
2. Why is it suggested that pizza and spaghetti are inadequate symbols of Italian cookery?
   (i) because they are regional dishes   (ii) because they are essentially cheap fast foods, and not examples of haute cuisine
3. Is there an Italian national cuisine?   (i) yes   (ii) no
4. Is *spaghetti alla bolognese* an appropriate name for an Italian dish?   (i) yes   (ii) no

Esercizi

(a)

Perform the passive transformation of the following sentences.

1. La televisione ha diffuso anche in Italia i programmi di indovinelli a premio.
2. I quiz incoraggiano una concezione bassamente utilitaria e nozionistica della cultura.
3. Quelli che partecipano al gioco possono vincere ricchissimi premi.
4. Una sola coppia concorrente ha risolto questo difficile problema.
5. La televisione ha offerto alla coppia fortunata un viaggio nell' India.

(b)

Agree with your friend's proposals about a meeting.

1. Vogliamo vederci domani?
   Sì, vediamoci domani.
2. Ci vediamo di pomériggio?
   Sì, vediamoci di pomériggio.
3. Quando c'incontriamo, alle tre?
4. Dove ci diamo appuntamento, in Galleria?
5. Ci troviamo al caffè Centrale?
6. Forse sarebbe meglio vederci al circolo (*club*).
7. E il tuo progetto, lo discutiamo domani?
8. Bisogna che ne parliamo a lungo.
9. E che ci mettiamo d'accordo su che cosa fare.
10. Ci telefoniamo questa sera per confermare?

● (c)

Confirm your friend's statements with a superlative.

1. Questo romanzo è noioso.
   Davvero, è noiosissimo.
2. Questa casa è antica.
   Davvero, è antichissima.
3. La mia automobile è molto veloce.
4. È anche molto comoda.
5. Il suo consumo è assai ridotto.
6. È molto silenziosa.
7. Però è anche molto costosa.
8. Pochi possono comprarne una, perché è molto cara.
9. È italiana: molto elegante.
10. Ma è anche molto robusta (*strong, rugged*).

● (d)

Tell your friend that you are in the process of doing what she is urging you to do: can't she see it?

1. Mettiti il cappello!
   Ma non vedi che me lo sto mettendo?
2. Su, vestiti!
   Ma non vedi che mi sto vestendo?
3. Stirati i pantaloni.
4. Raditi la barba.
5. Spazzolati la giacca.
6. Pulisciti le scarpe.
7. Su, alzati.
8. Su, muoviti.
9. Su, lavati.
10. Su, spogliati.

● (e)

Your friend is trying to provoke your questions.
Tell him that you are not interested.

1. Sono uscito ieri sera con una ragazza.
   Non m'interessa con chi sei uscito ieri sera.
2. Ho comprato questo libro per un amico.
   Non m'interessa per chi hai comprato questo libro.
3. Questa sera vado al cinema con un collega.
4. Ho passato le vacanze con una cara amica.
5. A teatro ero seduto tra due belle signore.
6. Ho molta simpatia per Giacomo Rossi.
7. Sono molto seccato con l'architetto.
8. Devo dare cinquantamila lire al libraio.

(f)

Translate into Italian:

1. 'If you try on this jacket you'll see that it's
   a perfect fit.' 'It's a perfect fit my foot!'
2. Laura had a slight (*piccolo*) car accident
   and hurt her left knee.
3. Why should I iron your trousers? Can't
   you do it yourself? I am not your servant.
4. The lecture was about to begin when all
   the lights in the hall went off.
5. Do not come in until I've finished getting
   dressed.
6. Tears (*lacrime*) came to her eyes.
7. Where am I going to find another button
   like this?
8. I can't stand this yellow hat of yours. Why
   don't you throw it away? It makes you
   look like my aunt Giulia.
9. You're making me waste a great deal of
   time for nothing.
10. You never pay any attention to what I'm
    saying. I could be speaking Chinese (*cinese*)
    and it wouldn't make any difference to
    you.

Lunga storia di una maniglia 21

It's extremely difficult to get spares for one's car, as Mario finds out when he tries to get a replacement for the handle of his nearside car door. Through his telling Giorgio the long sad story we learn about reporting other people's statements and the use of the conditional.

GIORGIO   Come si fa a uscire da questa tua automobile?

MARIO   Aspetta, non puoi uscire. Manca la maniglia. Devo aprirti io la porta dall'esterno.

GIORGIO   Grazie. Che ne è della maniglia?

MARIO   Non me ne parlare. Si è rotta, ed è da quasi un mese che sto cercando di averne una di ricambio.

GIORGIO   Come mai ci vuol tanto?

MARIO   È una lunga storia. Quando si è rotta, sono andato al garage per farla sostituire. Mi hanno detto di ripassare qualche giorno dopo perché non l'avevano in magazzino, e avrebbero dovuto ordinarla al concessionario. Quando sono ripassato, niente maniglia. Mi hanno detto che anche il concessionario locale ne era sprovvisto, ma che l'avrebbe fatta venire da Milano al più presto possibile. Una settimana dopo, rieccomi al garage, ma la maniglia non era ancora arrivata. Mi hanno promesso che avrebbero sollecitato. Due giorni dopo mi hanno telefonato per dirmi che il concessionario aveva promesso che la maniglia sarebbe stata inclusa nel prossimo invio, alla fine della settimana. Ho telefonato il lunedì successivo, e mi hanno detto che una maniglia era, sì, arrivata, ma non erano sicuri di poterla montare perché era un modello leggermente diverso.

GIORGIO   Che pasticcio!

MARIO   Taci che non è ancora finita. Mi hanno detto comunque di portare la macchina, che avrebbero cercato di montare la maniglia. Quindi sono andato il giorno dopo, ma inutilmente perché il pezzo non andava. Grandi scuse, e mi hanno promesso che avrebbero subito telefonato al concessionario, reclamando, sollecitando, eccetera eccetera. La maniglia giusta sarebbe dovuta arrivare alla fine della settimana scorsa, ma, lo crederesti? non si è ancora vista.

GIORGIO   E allora?

MARIO   Allora niente. Ieri mattina mi hanno assicurato che arriverebbe fra tre giorni, ma io non ci credo finché non la vedo.

GIORGIO   In conclusione, i passeggeri non possono uscire dall'automobile senza il tuo aiuto.

MARIO   Appunto. Le mie passeggere, poi, che mi vedono saltar fuori dal posto di guida e correre ad aprire la loro portiera, non sanno a che cosa attribuire la mia improvvisa galanteria.

Vocabolario

mancare   to be missing; **mi mancano cento lire** I'm one hundred lire short; **gli mancava il coraggio** he lacked courage; **ci mancherebbe altro!** That's all we need!

porta   door; the doors of a car, coach etc. are also called **le portiere** (not to be confused with **il portiere** doorman, gatekeeper, concierge)

dall'esterno   from the outside

che ne è di ...   what happened to ...

maniglia   handle

non me ne parlare   don't mention it

una di ricambio   a spare one; **pezzi di ricambio** spares

sostituire   (1st person Pres. Ind. **sostituisco**)   to replace

magazzino   store; **non l'avevano in magazzino** they didn't have it in stock

concessionario   agent, distributor

essere sprovvisto di qualche cosa   to be out of something

al più presto possibile   as soon as possible

sollecitare   to chase something up

invio   consignment

montare   to fit, to assemble; **catena di montaggio** assembly line; **montare un film** to edit a film; **montatore** (film) editor

leggermente   slightly

Che pasticcio!   What a mess!

Taci   be quiet, from **tacere** to keep silent, to shut up

posto di guida   driving seat

non sanno a che cosa attribuire la mia improvvisa galanteria   they don't know what to think of my sudden fit of gallantry

Note di grammatica

21.1 Past Conditional

This compound tense is formed by the Present Conditional of the appropriate auxiliary (**essere** or **avere**) and the past participle of the verb, e.g.

Infinitive	scrivere	venire
sing. 1	**avrei scritto**	**sarei venuto/venuta**
2	**avresti scritto**	**saresti venuto/venuta**
3	**avrebbe scritto**	**sarebbe venuto/venuta**
pl. 1	**avremmo scritto**	**saremmo venuti/venute**
2	**avreste scritto**	**sareste venuti/venute**
3	**avrebbero scritto**	**sarebbero venuti/venute**

The Past Conditional in a secondary clause is used to express a future time in relation to a past time expressed by a past tense in the main clause:

Mi hanno promesso che sarebbero venuti
They promised   they would come

Mi hanno detto che avrebbero cercato di montare la maniglia
They told me   they would try to fit the handle

The inference is normally that the Past Conditional refers to a time BEFORE the present time (i.e. they promised they would write, they should have written by now but they haven't done so; they said they would try to fit the handle, but the handle is still broken, etc.).

If, on the other hand, the past tense in the main clause governs a verb referring to a time yet to come, the Present Conditional MAY be used:

Ieri mattina mi hanno assicurato che arriverebbe fra tre giorni
Yesterday morning they assured me it will arrive in three days' time

The Future can also be used:

Ieri mattina mi hanno assicurato che arriverà fra tre giorni

but without conveying the shade of doubt and uncertainty implied by the Conditional.

21.2 Indirect Object unstressed pronouns

Besides their 'dative' function (i.e. of indicating to whom something is being given), and their reflexive function, Indirect Object unstressed pronouns also indicate for whose benefit or in favour of whom a certain action is being performed:

Lascia che ti apra la porta Let me open the door for you
Comprale un regalo Buy her a present

You have seen in 20.1 how they replace possessive adjectives in certain cases:

Mi sono tagliato il dito I cut my finger
Laura si è comprata un negozio Laura bought herself a shop
Mi hanno rovinato la macchina They ruined my car

In some other cases they can be used to replace any pronoun preceded by the preposition **a**, even when **a** does not express any 'dative':

Glie l'ho domandato I asked him about it (**domandare a qualcuno**)
Mi si è seduta davanti She sat before me (**davanti a me**)
Glie l'ho fatta riparare I made him fix it (**far riparare una cosa a qualcuno**)
Ci abita vicino He/she lives near us (**vicino a noi**)

21.3 Feminine gender in certain idiomatic expressions

Note the following expressions, involving a feminine pronoun or participle:

Non è ancora finita It isn't over yet
Finiscila! Piantala! Smettila! Stop it!
Chi la fa l'aspetti Expect others to do to you what you do to them
Non prendertela Don't get upset, don't take it so seriously
Se l'è presa He/she took it badly
Se non è vera è ben trovata If it isn't true it's a good invention
Me l'ha fatta! I've been done!/It's a con/He/she conned me

In these, and other similar expressions, it may be assumed that the feminine gender reflects a notional 'thing' (**cosa** being, of course, a feminine noun).

21.4 Use of 'da' and 'per' with expressions of time

Da, followed by an expression of time, indicates the time that has passed SINCE the beginning of the action or process expressed by the verb. The verb is usually in the Present or Imperfect tense:

Studio l'italiano da due anni
I have been studying Italian for two years

Studiavo l'italiano da due anni
I had been studying Italian for two years

Per, followed by an expression of time, indicates the DURATION of the action or process expressed by the verb, usually in the Perfect (**passato prossimo**) or Past Definite (see Units 25 and 26):

Ho studiato l'italiano per due anni
I studied Italian for two years

In the examples above, **da** with the Present or Imperfect suggests that the action expressed by the verb has not been completed or is continuing; whereas **per** with the Perfect (or Past Definite) suggests that the action is finished.

Here are a few more examples:

Non vedo Giorgio da una settimana
I haven't seen George for a week

Non ho visto Giorgio per una settimana
I didn't see George for a week

Ho visto Laura un mese fa, e non la vedo da allora
I saw Laura a month ago, and haven't seen her since

Esercizi

● **(a)**

There have been delays. What was expected to happen yesterday hasn't yet taken place.

1. È arrivata la maniglia?
   Sarebbe dovuta arrivare ieri, ma non è arrivata.
2. È venuta tua zia?
   Sarebbe dovuta venire ieri ma non è venuta.
3. È finito lo sciopero (*strike*)?
4. È partito tuo fratello?
5. È ritornata tua sorella?
6. Sono venute le tue zie?
7. Sono finite le interruzioni di corrente (*electricity cuts*)?
8. Sono partiti i tuoi amici?
9. Sono ritornate le tue cugine?
10. Sono arrivate le maniglie?

● **(b)**

Various things should have been done, by yourself and others, but they haven't been done yet.

1. Hai telefonato al concessionario?
   Avrei dovuto telefonargli ieri ma non l'ho ancora fatto.
2. Giorgio ha telefonato al concessionario?
   Avrebbe dovuto telefonargli ieri ma non l'ha ancora fatto.
3. Hai comprato la nuova automobile?
4. Giorgio ha acquistato (*bought*) la nuova motocicletta (*motorbike*)?
5. Hai parlato al meccanico?
6. Giorgio ha visto il meccanico?
7. Hai spedito il pacco?
8. Laura ha imbucato la lettera?
9. Hai scritto a tua zia?
10. Tua cugina ha telefonato a suo padre?

(c)

You have been living the life of a recluse. Answer the questions about various people and things saying you have been out of touch with people, or haven't done those things, for a month.

1. Hai visto Giorgio recentemente?
   Non lo vedo da un mese.
2. Marisa cercava di vederti. Le hai telefonato?
   Non le telefono da un mese.
3. Da quanto tempo non vai a Roma?
   Non ci vado da un mese
4. Davvero hai smesso (*stopped*) di fumare? Da quanto tempo non fumi?
5. Giorgio è stato intervistato sul telegiornale. Hai guardato la televisione ieri sera?
6. Da quanto tempo non scrivi a tua sorella?
7. Sei andato al cinema la settimana scorsa?
8. La tua macchina ha bisogno del meccanico. Quando l'hai portata l'ultima volta?
9. Sei a dieta (*on a diet*)! Davvero non mangi più pane?
10. Ieri era una bella giornata. Sei andato al mare?

● **(d)**

Fill in the gaps in the following dialogue with the appropriate forms of **arrivare** (two dashes indicate a compound tense).

– Buongiorno. Sono venuto per la maniglia di ricambio. __ __?
– No, mi dispiace. Non __ ancora __
– Ma come? La settimana scorsa mi avete detto che __ __ ieri!
– Eh, sì, ma, che cosa vuole? Sarebbe dovuta __ ma non ce l'hanno mandata.
– Allora, quando __?
– È probabile che __ domani.
– Soltanto probabile? E se non __ domani, come faccio? Non posso ritornare qui ogni giorno a chiedere se la maniglia __ __.

(e)

Translate into Italian:

1. Giorgio told me he will buy his new motorbike tomorrow.
2. Giorgio told me he would buy his new motorbike last week, but he hasn't bought it yet.
3. Ask her whether she would like to come to the theatre with us tonight.
4. She says she would like to come, but cannot because she has another engagement (*impegno*).
5. She said she would have liked to come, but could not because she had another engagement.
6. The bookseller told me to come back a few days later because he did not have the book I wanted. He promised he would have it sent from the publisher in Milan as soon as possible.
7. I have been trying to get that book for over a month.
8. I have known George for five years.
9. I have been studying Italian for about a year.
10. I studied Italian for two years but I can't speak it (use *sapere*).

● **(a)**

The following sentences all refer to present time. Make them refer to the past, using the Perfect or the Imperfect, and making all other appropriate tense changes.

1. Marco dice che verrà col treno delle sette
   Marco ha detto che sarebbe venuto col treno delle sette.
2. Il garagista (*garage manager or owner*) mi assicura che il pezzo di ricambio arriverà prima della fine della settimana.
3. Mi dice che cercherà di sollecitarlo.
4. Mi promette che reclamerà presso il concessionario
5. Spero che tutto andrà bene e che potrò avere una nuova maniglia al più presto.
6. Gli telefono che martedì sera passo a ritirare la macchina.

(b)

A saloon car is advertised in Italy as having all the following features. Match the Italian text with its English translation (where the features, of course, are in a different order).

1. servosterzo
2. cambio a 5 velocità
3. chiusura elettromagnetica delle porte
4. tergicristallo anteriore a 2 velocità con lavavetro elettrico
5. tergicristallo lavavetro posteriore
6. lunotto termico
7. cinture di sicurezza autoavvolgenti
8. parabrezza stratificato
9. luci di retromarcia
10. retrovisore esterno regolabile dall'interno
11. illuminazione del cofano
12. accendisigari
13. alzacristalli elettrico
14. orologio al quarzo

(a) *cigar lighter*
(b) *boot light*
(c) *reversing lights*
(d) *electric windows*
(e) *5-speed gear change*
(f) *central electromagnetic door lock*
(g) *power steering*
(h) *2-speed windscreen wipers with electric windscreen washer*
(i) *laminated windscreen*
(j) *external mirror adjustable from the inside*
(k) *heated rear window*
(l) *rear window wiper and washer*
(m) *quartz clock*
(n) *inertia reel safety belts*

● **(c)**

Re-work Exercise (c) on page 175 as from the following model (which is alternative to that of the original answers):

1. Hai visto Giorgio recentemente?
   È da un mese che non lo vedo.
2. Marisa cercava di vederti. Le hai telefonato?
   È da un mese che non le telefono.
3. Da quanto tempo non vai a Roma?
4. Davvero hai smesso di fumare? Da quanto tempo non fumi?
5. Giorgio è stato intervistato al telegiornale. Hai guardato la televisione ieri sera?
6. Da quanto tempo non scrivi a tua sorella?
7. Sei andato al cinema la settimana scorsa?
8. La tua macchina ha bisogno del meccanico. Quando l'hai portata l'ultima volta?
9. Sei a dieta! Davvero non mangi più pane?
10. Ieri era una bella giornata. Sei andato al mare?

Una telecronaca sportiva 22

The Cortina Prize is on the way. A team of Japanese skiers are taking part for the first time. A TV commentator is on the scene, and he is being introduced to the viewers by his colleague in the studio. This unit introduces the use of the Subjunctive in dependent clauses, and ordinal number adjectives.

PRESENTATORE
– Ed ora ci mettiamo in collegamento diretto con Cortina d'Ampezzo, sperando che questa volta non si ripetano le difficoltà tecniche che ci hanno ostacolato mezz'ora fa. Cortina? ... Temo che a Cortina non siano ancora pronti a entrare in collegamento ... Permettete un attimo che parli ai nostri tecnici ... Pronto, abbiamo Cortina? ... Sì? È in linea? Allora tutto è a posto. A voi Cortina.

CRONISTA
– Qui Cortina d'Ampezzo. Vi parla Franco Cioffi. Cari amici buon giorno. Come vedete mi trovo vicino al traguardo della pista di slalom gigante, a pochi minuti dall'inizio della più appassionante gara che si disputi questa stagione. Anzi, non mi risulta che da anni se ne sia disputata una così importante. Oltre ai migliori atleti che la specialità conti in Europa, vi partecipa quest'anno un gruppetto di discesisti giapponesi, i primi che si siano mai iscritti al Premio Cortina. La nostra telecamera situata presso la linea di partenza vi mostra in questo momento il numero 32, Keido Tanaka. Sebbene si sia brillantemente piazzato a Sapporo, non credo che oggi abbia grandi probabilità di successo, di fronte a specialisti di questo particolare percorso, come il nostro Moena, che vedete ora, il numero 71, o l'austriaco Schwarzenberg. A destra di Moena osserviamo il numero 57, Akira Ojikawa. Chi abbia visto le nostre telecronache da Sapporo ricorderà come Ojikawa non sia riuscito a completare il percorso a causa di una caduta alla ventisettesima porta. Sfortunato, ma uno slalomista di grande avvenire. Perché i giapponesi si siano presentati quest'anno a Cortina è cosa ovvia: bisogna che comincino ad abituarsi alle condizioni alpine in vista delle prossime Olimpiadi invernali.

Come vedete, in questo momento sta nevicando, e non si prevede che la nevicata cessi prima di notte. A chi osservi il percorso guardando dal basso verso l'alto, e a voi che lo osservate alla televisione, sembrerà che i concorrenti non riescano a vederci niente; ma si tratta di un effetto di prospettiva. In realtà la visibilità è ancora buona. Nel caso che peggiori, le ultime prove saranno rimandate a domani mattina. Può darsi che in questo caso non si riesca a realizzare una cronaca diretta: noi saremo comunque qui a registrare le fasi salienti della gara, in modo che il collega Firmiani possa presentarvele nella trasmissione di domani sera.

Vocabolario

telecronaca   direct TV newscast
presentatore   presenter, anchor-man
cronista   commentator, reporter
ci mettiamo in collegamento diretto con Cortina   we go live to Cortina
entrare in collegamento   to link up
ostacolare   to hinder

a voi Cortina   over to you Cortina
traguardo   finishing line
gara   competition, race; **disputare una gara** to compete in a sporting event; **la gara si disputa oggi** the event takes place today
appassionante   exciting
non mi risulta che . . .   it doesn't appear to me that . . .
discesista   downhiller
porta   gate (in slalom)
di grande avvenire   of great promise
nevicare   to snow; **la neve** snow; **nevicata** snowfall
cessare   to stop
dal basso verso l'alto   from below
prospettiva   perspective
prova   trial
rimandare   to put off
le fasi salienti   the highlights

Note di grammatica

22.1 Use of Subjunctive in dependent clauses

The following indications are of a general nature and are not meant to be exhaustive. The Subjunctive is found in dependent clauses in the following circumstances.

22.1.1

After the following conjunctions:

(a) **benché/sebbene**   although

Benché ci sia il sole non fa affatto caldo   though the sun is shining it isn't hot at all
Sebbene abbia visto il film non mi ricordo questo particolare   Although I've seen the film I don't remember that detail

(b) **purché**   provided that

Fra qualche istante ci collegheremo con Cortina purché non si ripetano le difficoltà tecniche di mezz'ora fa   In a few moments we go over to Cortina, provided that there is no repetition of the technical hitches of half an hour ago

(d) **perché/affinché/in modo che**   so that, in order that

Noi saremo qui a registrare le fasi salienti della gara in modo che il collega Firmiani possa presentarvele nella trasmissione di domani sera   We'll be here to record the highlights of the competition so that my colleague Firmiani can show them to you in to-morrow night's broadcast
Si è nascosto perché non riuscissi a vederlo   He hid so that I would not be able to see him. (For **riuscissi** see 22.1.5.)

Note that **perché** followed by the Indicative means 'because' (NOT 'in order that')

L'ho chiamato perché non riuscivo a vederlo   I called him because I could not see him

178

(e) **a meno che ... non**   unless

**Oggi resterò a casa, a meno che mia moglie non mi chieda di uscire con
lei**   Today I'll stay at home unless my wife asks me to go out with her

(f) **senza che**   without

Giorgio è partito senza che riuscissi a vederlo   Giorgio left without my being
able to see him

(g) **prima che**   before

Giorgio è partito prima che riuscissi a vederlo   Giorgio left before I was able to
see him

22.1.2

In relative clauses, whenever the relative clause defines or restricts the meaning of the
noun it qualifies:

**Questi giapponesi sono i primi che si siano mai iscritti al Premio
Cortina**   These Japanese are the first (skiers) who ever put their names down for the
Cortina Prize

È la migliore marca di sci che io conosca   It's the best make of skis I know

Note the difference between defining and non-defining clauses:

Defining :   **Possono entrare solo i membri del club che abbiano la
chiave**   Only those club members who have a key can go in (not all club
members have one)

Non-defining :   **Possono entrare solo i membri del club, che hanno la chiave**   Only
club members can go in, since they all have the key

22.1.3

After main clauses of the type **essere** + adverb/adjective + **che** or impersonal verb + **che**
(see Unit 15).

È bene che gli parli io   It's better that I talk to him
È strano che non sia riuscito a vederlo   It's strange that I/you/he/she wasn't able
to see him
Era difficile che Laura arrivasse in tempo   It was difficult for Laura to arrive in
time (For **arrivasse** see 22.1.5.)
Bisogna che riesca a parlargli   I must find an opportunity to talk to him

22.1.4

Whenever the possibility is expressed or implied that what the verb in the Subjunctive
means may not take or have taken place:

Speriamo che arrivi in tempo   Let's hope he/she gets there in time
Credo che ci abbia pensato lui   I believe he saw to it
Non si prevede che la nevicata cessi prima di notte   The snow is not supposed
to stop falling before night
Mi pare che sia arrivato ma non ne sono sicuro   I think he has arrived but I'm
not sure
Permettete che parli ai nostri tecnici   Allow me to have a word with our
technicians

22.1.5

It should be noted that:

(i) The Subjunctive is ALWAYS used in the cases mentioned in 22.1.1.

(ii) With defining relative clauses the Subjunctive is NORMALLY used after superlatives and expressions of the type **il primo che ..., l'ultimo che ...**; but ambiguous cases such as the last pair of examples quoted in 22.1.2 above are usually resolved by using the appropriate punctuation (in writing) or intonation (in speech), and the Indicative.

(iii) In cases 22.1.3 and 22.1.4 a distinction may occasionally be made between the Subjunctive expressing doubt and the Indicative expressing certainty.

(In some of the examples above the Past Subjunctive has been used. This tense will be dealt with in 23.2.)

22.2 Ordinal number adjectives

The first ten ordinal adjectives are as follows:

primo	**secondo**	**terzo**	**quarto**	**quinto**	**sesto**	**settimo**	**ottavo**
first	second	third	fourth	fifth	sixth	seventh	eighth

nono	**decimo**
ninth	tenth

All the others are formed by replacing the last vowel of the number with the ending **-esimo**, except when the number ends in **tre** and **sei**, in which case **-esimo** is added to it:

tredici	**ventuno**	**quarantasette**	**ottantasei**	
tredicesimo	**ventunesimo**	**quarantasettesimo**	**ottantaseiesimo**	etc.
thirteenth	twenty-first	forty-seventh	eighty-sixth	

Ordinal adjectives are ordinary four-ending adjectives, with separate endings for both genders and numbers (**-o, -a, -i, -e**).

For the ordinals from 11th to 29th separate old-fashioned forms may be occasionally used speaking of Kings and Popes. The alternative series runs combining **decimo** with the first ten ordinals (**decimo primo, decimo secondo, decimo terzo** etc.) and replacing **ventesimo** with **vigesimo** which is again combined with the first ten (**vigesimo primo, vigesimo secondo** etc.). Note also the forms **undecimo** (11th) and **duodecimo** (12th).

Esercizi

(a)

Here is a number of questions relating to the **telecronaca sportiva**, each with a possible answer. In the answers the verb expressing opinion (**mi sembra**, **mi pare** it seems to me; **credo** I believe; **suppongo** I suppose; **spero** I hope) is placed at the end of the sentence, as in English (e.g. *there won't be any problems this time, I hope*, as distinct from *I hope this time there won't be any problems*).

You should give the same answers placing the verb at the beginning, which has the effect of turning the rest of the sentence into a dependent clause requiring the use of the Subjunctive.

1. – Cortina è in linea?
   – A Cortina non sono ancora pronti, mi pare.
   Mi pare che a Cortina non siano ancora pronti.
2. – Quanti giapponesi sono arrivati?
   – Sono arrivati dieci giapponesi, credo.
3. – Com'è la visibilità in pista?
   – La visibilità è ancora buona, suppongo.
4. – Chi sta vincendo la gara di slalom?
   – La sta vincendo Tanaka, mi sembra.
5. – Che cosa pensi degli sciatori austriaci?
   – Gli austriaci hanno buone probabilità di successo, penso.
6. – Da dove sta parlando Franco Cioffi?
   – Sta parlando vicino al traguardo, suppongo.
7. – Fino a poco tempo fa a Cortina nevicava. E adesso?
   – Adesso non nevica più, spero.
8. – Che cosa c'è alla TV dopo la telecronaca da Cortina?
   – Danno i risultati delle partite di calcio (*football*), credo.

(b)

In speaking Italian one can often avoid using the Subjunctive, and say, for example:

C'è il sole, ma non fa affatto caldo.
Ho visto il film, ma non mi ricordo questo particolare.

instead of:

Benché ci sia il sole non fa affatto caldo.
Sebbene abbia visto il film non mi ricordo questo particolare.

Change the following sentences into sentences requiring the Subjunctive, as from the examples above. You may use either **benché** or **sebbene**.

1. Nevica, ma la visibilità è ancora buona.
2. Ha cominciato a nevicare, ma la gara continua.
3. Keido Tanaka è bravo ma non ha molte probabilità di successo.
4. Ojikawa è sfortunato, ma è uno slalomista di grande avvenire.
5. Firmiani me lo ha promesso, ma non può portarmi in macchina a Cortina.
6. La gara di slalom m'interessa, ma non ho voglia di guardare la televisione.
7. Questo programma mi piace, ma ho deciso di non guardarlo.
8. Franco Cioffi è un ottimo cronista, ma non mi piace il modo in cui parla (*the way he speaks*).

(c)

Decide whether **perché** in the following sentences means *in order that* or *because*, and replace the Infinitives by either the Present Subjunctive or the Present Indicative as appropriate.

1. Non posso guardare la telecronaca del Premio Cortina perché il mio televisore **essere** guasto.
2. Ho telefonato al tecnico perché **venire** a riparare il mio televisore.
3. È meglio non fare troppo rumore (*noise*) perché il bambino **dormire**.
4. È meglio non fare troppo rumore perché il bambino non si **svegliare** (*wake up*).
5. Ho chiuso la finestra (*window*) perché il freddo non **entrare**.
6. Ho chiuso la finestra perché **fare** freddo.
7. La ditta (*firm*) ha mandato George a rappresentarla in Italia perché George **parlare** l'italiano.
8. La ditta ha mandato George in Italia perché **studiare** l'italiano.

● (d)

Your friend wants to do all sorts of things himself. Suggest to him that it's better if Anna does them instead.

1. Guido io l'automobile!
   Ma no, è meglio che la guidi Anna.
2. Parlo io a Marisa!
   Ma no, è meglio che le parli Anna.
3. Scrivo io la lettera!
4. Faccio io la fotografia!
5. Accendo io il fuoco (*fire*)!
6. Preparo io la minestra (*soup*)!
7. Telefono io a Giorgio!
8. Vado io a fare la spesa!

(e)

Translate into Italian:

1. Franco Cioffi is speaking from the finishing line. He is the best TV commentator I ever listened to (*ascoltare*).
2. Allow me to speak on the phone to our technicians before we go live to Cortina.
3. It doesn't appear to me that Japanese skiers have ever taken part (*prendere parte*) in the (a) Cortina Prize before to-day.
4. Although they are all very good (*bravo*) I don't think they have much chance (use plural in Italian) of winning (*vincere*).
5. It is difficult for them to become used to Alpine conditions.
6. I think it's better for you to put off your meeting (*incontro*) with George to next Friday.
7. I agree, provided George is not leaving for Italy on Thursday.
8. No, he won't leave on Thursday unless his firm asks him to.

(a)

Listen to the newscast on tape about a sports event, and answer the following questions to test your comprehension.

1. What sports event is the commentator talking about?
   (i) horse racing   (ii) men's 3000 meter race   (iii) women's 3000 meter race
2. Who was leading until the final lap?
   (i) Ceccato   (ii) Bialetti   (iii) Mosca
3. Give the final order of arrival for the first five places.
4. What was the winner's time?
   (i) 8' 33" 2/10   (ii) 8' 33" 8/10

(b)

Fill in the missing ordinal adjective corresponding to the number in brackets.

1. Questa sera la tv trasmetterà la (4) ...... puntata della serie televisiva *La vita degli animali.*
2. Durante la gara di slalom l'americano Wright è caduto alla (12) ...... porta.
3. Questo film di Fellini mi piace moltissimo: lo vedo per la (3) ...... volta.
4. Venerdì è il (5) ...... giorno della settimana.
5. È strano (*strange*), ma il (1) ...... re d'Italia si faceva chiamare Vittorio Emanuele (2) ....
6. Nella classifica generale (*classified results*) del premio Cortina i due sciatori giapponesi si sono piazzati all' (11) ...... e al (17) ...... posto.
7. Il padre della attuale (*present*) regina (*queen*) d'Inghilterra era il re Giorgio (6) ....
8. Questa che sto studiando è la (22) ...... lezione del corso d'italiano.

(c)

Change the following sentences by placing the question tag at the beginning of the sentence, which has the effect of turning the remainder of the sentence into a dependent clause requiring the use of the Subjunctive.

1. Parlo un momento ai nostri tecnici, permettete?
   Permettete che parli un momento ai nostri tecnici?
2. Vado a casa adesso, ti dispiace?
3. Le presento Franco Cioffi, permette?
4. Vi faccio una fotografia, volete?
5. Le dico quello che penso veramente, vuole?
6. Guardo il programma sportivo alla televisione, permetti?
7. I giapponesi hanno vinto, ti dispiace?
8. Ora Carlo telefona a casa, permettete?
9. Il collega Firmiani vi porta in macchina a Cortina, volete?
10. Accendo la televisione, vuoi?

(d)

Change the Infinitives in the following sentences into the appropriate forms of the Subjunctive.

1. Prendi una tazza di té, a meno che tu non **preferire** una tazza di caffè.
2. I miei amici arriveranno alla stazione alle sei, a meno che non **prendere** il treno successivo (*following*).
3. Verrò a casa tua questa sera, purché tu non **essere** troppo occupato.

4. Possiamo andare a cena al ristorante *Bombay*, purché vi **piacere** la cucina indiana.
5. La gara di sci sarà disputata questo pomeriggio, a meno che il tempo non **peggiorare** (*worsen*).
6. Tutti possono partecipare alle lezioni di sci, purché ne **fare** domanda (*application*) alla Direzione dell'albergo (*hotel*).

(e)

The following puzzle is about skiing. When you have filled all the spaces ACROSS, the DOWN column marked by the arrow will give you the Italian word for *ski-lift*. Don't be surprised, however, if next time you go to an Italian ski resort, you find they call it *ski-lift!*

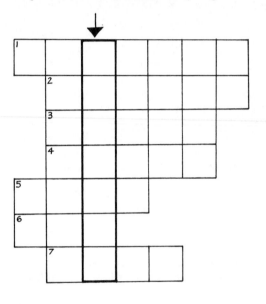

1. Downhill slope, descent.
2. What the skiers do.
3. It goes from start to finish.
4. Ojikawa fell by the 27th.
5. Unless there's plenty of it, it's no use trying to ski.
6. You may use this word for either one or both of them.
7. Competitive race.

Una domanda di lavoro   23

Laura Gervasi is looking for a job. She
answers an advertisement in the local
paper, and is called for an interview. An
excerpt from a letter written by her
prospective employer to Head Office
shows she has been successful.

Il colloquio

DATORE DI   Come lei ha visto dall'inserzione, abbiamo bisogno di una persona che ci aiuti
LAVORO   con la corrispondenza straniera. C'è già una segretaria che sa il francese: ora
              ne cerchiamo una che sappia l'inglese. Quali sono i suoi titoli di studio?

CANDIDATA   Ho la maturità classica ...

DATORE   Voglio dire, per l'inglese.

CAND.   Vede, non ho mai preso diplomi che attestino la mia conoscenza dell'inglese
              perché non l'ho mai ritenuto necessario. Quando ero bambina i miei genitori
              abitavano a Londra, e quindi ho frequentato le scuole lì fino all'età di
              quindici anni. Parlo e scrivo la lingua correntemente.

DATORE   Ma lei capisce, per quanto lei ci assicuri di sapere bene la lingua, la nostra
              amministrazione ha bisogno di un documento. Quando è ritornata in Italia,
              come ha ottenuto l'ammissione alle nostre scuole? Non è possibile che le
              abbiano lasciato fare il liceo senza titoli di studio.

CAND.   Ho dovuto dare l'esame di licenza media superiore preparandomi
              privatamente, perché gli esami che avevo dato in Inghilterra non valevano ...

DATORE   Ah, quindi lei ha dato degli esami in Inghilterra! È proprio quello che
              vogliamo sapere. Se lei li ha dati lì, dal nostro punto di vista è una prova che
              lei sa l'inglese, almeno quello in uso nelle scuole, quello corrente. Badi però
              che noi abbiamo bisogno di una persona che sia pratica dell'inglese
              commerciale.

CAND.   Sa, da anni mi occupo della corrispondenza con l'Inghilterra di mio zio, che
              ha una galleria d'arte; quindi sono abbastanza pratica dell'inglese
              commerciale. Ho fatto poi un corso di stenografia l'anno scorso.

Estratto dalla lettera

... Rispondo alla Sua richiesta d'informazioni del 18 corrente sulla organizzazione del
nostro ufficio commercio estero. La signorina Franchi, che sa il francese, è passata ad
occuparsi della corrispondenza in questa lingua. Ad una nostra inserzione pubblicitaria
sul giornale locale per una stenodattilografa che sapesse l'inglese ha risposto, fra le altre,
la signorina Laura Gervasi, già segnalataci come persona di fiducia. Convocatala per un
colloquio giovedì scorso, le ho domandato quale fosse effettivamente la sua conoscenza
dell'inglese: la signorina Gervasi mi ha risposto di aver trascorso diversi anni a Londra,
frequentandovi le scuole fino all'età di 15 anni. Avendole poi chiesto quali diplomi
attestassero le sue capacità, mi ha presentato dei certificati di licenza inglesi non
equiparabili a titoli di studio italiani. Mi è parso comunque che le sue dichiarazioni, e le
ottime referenze, giustificassero la sua assunzione. La sua conoscenza dell'inglese
commerciale e della stenografia si è infatti rivelata eccellente. ...

Vocabolario

una domanda di lavoro   an application for a job, finding a job
inserzione   advertisement (**inserire** to insert)
azienda   business firm
stenodattilografo/a   shorthand typist (**stenografia** shorthand; **dattilografia** typing).
  The double ending is a result of the Law no. 903 of 9th December 1977 prohibiting
  sex discrimination in employment. Another consequence is the increase in the
  number of ads in Italian papers using English job specifications (such as 'Product
  Manager', 'Copywriter', Assistant Controller' etc.) which are not gender-specific.
referenziatissimo   with excellent references
colloquio   interview
datore di lavoro   employer
candidato   applicant, candidate
straniero   foreign
titoli di studio   educational qualifications
maturità classica   a pre-university leaving certificate, for students who have attended
  the **liceo classico**
attestare   to certify; **attestato** certificate (also: **certificato**)
frequentare   to attend
per quanto + Subjunctive   although, even if
licenza media superiore   an exam for students wishing to be admitted to the **liceo**
  (corresponding to the last three years of secondary school)
preparandomi privatamente   as a private candidate
valere   to be valid, to be worth
occuparsi di qualche cosa   to concern oneself with something
del 18 corrente   of the 18 inst.
ufficio commercio estero   Foreign Trade Department (see 23.1)
l'estero   foreign parts; **andare all'estero** to go abroad; **prodotti nazionali ed esteri**
  home and foreign products.
persona di fiducia   trustworthy person
equiparabile   comparable, equivalent; **equiparare** to consider as comparable
parso   past part. of **parere** to seem
la sua assunzione   her being given the job; **assumere un nuovo impiegato** to give
  a job to a new employee, to take him on (past part. **assunto**)

Note di grammatica

23.1 Omission of prepositions

Prepositions, often together with articles, are normally omitted in advertisements, to save
space and cost; and in names of firms, commercial and government departments, public
notices. Here are a few examples:

Ufficio Commercio Estero   Foreign Trade Department
(**Ufficio per il commercio con l'estero**)

Centro Coordinamento Edilizia Modulare   Pre-fabricated Buildings Advisory
Centre
Centro per il coordinamento dell'edilizia modulare)

Industria confezioni pelliccerie ingrosso   Wholesale Furriers
(**Industria per le confezioni di pellicerie all'ingrosso**)

Riparazioni scarpe   Shoes mended here (**Riparazioni di scarpe**)
Lavaggio auto   Car Wash (**Lavaggio di auto**)

23.2   Past Subjunctive (Imperfect Subjunctive)

For the conjugation of this tense refer to the paradigms below:

Verbs in	-are	-ere	-ire
Infinitive	domandare	sapere	finire
sing. 1	domandassi	sapessi	finissi
2	domandassi	sapessi	finissi
3	domandasse	sapesse	finisse
pl. 1	domandassimo	sapessimo	finissimo
2	domandaste	sapeste	finiste
3	domandassero	sapessero	finissero

Irregular verbs					
Infinitive	dare	stare	fare	dire	essere
sing. 1	dessi	stessi	facessi	dicessi	fossi
2	dessi	stessi	facessi	dicessi	fossi
3	desse	stesse	facesse	dicesse	fosse
pl. 1	dessimo	stessimo	facessimo	dicessimo	fossimo
2	deste	steste	faceste	diceste	foste
3	dessero	stessero	facessero	dicessero	fossero

Other verbs with a 'contracted' Infinitive form the Past Subjunctive from the 'extended' form (see 6.6).

Infinitive	bere	condurre	porre
Past Subjunctive	bevessi	conducessi	ponessi

This applies also to other verbs ending in **-durre** (**dedurre** to deduce, **produrre** to produce etc.) and **-porre** (**comporre** to compose, **supporre** to suppose etc.). The auxiliary **avere** has a regular conjugation, like **sapere** above.

23.3 Other compound tenses of the Subjunctive

The Perfect and the Pluperfect of the Subjunctive are formed, like the corresponding tenses of the Indicative, by combining the Present and Past Subjunctive of the appropriate auxiliary with the Past Participle of the verb, e.g.

Infinitive	domandare	finire	
Perfect	abbia domandato	sia finito	(Note that **finire** may also
Pluperfect	avessi domandato	fossi finito	take **avere**)

23.4 Use of the Subjunctive in dependent clauses
(See 22.1.)

The Subjunctive is also used in Indirect Interrogative clauses, i.e. in reported questions. For instance:

Quali sono i suoi titoli di studio, signorina?   What are your educational qualifications, Miss . . .?
Domanda alla signorina quali siano i suoi titoli di studio
Ho domandato alla signorina quali fossero i suoi titoli di studio
Che cosa ti ha detto?   What did he/she tell you?
Mi domando che cosa ti abbia detto (but: **Dimmi che cosa ti ha detto**)
Mi domandavo che cosa ti avesse detto

Note the tense shifts in the two examples above. There is no scope in a basic Italian course for a complete treatment of tense shifts, which would require involved grammatical explanations. We offer instead a further set of examples, in which the mechanics of tense shifting are largely similar in both languages:

Mi pare che le sue ottime referenze giustifichino la sua assunzione
It seems to me that her excellent references justify our giving her the job

Mi pare che le sue ottime referenze abbiano giustificato la sua assunzione
It seems to me that her excellent references have justified our giving her the job

Mi pare che le sue ottime referenze giustificassero la sua assunzione
It seems to me that her excellent references justified (at that time) our giving her the job

Mi è parso che le sue ottime referenze giustificassero la sua assunzione
It seemed to me/I came to the conclusion that her excellent references justified our giving her the job (the inference is that I still hold the same opinion)

Mi pareva che le sue ottime referenze giustificassero la sua assunzione
It seemed to me that her excellent references justified our giving her the job (the inference is that I no longer hold that opinion)

Mi era parso che le sue ottime referenze giustificassero la sua assunzione
It had seemed to me that her excellent references would justify our giving her the job

Mi era parso che le sue ottime referenze avessero giustificato la sua assunzione
It had seemed to me that her excellent references had justified our giving her the job

Further possibilities involve the use of the Conditional in the secondary clause:

Mi pare che le sue ottime referenze giustificherebbero la sua assunzione
It seems to me that, considering her excellent references, we would be justified in giving her the job

Mi pareva che le sue ottime referenze avrebbero giustificato la sua assunzione
It seemed to me that, considering her excellent references, we would have been justified in giving her the job (the inference is that we didn't)

Mi pare che le sue ottime referenze avrebbero giustificato la sua assunzione
I am now of the opinion that we would have been justified in giving her the job because of her excellent references

Mi pareva che le sue ottime referenze giustificherebbero la sua assunzione
I was then of the opinion that her excellent references would justify our giving her the job

The attempt to provide separate English translations for every example should not mislead you into thinking either that these translations are the only possible ones, or that it is always possible to give separate translations into English for every item of other similar sets. It often happens that the range of grammatical and/or stylistic choices available in one language does not coincide with the range of similar options available in the other. The existence of a set of linguistic items in one language is never a precondition for the existence of comparable sets in other languages.

23.5 Use of the past participle instead of a finite-tense dependent clause

In the language used in official correspondence, reports, and other similar types of formal writing, past participles, often with unstressed pronouns attached, may be found instead of other types of dependent, or co-ordinated, clause more frequent in informal or spoken styles. For instance:

... la signorina Gervasi, già segnalataci come persona di fiducia
... la signorina Gervasi, che ci era già stata segnalata come persona di fiducia

Convocatala per un colloquio, le ho domandato ...
L'ho convocata per un colloquio e le ho domandato ...

Avvicinatolo, mi sono accorto che ...
Dopo averlo avvicinato/Dopo essermi avvicinato a lui, mi sono accorto che ...
Having approached him, I realized that ...

Esercizi

(a)

Laura Gervasi relates to her boy-friend what sort of questions she was asked at the interview. Here are some of the actual questions. Put them into the form Laura would use in talking to her boy-friend.

1. Dove è nata?
   Mi ha domandato dove fossi nata.
2. Dove abita?
   Mi ha domandato dove abitassi.
3. Quante lingue conosce?
4. Perché non ha un titolo di studio italiano?
5. Quando è ritornata in Italia?
6. Come ha ottenuto l'ammissione alle nostre scuole?
7. Conosce l'inglese commerciale?
8. Quando ha fatto il corso di stenografia?

(b)

Practise the Present-Imperfect shift on the following sentences:

1. È meglio che tu venga venerdì.
   Era meglio che tu venissi venerdì.
2. È necessario che gli studenti facciano questi esercizi.
3. Bisogna che voi ascoltiate il programma con più attenzione.
4. È meglio assumere una segretaria che sappia l'inglese.
5. Non è possibile che le lascino fare il liceo senza che lei presenti dei titoli di studio.
6. Mi interessa sapere quale sia la sua conoscenza dell'inglese.
7. Può darsi che in questo caso non si riesca a realizzare una telecronaca diretta.
8. Spero che questa volta non si ripetano le difficoltà di mezz'ora fa.

(c)

Many structures involving the use of the Subjunctive may be replaced, particularly in speech, by less formal structures with the Indicative. Change the following sentences, with **sebbene** + Subjunctive into equivalent ones, with **anche se** + Indicative.

1. Sebbene sia stanco, ci vado lo stesso.
   Anche se sono stanco, ci vado lo stesso.
2. Sebbene la cosa non gli interessasse, glie ne ho parlato lo stesso.
   Anche se la cosa non gli interessava, glie ne ho parlato lo stesso.
3. Sebbene il dottor Carli abbia molto lavoro, ha accettato di organizzare il congresso (*congress, conference*).
4. Sebbene non fosse per niente d'accordo, Laura ha accettato il mio consiglio.
5. Sebbene non abbia mai studiato dattilografia, so scrivere a macchina.
6. Sebbene la gara di slalom m'interessi non ho voglia di guardare la televisione.
7. Sebbene ci sia il sole non fa affatto caldo.
8. Sebbene abbia visto il film, non mi ricordo affatto questo particolare.

(d)

The following sentences have been written in a rather formal bureaucratic style, involving the use of past participles with pronouns attached. Rewrite then, as suggested by the example given, in a more informal style, replacing the participles with finite tenses as appropriate.

1. Ha risposto all'inserzione la signorina Gervasi, segnalataci come persona di fiducia.
   Ha risposto all'inserzione la signorina Gervasi che ci era stata segnalata come persona di fiducia.
2. Mi sono rivolto all'ufficio indicatomi.
3. Abbiamo intervistato la candidata raccomandataci dal direttore.
4. La signorina Gervasi, diplomatasi in Inghilterra, ha dimostrato un'ottima conoscenza dell'inglese parlato.
5. Rispondiamo alla Sua lettera pervenutaci questa mattina.
6. Non possiamo purtroppo spedirLe i libri richiestici.

(e)

Translate into Italian:

1. I thought George was right (to be right = *avere ragione*).
2. We had hoped you would understand.
3. My uncle needed a person who knew commercial English.
4. It would have been better if you had listened more carefully.
5. I asked her who her friend was.
6. Keido Tanaka was the first Japanese skier who took part in the Cortina Prize.
7. She was the most intelligent girl who ever came to my classes.
8. I believed that there were no difficulties.
9. I would be interested to know how you gained admission to Italian schools.
10. That is precisely what I want to know.

(a)

Here are five advertisements offering various jobs. Match them to the applicants whose particulars and qualifications appear below.

1. Commessi cercansi urgentemente per grande magazzino centrale. Ottima retribuzione. Telefonare 94 36 48.
2. Ditta riparazioni elettrodomestici ricerca elettricista qualificato/a. Telefonare 87 95 42 ore ufficio.
3. Cercasi meccanico esperto motori diesel e a iniezione. Rivolgersi Autorimessa Centrale Via Magenta 29, Lodi.
4. Importante ditta import-export cerca segretario/a personale per direttore generale. Indispensabile conoscenza inglese e tedesco. Rivolgersi indicando titoli e referenze a Personnel Consultants, Via Tasso 42, Varese.
5. Fioraia cerca fattorino/a per consegne a domicilio centro città. Telefonare 82 74 31.

A. Giorgio Rossi, di anni 17. Studente di scuola media. Nessun impiego precedente. Cerca un lavoro temporaneo durante le vacanze.
B. Carlo Verdi, di anni 28. Ha studiato al Liceo Linguistico e poi all'università, prendendo una laurea in lingue. Ha lavorato per alcuni mesi come interprete alla Fiera Commerciale; e poi nella sezione rapporti con l'estero della ditta SIGMA (Società Industriale Grafica e Meccanica Aretina), che lo ha spesso inviato in Germania.
C. Maria Bianchi, di anni 21. Licenza media, e poi istituto tecnico commerciale. Lavora in un negozio di mode della periferia e vuole spostarsi verso il centro della città.
D. Michele Viola, di anni 30. Diploma di Istituto Tecnico Industriale. Ha lavorato per cinque anni in una piccola fabbrica di lavatrici e frigoriferi, ma è ora disoccupato.
E. Francesco Gerace, di anni 42. Ha lavorato per sette anni all'estero (Francia e Belgio) nelle fabbriche Peugeot e Ford, e ora vuole rientrare in Italia.

(b)

In the following sentences change the second clause preceded by **ma** into a relative clause with **che**, which will be a clause defining or restricting the meaning of the first half of the sentence, and therefore requires the Subjunctive.

1. Voglio una segretaria, ma deve sapere bene l'inglese.
   Voglio una segretaria che sappia bene l'inglese.
2. Richieda ai candidati dei titoli di studio, ma devono essere stati rilasciati in Italia.
3. Mi piacciono i bambini, ma non devono fare troppo rumore.
4. Mi dia una medicina, ma deve essere efficace.
5. Mi dia una compressa, ma deve farmi passare il mal di testa.
6. Distribuite questi biglietti agli studenti; ma devono prima avere pagato.
7. Vorrei una dozzina di uova, ma devono essere ben fresche.
8. Assumeremo una dattilografa, ma deve avere ottime referenze.

(c)

Match each one of the following places of work to the groups of possible jobs that may be done there (both masculine and feminine forms are given whenever applicable).

1. garage	**A**	**E**
2. ristorante	attore, attrice	medico, dottoressa
3. ospedale	scenografo, -a	anestesista
4. stazione TV	regista	radiografo, -a
5. giornale	macchinista di scena	infermiere, -a
6. teatro	bigliettario, -a	patologo, -a
7. stazione ferroviaria	guardarobe	farmacista
8. università		
	B	**F**
	presentatore, presentatrice	meccanico
	tecnico, -a	elettricista
	cameraman	apprendista
	cronista	magazziniere, -a
	attore attrice	
	intervistatore,	**G**
	intervistatrice	professore, professoressa
		assistente
	C	segretario, -a
	redattore, redattrice	tecnico, -a di laboratorio
	fotografo, -a	studente, studentessa
	giornalista	
	cronista	**H**
	linotipista	bigliettario, -a
	tipografo	ferroviere
		capostazione
	D	impiegato, -a
	cuoco, cuoca	macchinista
	cameriere, -a	
	cassiere, -a	
	lavapiatti	

(d)

Now that you have matched the workers to their place of work, you will (I'm sure) have guessed the translation of most of the new words, and implicitly understood certain rules relating a number of masculine nouns to their feminine counterparts. Test yourself by suggesting the female counterparts of the following:

programmatore   *computer programmer*
coreografo   *choreographer*
psicologo   *psychologist*
suggeritore   *prompter*
profumiere   *perfumer*
sarto   *tailor*
ricercatore   *researcher, research assistant*
ragioniere   *accountant*
collaudatore   *tester, quality inspector*

Il convegno

24

The members of the Executive Committee of a National Association are planning the next conference. They discuss where it should be held and who should take care of the various aspects of its organization. The grammar contents of this unit include the use of conditional sentences.

Alla riunione del consiglio direttivo di una associazione nazionale si discute l'organizzazione del prossimo convegno. Partecipano alla discussione il dottor Carli, l'ingegner Pedrotti, la signorina Argeri e la signora Valente, che presiede.

VALENTE Oh, bisogna poi cominciare a pensare al convegno di luglio. Dottor Carli, si occupa Lei dell'organizzazione?

CARLI Ho paura di non farcela. Ho davvero un mucchio di lavoro fra adesso e luglio, e non riuscirei a far le cose come si deve.

VALENTE Eppure non dovrebbe costarle molta fatica, dato che l'argomento rientra proprio nel genere di cose che lei fa. Lei è un esperto nel campo.

CARLI Sì, ma non è tanto il programma di lavoro che mi preoccupa. A quello ci arriverei. È tutta l'organizzazione logistica e amministrativa, mandare circolari, ricevere quote, prenotare alberghi e via dicendo. Se Pedrotti si occupasse lui di queste faccende, io mi prenderei volentieri l'incarico di pensare al resto.

VALENTE Che ne dice, ingegner Pedrotti?

PEDROTTI Per me le cose stanno come per Carli. Tutto da solo non ce la farei, ma se Carli si accolla metà del lavoro, ci sto.

VALENTE E dove lo facciamo questo convegno?

ARGERI Abbiamo ricevuto proposte di organizzarlo a Pordenone, Mantova, Terni, Ancona e . . . e Caltanissetta.

VALENTE Oddio Caltanissetta! È un po' in capo al mondo. Come si fa ad andare fin laggiù!

CARLI È semplice: si prende il treno, o l'aereo.

VALENTE Grazie del suggerimento! Volevo dire che dopo tre convegni, in Calabria, in Piemonte e in Sardegna, ci vorrebbe un posto più centrale.

ARGERI Mantova e Ancona hanno ottime sedi, bene organizzate, con ottime possibilità di alloggio . . .

PEDROTTI Per quello, anche Pordenone e Caltanissetta, ma si tratta sempre di località un po' decentrate.

CARLI Allora non resta che scegliere Terni, anche se forse la sede è un po' meno spaziosa e conveniente delle altre. Così non scontentiamo troppo né quelli che vengono dal nord, né quelli che vengono dal sud.

ARGERI Speriamo di non scontentare quelli di Terni . . .

PEDROTTI Ma no, è da anni che ci chiedono di fare il convegno lì da loro!

VALENTE Va bene. Allora Terni. Ingegner Pedrotti, lei si mette subito in contatto con quelli di Terni, vero? Sappiamo quanto tempo ci vuole per metter su un convegno del genere.

PEDROTTI Certo, scriverò domani stesso.

VALENTE E lei, dottor Carli, comincia a pensare al programma.

CARLI Sì, la prossima volta verrò qui con una lista degli argomenti di discussione, e i nomi di alcuni possibili oratori.

VALENTE Anche lei, ingegner Pedrotti, la prossima volta ci faccia sapere che cosa combinano quelli di Terni.

PEDROTTI D'accordo.

Vocabolario

consiglio direttivo   steering committee, Board of Directors, Executive

convegno   conference. The word **conferenza** is often used in Italian with the meaning of 'meeting', but it tends to imply a meeting between a group of particularly qualified people, as opposed to a coming together (**convegno**) of persons with a common interest.

dottor Carli etc.   Italian titles ending in **-ore** and **-ere** drop their final **-e** whenever they are followed by the name of the person: **signor Giorgi, ingegner Pedrotti, professor Bianchi** etc. All men with a university degree, not only medical men, are entitled to be called **dottor(e)**, except graduates in one of the branches of engineering who are called **ingegner(e)**. The feminine counterpart of **dottore** is **dottoressa**, but there is as yet no recognized title for women graduates in engineering, and women tend to be addressed as **signora** or **signorina**, and not by their title, anyway. Practising lawyers (there is in Italy no categorial distinction between solicitors and barristers) are called **avvocato**. The feminine **avvocatessa** exists, but is not used to address people. Other common titles, corresponding to British civil honours, are **cavaliere** and **commendatore**, without feminine counterpart. It should be noted that most Southern Italians find it unseemly to address superiors, or even equals and inferiors whenever some mark of respect is required, without using a title of some sort: the most commonly used, at the lower end of the scale, are **don** (for men) and **donna** (for women), both derived from Latin *dominus, domina*, master, mistress; always followed by the person's first name.

occuparsi di qualche cosa   to take care of something

ho paura di non farcela   I'm afraid I won't make it, I'm afraid I won't be able to manage. Note that **aver paura** in Italian actually implies a feeling of anxiety, and cannot therefore be used as freely as *I'm afraid* in English. For other similar idiomatic expressions with a feminine object pronoun see 21.3.

un mucchio di lavoro   a lot of work; **mucchio** heap, **ammucchiare** to heap

come si deve   as it/they should be done, properly

rientrare   apart from *to go in again, to come back*, it also means *to fall within*: **non rientra nelle sue mansioni** it doesn't fall within his/her duties.

quote   fees (such as membership, enrolment fees etc.) or shared contributions, equally paid by a number of people

prenotare   to book

e via dicendo   and so on

faccenda   thing to be done (a variant of the gerund of **fare**)

accollarsi   to take on (literally: to take on one's neck)

ci sto   I agree, I accept

in capo al mondo   far away, at the other side of the world

sede   seat, office, premises; **la sede centrale** Head Office; **la Santa Sede** the Holy See

per quello   as far as that is concerned; – **La mia camera è molto silenziosa** – **Per quello anche la mia** 'My room is very quiet' 'And so is mine'

decentrato   off-centre, peripheral

scontentare   to disappoint

metter(e) su   to set up

oratore   speaker

che cosa combinano   what they are up to

acconsentire a   to agree to

riferire   to report

in merito   on this/that subject; **in merito al convegno il consiglio ha deciso che ...** as regards the conference the Board resolved that ...

Note di grammatica

24.1 Conditional sentences

This is the name given to dependent clauses introduced by the conjunction **se** if, stating the condition(s) required for the action of the main verb to take place.

24.1.1

It is important to note that not all clauses preceded by **se** do in fact lay down a condition, in which case **se** is best not translated into English:

Se era stanca non lo si notava She might have been tired, but it didn't show

A sentence like: **Se esci comprami il giornale** could also mean: As you're going out, buy me the paper (not only: If you're going out).

24.1.2

There are basically two classes of events considered as possible under certain conditions: (a) those which have yet to take place and (b) those which did not take place (those which did take place belong, of course, not to the class of possibilities, but to that of actual facts).

In Conditional sentences of type (a) the Present and/or the Future Indicative are used. The Imperative may also be used in the main clause:

Se verrà mi troverà a casa
Se viene mi troverà a casa } If he/she comes, he/she will find me at home
Se viene mi trova a casa

Se viene mandalo via If he comes send him away

In sentences of type (b) the Imperfect Indicative is often used in the spoken language:

Se veniva mi trovava a casa If he/she had come, he/she would have found me at home

24.1.3

A more formal structure, involving the use of the Subjunctive in the conditional clause and of the Conditional in the main clause, allows, among events of type (a), a distinction between those which are merely expected under certain conditions, and those which are considered uncertain, unlikely or untrue:

Se viene mi trova a casa
Se venisse mi troverebbe a casa (but it's unlikely he/she will come)

Se non sono sicuro di una cosa non ne parlo If/whenever I am not sure about something, I don't talk about it

Se non fossi sicuro non ne parlerei (but I am sure; i.e. the suggestion that I am not sure about it is untrue)

A similar structure applies to group (b), but here the distinction is mostly one of formality:

Se veniva mi trovava a casa
Se fosse venuto mi avrebbe trovato a casa

Se non ero sicuro di quella cosa non ne parlavo
Se non fossi stato sicuro di quella cosa non ne avrei parlato

24.1.4

The conditional clause may appear before or after the main clause:

Non avrei parlato di quella cosa se non ne fossi stato sicuro

Conditional sentences may be found without a completing main clause:

Se non fai il bravo ... (You'll see what happens) if you don't behave
Se avessi più soldi! I wish I had more money
Se fossi imperatore! I wish I were an emperor

Note how the same type of meaning can be conveyed by syntactically different structures:

CARLI **Se Pedrotti si occupasse lui di queste faccende io mi prenderei
volentieri l'incarico di pensare al resto**
If Pedrotti took care of those things I'd gladly take care of the rest

PEDROTTI **Se Carli si accolla metà del lavoro, ci sto**
If Carli takes on half of the work, I agree

As noted above, the use of the Indicative implies expectation as distinct from mere possibility. Carli uses the Subjunctive/Conditional structure because, as he is speaking, he is not yet sure whether Pedrotti will agree. But, after he has spoken, Pedrotti can be sure of his intentions, and therefore uses the Indicative.

24.2 Formal and informal styles

Here are a few more examples of the distinction between informal and formal styles relevant to the use of the Subjunctive.

Le altre sedi hanno possibilità migliori, eppure abbiamo scelto Terni

Benché } **le altre sedi** { **abbiano**
Sebbene } **le altre sedi** { **avessero** **possibilità migliori, abbiamo scelto Terni**

(**Benché** or **sebbene** are interchangeable. **Avessero**, as opposed to **abbiano**, implies: 'at the time of our decision we considered that they had ...')

Abbiamo scelto Terni, così tutti saranno contenti
Abbiamo scelto Terni perché tutti siano contenti

(**Affinché** can be substituted for **perché**. As above, **perché tutti fossero contenti** would imply: 'at the time of our choice we hoped everybody would be happy'.)

L'ingegner Pedrotti scriverà subito, e così cominceranno i preparativi
L'ingegner Pedrotti scriverà subito affinché comincino i preparativi

24.3 Use of 'venire' as a passive auxiliary

The verb **venire** can be used (though NOT in its compound tenses) as a passive auxiliary, in which case it tends to convey an idea of duration, of some process being performed. Mostly **essere** and **venire** are interchangeable:

... affinché vengano fatti al più presto i preparativi necessari
... affinché siano fatti al più presto i preparativi necessari
... in order that the necessary preparations may be started as early as possible.

La conversazione verrà così riassunta nel verbale
La conversazione sarà così riassunta nel verbale
The conversation will thus be summed up in the minutes.

In some cases, however, the use of **venire** is made necessary by the fact that, in the passive construction with **essere**, the past participle could be mistaken for an adjective. Compare:

La stanza era sempre pulita   The room was always clean
La stanza veniva sempre pulita   The room was constantly being cleaned

Domani il museo sarà aperto   The museum will be open tomorrow
Domani il museo verrà aperto   The museum will be opened tomorrow

Oggi il menù è cambiato   The menu is different today
Oggi il menù viene cambiato   The menu is going to be changed today

Esercizi

● **(a)**

What you're being told is quite unlike what you believed to be the case.

1. Non è la signora Valente che presiede la riunione.
   E io credevo che la presiedesse la signora Valente!
2. Non è il dottor Carli che organizza il convegno.
3. Non è l'ingegner Pedrotti che sceglie gli oratori.
4. Non è la sede di Ancona che ospita il convegno.
5. Non è il consiglio direttivo che prende tutte le decisioni.
6. Non è la segretaria che prenota gli alberghi.
7. Non è la signora Valente che riceve le quote.
8. Non è il presidente che sceglie l'argomento della discussione.
9. Non è la signorina Argeri che manda le circolari.
10. Non è il dottor Carli che scrive il verbale (*minutes*).

● **(b)**

You wish to emphasize the point you have just made and, at the same time to show that you are not being negative, by pointing to the unrealized possibilities. Confirm what you have just said by a Conditional sentence.

1. Non studi con diligenza, perciò non parli bene l'italiano.
   Se studiassi con diligenza parleresti bene l'italiano.
2. Non hai letto quell'articolo, e così non possiamo discuterlo.
   Se avessi letto quell'articolo potremmo discuterlo.
3. Non ho tempo, e così non vado in vacanza.
4. Carla non viene, perciò non potrai parlarle.
5. La candidata non ha titoli di studio italiani perciò non posso considerare la sua domanda di lavoro.
6. Queste uova non sono fresche, e io non le compro.
7. La lettera di Giorgio non è arrivata in tempo, e così non ho fatto quello che mi chiedeva.
8. Non ho preso una compressa, e così il mal di testa non mi è passato.
9. Non abbiamo ascoltato la radio, perciò non sappiamo le ultime notizie.
10. Non c'è giustizia sociale, perciò non c'è pace nel mondo.

(c)

Make your point more effective by suggesting that, under certain circumstances, what you have just said would not happen, or would not have happened.

1. Hai mangiato troppo e ora ti senti male.
   Se non avessi mangiato troppo non ti sentiresti male.
2. Abbiamo fatto molte spese e siamo rimasti senza soldi.
   Se non avessimo fatto molte spese non saremmo rimasti senza soldi.
3. Ho camminato molto e adesso sono stanco.
4. Giorgio ha letto tutto il pomeriggio e ora ha mal di testa.
5. L'Italia mi piace e perciò ci vado a passare le vacanze.
6. Quelle uova sono fresche, così le compro.
7. Hai preso un'aspirina e naturalmente il mal di testa ti è passato.
8. Il giornale arriva la mattina presto quindi posso leggerlo a colazione.
9. Lei ha i titoli di studio richiesti, e così posso accogliere la Sua domanda.
10. Ho letto il tuo articolo, e perciò posso dirti quello che ne penso.

(d)

Replace the forms of **essere** in the following passive sentences with the corresponding forms of **venire**.

1. Il congresso sarà organizzato dalla nostra associazione.
   Il congresso verrà organizzato dalla nostra associazione.
2. Il verbale è scritto di solito dalla signorina Argeri.
   Il verbale viene scritto di solito dalla signorina Argeri.
3. La riunione sarà presieduta dalla signora Valente.
4. Il prossimo convegno sarà organizzato dal dottor Carli.
5. L'argomento sarà scelto durante la prossima riunione del consiglio direttivo.
6. L'erba (*grass*) era tagliata regolarmente ogni settimana.
7. La posta è distribuita ogni mattina verso le otto.
8. I giornali non saranno pubblicati il 26 dicembre.
9. Quello che dici non è mai considerato con l'attenzione che meriterebbe.
10. Tutti gli studenti sono esaminati alla fine del corso.

(e)

Translate into Italian:

(From the minutes of a committee meeting held on January 29, 1981.)
... The steering committee, having examined various possibilities in detail, decided that the next national conference will take place in Terni in July 1981. The exact dates will be fixed in consultation with the Terni branch office. Messrs. Pedrotti and Carli were entrusted with the organization of the conference. The Chairman asked them to write to Terni as soon as possible in order that the necessary preparations be made, and to report about their progress to the next committee meeting in March.

● (a)

This time what you believed to be the case happened in the past.

1. Non è la signora Valente che ha presieduto la riunione.
   E io credevo che l'avesse presieduta la signora Valente!
2. Non è la signorina Argeri che ha scritto il verbale.
   E io credevo che l'avesse scritto la signorina Argeri!
3. Non è il dottor Carli che ha organizzato il convegno.
4. Non è l'ingegner Pedrotti che ha scelto gli oratori.
5. Non è la sede di Ancona che ha ospitato il convegno.
6. Non è il consiglio direttivo che ha preso tutte le decisioni.
7. Non è la signora Valente che ha ricevuto le quote.
8. Non è la segretaria che ha prenotato gli alberghi.
9. Non è il presidente che ha scelto l'argomento della discussione.
10. Non è la signorina Argeri che ha mandato il telegramma.

(b)

Shift the following sentences into the past.

1. Se tu leggessi l'articolo potremmo discuterlo.
   Se tu avessi letto l'articolo avremmo potuto discuterlo.
2. Se Carla venisse potresti parlarle.
   Se Carla fosse venuta avresti potuto parlarle.
3. Se avessimo tempo andremmo in vacanza.
4. Se i tuoi cugini telefonassero potresti invitarli a cena.
5. Se lei mi presentasse dei titoli di studio italiani prenderei in considerazione la sua domanda di lavoro.
6. Se quelle uova fossero fresche le comprerei.
7. Se tu prendessi un'aspirina ti passerebbe il mal di testa.
8. Se ascoltassimo il bollettino meteorologico (*weather forecast*) sapremmo che tempo farà domani.
9. Se ci fosse giustizia sociale non ci sarebbe violenza nelle nostre città.
10. Se il giornale arrivasse la mattina presto potrei leggerlo a colazione.

(c)

You are the Committee Secretary. During the meeting you have taken hasty telegraphic notes, with verbs in the Present tense, or in shortened form (e.g. without auxiliaries like **essere** or **avere**), abbreviated words, no articles or prepositions etc. Develop those notes into proper minutes. Use past tenses (Perfect and Imperfect). Add all necessary words. You may begin by using the introductory paragraph on page 194 shifting it into the past. Your notes continue as follows:

Sig. ra V. suggerisce Dott. Carli organizz. convegno luglio. Dott. C.: troppo occupato per organizz. da solo; ma pronto a preparare programma lavori se Ing. Pedrotti organizz. parte amministrativa.
Comitato discute dove tenere convegno. Diverse città proposte: Pordenone, Mantova, Terni, Ancona, Caltanissetta. Terni scelta per sua posiz. centrale, anche se meno conveniente.
Ing. Pedrotti incaricato scrivere subito a Terni per organizz. alberghi e alloggi, e Dott. Carli preparare programma. Tutti e due riferire prossima riunione comitato.

● (**d**)

See how good a Committee Secretary you can be. On your tape there is another excerpt from the dialogue between Signora Valente, Ingegner Pedrotti, Dottor Carli and Signorina Argeri (who speak in that order). Listen to it carefully and then answer the following comprehension questions:

1. What are the committee members discussing?
   (i) the total national membership   (ii) a proposal to increase the annual membership fee
2. What is the present annual membership fee?
   (i) 10,000 lire   (ii) 1,975 lire   (iii) 27,350 lire
3. How many new members would be required, if one accepted Ing. Pedrotti's idea?
   (i) 5,000   (ii) 13,000   (iii) over 13,000
4. Who sides with Signora Valente in the discussion?
   (i) Ing. Pedrotti   (ii) Signorina Argeri   (iii) Dott. Carli

Una favola moderna

25

Here is a modern tongue-in-cheek version of the well-known fable of the frog who wanted to be as big as an ox. This unit introduces the Past Definite as the tense appropriate to written narrations of past events.

Una rana, saltellando in un prato, incontrò un bue. 'Come potrei fare per diventare grosso come lui?' pensò la rana. Così cominciò a trattenere il respiro e a gonfiarsi. Si gonfiò e ingrandì, ma senza avvicinarsi affatto alle dimensioni del bue, che continuava tranquillamente a ruminare.

La rana andava gonfiandosi sempre di più, e aveva già raggiunto con molta fatica le dimensioni di un gatto, quando passò di lì una biscia. 'Mi accorgo che Lei sta cercando di migliorare la Sua immagine', disse la biscia, 'e forse io posso aiutarLa. Sono il direttore dell'agenzia di pubblicità Biscia & Basilisco, una delle migliori. Come Lei sa, organizziamo la campagna elettorale dell'Opposizione. Io Le monterò una campagna, alla radio e alla televisione, per proiettare la Sua immagine in un modo diverso. Convincerò tutti che Lei è grande quanto un bue, anzi, più di un bue. Mi vengono già in mente degli slogan:

Dimensioni sovrumane   ha la razza delle rane.
Non c'è né bue né toro   che sia grande come loro.'

La rana ascoltò con molta attenzione (va detto che lo sforzo d'ingrandire la stava stancando, e poi aveva paura di scoppiare). 'Davvero?' domandò. 'Lei riuscirà a convincere la gente che io sia grosso più di un bue?' E la biscia: 'Nessun problema. Non c'è bisogno che Lei faccia tanti sforzi per ingrandire realmente quando, servendosi del mio aiuto, potrà far credere a tutti di essere enorme, anche se non lo è.'

Con un respiro di soddisfazione e sollievo la rana cominciò a sgonfiarsi. Quando fu ritornata alle sue dimensioni normali, cioè tali da entrare nella bocca di una biscia, la biscia in un boccone se la mangiò.

Vocabolario

favola   fable, fairy tale
rana   frog (when, in fairy tales, it is necessary to refer to a male frog the word **ranocchio** is used)
saltellare   to hop about. This is derived from **saltare**, with the addition of a 'frequentative' suffix, denoting repeated or intensive action. Other examples of the same suffix: **canterellare** (**cantare** to sing); **girellare** (**girare** to go about); **sbocconcellare** to nibble (**boccone** mouthful); **giocherellare** (**giocare** to play). The suffixes **-ettare** and **-cchiare** have a similar meaning, often indicating incompleteness or desultoriness: **picchiettare** to tap, to drum (**picchiare**); **pieghettare** to pleat, to ruche (**piegare** to fold); **fischiettare** (**fischiare**, to whistle); **spezzettare** to break into little pieces (**spezzare** to break); **scribacchiare** to scribble (**scrivere**); **ridacchiare** to giggle (**ridere**); **sonnecchiare** to doze (**sonno** sleep); **studiacchiare** to study listlessly, without concentration (**studiare**).

bue   ox (*pl.* **buoi**)

diventare   to become

trattenere il respiro   to hold one's breath

gonfiare   to blow up; **gonfiarsi** to blow oneself up, to swell

fatica   effort (also: **sforzo**)

gatto   cat

biscia   water snake, grass snake

accorgersi di   to realize

disse   said (Past Definite see Unit 26)

montare   to mount

diverso   different

sovrumano   superhuman

toro   bull

scoppiare   to burst

sospiro   sigh

sollievo   relief

sgonfiarsi   In many Italian verbs the initial **s-** is a prefix having a negative or a 'taking away' meaning corresponding to English *de-* or *un-*: **sgonfiarsi** to deflate oneself; **sbilanciare** to unbalance; **sbloccare** to unblock; **sbottonare** to unbutton (positive: **abbottonare**); **sbucciare** to peel (**buccia** peel); **scaricare** to unload; **scartare** to unwrap, to take a card out of its pack, to set aside (**carta** paper, playing card); **scomporre** to decompose; **scoprire** to uncover, to discover; **sfornare** to take out of the oven (**forno**); **smontare** to dismount, to dismantle (**montare** to mount, to assemble); **snazionalizzare** to denationalize; **spiegare** to unfold, to explain (**piegare** to fold); **spolverare** to dust (as in English, both in the sense of taking away the dust and sprinkling with powdery substances); **spostare** to move, to displace (**posto** place); **stappare** to uncork (**tappo** cork); **svestire** to undress etc.

tali da entrare nella bocca etc.   such as would fit into the mouth of a grass snake

in un boccone   in one mouthful

Note di grammatica

25.1 Past Definite (1)

This tense is variously defined in English as Past Definite or Past Historic. It has two distinct conjugation patterns. The first includes most verbs in **-are** and all verbs in **-ire** except **venire** and its compounds (**avvenire**, **pervenire** etc.); and **dire**:

Pattern 1

Infinitive	andare	dare		sedere		finire	essere
sing. 1	andai	diedi	detti	sedei	sedetti	finii	fui
2	andasti	desti		sedesti		finisti	fosti
3	andò	diede	dette	sedè	sedette	finì	fu
pl. 1	andammo	demmo		sedemmo		finimmo	fummo
2	andaste	deste		sedeste		finiste	foste
3	andarono	diedero	dettero	sederono	sedettero	finirono	furono

Note that only a few verbs in **-ere** follow the **sedere** pattern: the most common are **potere** to be able, **temere** to fear (with stressed **-ère**), **credere** to believe and **vendere** to sell (with unstressed **-ere**). The remaining verbs in **-ere** follow the **avere** pattern, with only three persons derived from the Infinitive. This pattern will be explained in Unit 26.

It is difficult to prescribe a choice between the alternate forms in the **dare**, **sedere**-type pattern: probably the forms having a **-tt-** are slightly more frequent than the others, except in the case of **potere**, when the forms in **-ei**, **-è** and **-erono** are normally used.

The Past Definite appears more frequently in the written than in the spoken language, and is heard more often in Southern than in Central or Northern Italy. In order to understand how this situation has come about one should bear in mind that the Tuscan dialect (on which Standard Italian is based) distinguishes between past events considered as completed and having no bearing on the present, narrated in the Past Definite (**Passato Remoto**), and past events the effects of which are still being felt, expressed in the Perfect (**Passato Prossimo**):

Passò l'inverno a letto ammalato, ma ora sta bene
He spent last winter ill in bed but he is well now
Ha passato l'inverno a letto ammalato, e non sta ancora bene
He spent last winter ill in bed and he still isn't well

In some cases the 'relevance to the present' may appear to be a question of time, more recent events having obviously more chances of impinging on present situations than remote events. This induced some grammarians to formulate the distinction between **Passato Prossimo** and **Passato Remoto** as one between recent and remote past. This generalization is however incorrect.

The Tuscan distinction became generalized in Standard Italian (and in the spoken language, particularly in Central and Northern Italy, more open for various educational and social reasons to the influence of the Tuscan standard) as a distinction between past events, referred to in the course of DIRECT written or spoken communication between people, which, insofar as they are being mentioned in such communication are all equally 'relevant' to the present situation and require verbs in the Perfect tense; and past events described outside a direct communication, which tend to be narrated in the Past Definite. Most Italians, therefore, would talk or write to their friends about a journey they have made using the Perfect:

Il treno è partito in orario. Ho trovato un posto libero in uno scompartimento di prima classe.
The train left on time. I found an empty seat in a first class compartment.

In a novel or a short story, on the other hand, you would read:

Il treno partì in orario. Trovai un posto libero in uno scompartimento di prima classe.

Both tenses contrast with the Imperfect in the same way (see 9.4).

25.2 Pluperfect and Past Perfect

Some examples of these tenses have already been included in previous units, where their translation did not cause any particular problems.

They are formed as follows:

Pluperfect (**Trapassato Prossimo**):   Imperfect of auxiliary + past participle
Past Perfect (**Trapassato Remoto**):   Past Definite of auxiliary + past participle

They are both used to indicate anterior events in tense sequences containing an Imperfect or a Past Definite.

The Pluperfect, like the Imperfect, does not indicate completion, whereas the Past Perfect implies that the anterior event has been completed before the other one can begin:

La rana aveva già raggiunto le dimensioni di un gatto quando passò di lì una biscia
The frog had already reached the size of a cat when a water snake passed by (There is no implication that the frog stopped growing at that time.)

Quando la rana fu ritornata alle sue dimensioni normali, la biscia se la mangiò.
When/As soon as the frog had gone back to its normal size, the water snake ate it up (The anterior event must be complete for the event of the main verb to take place.)

The Pluperfect can be found in main clauses, even if in implied contrast with a subsequent Past Definite and/or Imperfect:

Ero finalmente riuscito. Che soddisfazione! Telefonai subito a casa.
I had at last succeeded. How pleased I was! I called home at once.

Mi svegliai di colpo. Erano le tre. Avevo dormito solo due ore.
I woke up with a start. It was three o'clock. I had only slept for two hours.

The Past Perfect, on the other hand, can only be found in a dependent clause. One should mention in this connection a mistaken use of the Past Perfect of **nascere** to be born. **Nascere** is an ACTIVE intransitive verb, whereas 'to be born' is the PASSIVE form of 'to bear'. Students who fail to realize this translate 'was born', which is a passive Past Definite, into **fu nato** which is an active Past Perfect, instead of using the Past Definite of **nascere** as they should. For the Past Definite of **nascere** and other 'Pattern 2' Past Definites, see Unit 26.

25.3 Use of 'venire' and 'andare' as auxiliaries

Apart from its 'passive' function in conjunction with Past Participles (see Unit 24) venire may combine with the Gerund (occasionally also in its compound tenses) to express a notion of progression and continuity (similar to that found in English sentences like 'he came to understand') together with an implication of growing relevance to the speaker which has no English equivalent:

Veniva scrivendo un libro   He/she was in the process of writing a book

Also **andare** can be used in a similar structure where the notion of repetition combines with that of progression:

Andava scrivendo poesie   He/she kept writing poems
Vanno pettegolando su di te   They keep gossiping about you

Andare, followed by a past participle, conveys an idea of duty and obligation and is equivalent to **dover essere**:

Va detto che ...   It must be said that ...
Queste lettere vanno spedite subito   These letters must be posted at once

Note that many verbs would not be considered by Italian native speakers as suitable for combination with **andare** and **venire** in this way.

25.4 Indicative and Imperative

When addressing people informally with **tu** there is not much formal difference between Indicative and Imperative, apart from **-are** verbs which have different forms (e.g. Ind.

mangi, Imp. **mangia**) and the fact that unstressed pronouns cannot be joined to Indicative forms (e.g. Ind. **lo mangi**, Imp. **mangialo**).

When addressing people formally, on the other hand, using the 3rd person, Indicative and Imperative have distinct forms.

It should be noted, however, that many instructions or orders may be given in the Indicative. The implication is either that the instruction is so obvious that it almost needn't be given, or that there is no question of contravening it. The English translations in the following examples attempt to convey these shades of meaning:

Lei si mette subito in contatto con quelli di Terni, vero?
I imagine you're now going to contact the Terni people, isn't that so?

E lei, dottor Carli, comincia a pensare al programma.
No doubt you, Dr. Carli, will start thinking about the programme.

Smettila di far storie e mangia!
Stop fussing and EAT!

Ora tu smetti di far storie, fai il bravo bambino e mangi.
Now you're going to stop fussing, you're going to be a good boy and eat.

Esercizi

(a)

Transform the Perfects in the following sentences into Past Definites.

1. Ero stanco, e così sono andato a letto.
   Ero stanco, e così andai a letto.
2. Gli ho telefonato perché volevo parlargli.
   Gli telefonai perché volevo parlargli.
3. Mentre passeggiavo nel parco ho incontrato Laura.
4. Laura mi ha parlato delle sue vacanze in Italia.
5. Questa agenzia di pubblicità ha organizzato la campagna elettorale del partito liberale.
6. Quando i miei genitori sono partiti per l'America erano ancora molto piccoli.
7. Molti emigranti sono ritornati dall'Australia perché non sopportavano le diverse condizioni di vita.
8. Maria è passata a visitarci quando tu non eri in casa.
9. Quell'uomo mi ha raccontato un sacco di bugie (*lies*).
10. Per farla addormentare le ho narrato una bella favola.
11. Abbiamo giocato a tennis per quattro ore filate (*continuously*).
12. La segretaria ha prenotato le camere in un buon albergo.
13. La nostra sede ha ospitato il convegno del 1968.
14. L'abbiamo salutato e siamo usciti.
15. Il treno è arrivato in orario ma è partito in ritardo.
16. La rana non è riuscita a diventare grossa come il bue.
17. La cosa mi è sembrata molto strana.
18. Il conferenziere ci ha parlato dell'arte italiana e ha proiettato molte diapositive (*slides*).
19. Abbiamo dormito benissimo.
20. In che mese è finita la seconda guerra (*war*) mondiale?

(b)

Transform the first of the two phrases linked by **e** into a **quando** ... clause with the verb in the Past Perfect.

1. La rana ritornò alle sue dimensioni normali e la biscia se la mangiò.
   Quando la rana fu ritornata alle sue dimensioni normali, la biscia se la mangiò.
2. Finii di mangiare e andai al cinema.
   Quando ebbi finito di mangiare, andai al cinema.
3. Il nuovo presidente terminò il suo discorso, e tutti i delegati lo applaudirono.
4. Arrivai a casa e trovai che Mario mi stava aspettando.
5. L'uomo gli raccontò la sua storia, e il mio amico pensò come fare per aiutarlo.
6. Il professore passò a tutti gli studenti un foglio di carta, e cominciò a dettare l'esercizio.
7. Respirai un po' d'aria fresca e mi sentii subito meglio.
8. Il meccanico riparò l'automobile e potemmo rimetterci in viaggio.
9. Esaminarono di nuovo il problema e capirono che Giorgio aveva ragione.
10. Guardai la fotografia della ragazza e mi ricordai di averla conosciuta in casa di Laura.
11. Mia sorella trovò i documenti che cercava e si dimenticò di metterli nella borsa.
12. I miei cugini arrivarono in Australia, e non riuscirono a trovare lavoro.

(c)

Replace the impersonal expressions implying obligation and duty in the following sentences with **andare** + past participle.

1. Questo libro bisogna leggerlo.
   Questo libro va letto.
2. Queste lettere si dovevano spedire prima.
   Queste lettere andavano spedite prima.
3. Questo problema deve essere esaminato con più attenzione.
4. Questo problema doveva essere esaminato con più attenzione.
5. Il vino buono bisogna sorseggiarlo (*sip*) lentamente.
6. Col pesce si deve bere il vino bianco, mentre con la carne arrosto si deve bere il vino rosso.
7. Lo spumante bisognava metterlo in frigorifero (*fridge*).
8. Questa lettera deve essere affrancata (*stamped*) con un francobollo da 750 lire.
9. Le precauzioni di cui mi hai parlato bisognava prenderle molto prima.
10. Il pezzo rotondo (*round*) deve essere avvitato a destra e non a sinistra.
11. Il formaggio lo si deve conservare in un ambiente asciutto (*dry*).
12. Le persone anziane (*elderly*) devono essere trattate con gentilezza e considerazione.

(d)

Translate into Italian:

A huge ox was running in a green meadow. A frog, seeing him, grew envious, and thought he could become as big as the ox by blowing himself up. While he was trying to grow a water snake passed by. The snake introduced himself as the head of a famous advertising agency, and suggested that a well-mounted campaign could persuade everybody that the frog was bigger than the ox. There was no need to become bigger, given that he could grow in people's imagination.

  Actually the snake was only interested in stopping the frog from blowing himself up: a normal-size frog is much easier to eat!

to grow (to become) **diventare**; (to increase) **crescere**
to introduce **presentare**; to suggest **suggerire, avanzare l'idea**
given that **dato che**;
to stop someone from doing something **impedire a qualcuno di fare qualche cosa**

● **(a)**

On your tape there is another modern fable. You may remember the old story of the lazy cicada, who spent the whole summer singing and playing about, and the hard-working ant, who slammed the door in the cicada's face when he came begging for some food during the winter. But our story has a different ending. When you think you have understood it, answer the following comprehension questions:

1. Why was the ant working so hard?
    (i) to provide for the needs of her family
    (ii) because she was full of noble sentiments and believed in the dignity of work
2. What was the ant's attitude to the cicada?
    (i) she thought the cicada's music was a pleasant accompaniment to her work
    (ii) she was full of resentment towards him
3. Did the cicada play any instrument?
    (i) he accompanied his singing on the guitar
    (ii) no, he was a singer
4. What happened at the end of the summer?
    (i) the cicada went to see the ant, and asked her for a loan
    (ii) the cicada signed up for a concert tour
5. How did the ant spend the winter?
    (i) at home, eating up her stored food
    (ii) travelling to all parts of the world as the cicada's agent

(b)

Each one of the Italian words in the list below may be paired to an Italian verb with initial **-s**. For each word we have supplied the English translation of the verb: you supply the Italian form.

1.	la barca *boat*	......	*to disembark*
2.	la barba *beard*	......	*to shave* (also reflexive)
3.	il carcere *jail*	......	*to release from jail*
4.	il coperchio *cover, lid*	......	*to take the lid off*
5.	la Dogana *the Customs*	......	*to get Customs clearance*
6.	cucire *to sew, to stitch*	......	*to unstitch*
7.	il grasso *fat, grease*	......	*to degrease*
8.	la maschera *mask*	......	*to unmask*
9.	la punta *point, tip*	......	*to blunt, to break the tip*
10.	la radice *root*	......	*to uproot*

(c)

Write in Italian a short fable, story or anecdote of your own choosing or invention.

Animal Scrabble

(d)

This scrabble board will contain the Italian names of fourteen animals once you have completed it by solving the clues below:

ACROSS

3. Bird, symbol of wisdom.
4. He tried to become as big as an ox.
5. When 3 DOWN are away, 5 ACROSS will play.
7. The largest of all land animals.
11. Once the frog had returned to normal size, he gobbled it up in one mouthful.
12. Without him Italian salami could not exist.
13. Industrial bird, suitable for lifting heavy weights.
14. African scavengers.

DOWN

1. Beware of them in the fields.
2. Some of them work for the police.
3. Not the best friends of dogs.
6. Liable to be counted at night by insomniacs.
8. The King of animals, also one of the Presidents of the Republic of Italy.
9. Large Asian cat.
10. With beard and sharp horns, a well-known American film director of the thirties and forties.
11. Hard-working but unproductive relatives of 1 DOWN.

Here is an amusing assortment of linguistic misunderstandings and translation problems. This unit concludes the course with the second Past Definite conjugation pattern, and the use of the Past Gerund.

Il contatto tra lingue diverse provoca spesso strani e imbarazzanti fenomeni, come nel caso di quel viaggiatore italiano in Spagna che, avendo chiesto al cameriere *aceite* perché voleva aceto per l'insalata, si arrabbiò da matti quando il cameriere insisté a portargli olio. Ma limitiamoci ad esempi che riguardino l'italiano e l'inglese.

Un insegnante d'italiano propose a un editore un corso per turisti, in cui s'insegnava *come* formulare le richieste più comuni (ad esempio, quanto costa una lettera per l'Inghilterra) e *dove* ottenere le informazioni necessarie (in questo caso, dal tabaccaio e non soltanto alla posta). Il titolo *Come, dove* non piacque però all'editore. 'Corriamo il rischio', disse, 'di attirare soltanto l'attenzione dei colombofili'.

Una improvvisa rissa tra mattonai italiani e inglesi a Bedford aveva mandato all'ospedale diversi di loro. La polizia si rivolse a un medico che sapeva l'italiano per far luce sull'accaduto, dato che gli italiani, emigrati da poco, non parlavano inglese. Il più malconcio di essi spiegò al medico che stavano sistemando all'interno di un vagone merci un carico di mattoni, passati loro da una catena di operai inglesi. A un certo punto, col vagone quasi pieno, l'italiano cercò di fermare la catena gridando: 'Basta, basta!'. Per tutta risposta si prese un pugno in faccia. Di qui l'inizio della rissa. Il medico allora si rivolse all'inglese che aveva tirato l'inatteso pugno per avere spiegazioni. Parlando a fatica attraverso le labbra gonfie questi rispose: '*No one is going to call me a bastard and get away with it*'.

E per finire un po' di storia. Cesare Battisti, Damiano Chiesa, Fabio Filzi e Nazario Sauro erano cittadini dell'impero Austro-ungarico che, di lingua e sentimenti italiani, sostennero la causa dell'Italia e presero parte alla prima guerra mondiale contro il proprio paese. Gli austriaci, nelle cui mani caddero durante il 1916, li condannarono a morte come traditori: gli italiani li celebrarono come martiri. Nel 1966 le poste italiane emisero un francobollo commemorativo della loro morte che mostrava i loro ritratti: quattro facce austere e severe con sotto i nomi BATTISTI CHIESA FILZI SAURO. Uno dei più noti e stimati negozi londinesi di filatelia lo espose nelle proprie vetrine con questa spiegazione: '*To commemorate the fiftieth anniversary of the Baptist Church in Italy*'.

Vocabolario

peli sulla lingua?   The title might be translated as *quirks of language*, as odd as *hairs growing out of one's tongue*, but there is a reference to the proverbial expression *non aver peli sulla lingua*, to speak bluntly, not to beat about the bush
(**aceite** = Spanish for *oil*) **aceto** vinegar
cameriere   waiter
chiedere (past def. **chiesi**, past part. **chiesto**)   to ask (for)
proporre (proposi, proposto)   to suggest, to put forward a proposal
richiesta   request from **richiedere** (**richiesi**, **richiesto**) to require, to ask
colombofilo   pigeon-fancier; **colomba** dove
rissa   brawl, affray
mattonaio   brickmaker; **il mattone** brick
polizia   police; **poliziotto** policeman
rivolgere (**rivolsi**, **rivolto**)   to turn (also reflexive)
far(e) luce su   to throw light on

l'accaduto   what happened (past part. of **accadere, accaddi, accaduto**, used as a noun)

il più malconcio   the one who came off worst

sistemare   to stack, to arrange

vagone merci   railway truck

carico   load

catena   chain

si prese un pugno in faccia   got punched in the face (**prendere, presi, preso**)

di qui   hence

inatteso   unexpected (from **attendere, attesi, atteso** to expect, to wait for)

a fatica   with difficulty

le labbra gonfie   swollen lips

Impero Austro-ungarico   Austro-Hungarian Empire; normally the adjectives would be **austriaco** and **ungherese**

sostenere (sostenni, sostenuto)   compound of **tenere** to uphold, to support

cadere (caddi, caduto)   to fall

la mano (*pl.* **le mani**)   hand

condannare a morte   to sentence to death

traditore   traitor; **tradire (tradisco)** to betray; **tradimento** betrayal

emettere (emisi, emesso)   to issue (compound of **mettere**)

mostrare   to show

ritratto   portrait

stimato   esteemed

filatelia   stamp collecting; **filatelico** stamp collector

esporre (esposi, esposto)   to exhibit, to put on show

vetrina   shop window

Note di grammatica

26.1 Past Gerund

The Past Gerund is composed of the Gerund of the appropriate auxiliary (**essendo** or **avendo**) and the past participle of the verb. It can be used in the same structures as the Gerund (see 19.1), where it indicates a time earlier than expressed by the main verb:

Avendo chiesto al cameriere 'aceite', si arrabbiò da matti ...
Having asked the waiter for 'vinegar', he became very angry ...

Essendo arrivata in ritardo, perse la prima parte del concerto.
Having arrived late, she missed the first part of the concert.

The Gerund of the auxiliary may be omitted, in which case the past participle comes to be considered as a qualifier of the noun, with which it agrees:

Arrivata in ritardo, perse la prima parte del concerto

Note that the Past Gerund is used ONLY if a difference in time is implied between the time expressed by the Gerund and that expressed by the main verb; otherwise it is assumed that, whatever the tense of the main verb, the simple Gerund suffices to indicate the same time as expressed by the main verb:

Impara l'italiano parlandolo   He/she is learning Italian by speaking it
Ha imparato l'italiano parlandolo   He/she learned Italian by speaking it
Imparerà l'italiano parlandolo   He/she will learn Italian by speaking it

26.2 Past Definite (2)

ALL the Past Definites which do not conform to Pattern 1 described in 25.1 follow the following pattern:

The 2nd person sing. and the 1st and 2nd person pl. are formed as in Pattern 1.	The 1st and 3rd person sing. and the 3rd person pl. are formed from a different root.

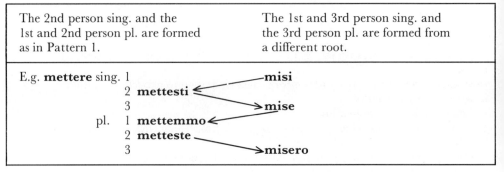

Note that:

(a) Knowing the Infinitive of a verb, it is always possible to form at least three persons of this mixed pattern. There are no variations from the alternation described above.

(b) The different root from which the other three persons are formed cannot be derived from the Infinitive: it must be known. This amounts in practice to memorizing the 1st person sing. of all the verbs conforming to this pattern, which is much easier than one might think (see Appendix 2). Apart from **ebbi** (**avere**), **feci** (**fare**), **volli** (**volere**), **caddi** (**cadere** to fall), **tenni** (**tenere**), **venni** (**venire**), **conobbi** (**conoscere** to know), **crebbi** (**crescere** to grow), **giacqui** (**giacere** to lie down), **nacqui** (**nascere** to be born), **piacqui** (**piacere**), **ruppi** (**rompere** to break), **seppi** (*sapere*) and their compounds (if any), all other first persons singular in this pattern end in **-si** (sometimes in **-ssi**), and as a consequence all 3rd persons singular and 3rd persons plural end in **-(s)se** and **-(s)sero** respectively.

Infinitive	avere	fare	prendere	leggere	venire
sing. 1	ebbi	feci	presi	lessi	venni
2	avesti	facesti	prendesti	leggesti	venisti
3	ebbe	fece	prese	lesse	venne
pl. 1	avemmo	facemmo	prendemmo	leggemmo	venimmo
2	aveste	faceste	prendeste	leggeste	veniste
3	ebbero	fecero	presero	lessero	vennero

(c) Apart from the few verbs mentioned in the previous unit, all verbs in **-ere** belong to this pattern. Of the verbs in **-re**, some have developed an alternative Pattern 2 1st person, which allows them to be conjugated in the Past Definite according to either pattern. They are:

Infinitive	apparire to appear	comparire to appear	sparire to disappear	salire to go up	assalire to assault	aprire to open
Pattern 1	apparii	comparii	sparii	salii	assalii	aprii
Pattern 2	apparvi	comparvi	sparvi	salsi	assalsi	apersi

Infinitive	**offrire** to offer	**soffrire** to suffer
Pattern 1 Pattern 2	**offrii** **offersi**	**soffrii** **soffersi**

The other verbs in **-ire** belonging to Pattern 2 are **-dire** (**dissi**) and **venire** (**venni**).

Esercizi

(a)

Change the verb in each of the following sentences from the Perfect to the Past Definite.

1. Ho proposto il mio corso a un editore.
   Proposi il mio corso a un editore.
2. L'editore ha richiesto delle spiegazioni.
3. L'editore ha scelto un titolo diverso dal mio.
4. Elio Vittorini ha tradotto in italiano 'La saga dei Forsythe'.
5. A quella mostra hanno esposto tre quadri di De Chirico.
6. Il mio amico ha sostenuto un'opinione differente da quella di Giorgio.
7. Giorgio gli ha detto che si sbagliava (*that he was wrong*).
8. Mi sono accorto che Giorgio aveva ragione (*was right*).
9. La neve è caduta prima di Natale.
10. Maria ha deciso di accettare l'invito a cena.
11. Ho chiesto al cameriere di portarmi dell'aceto.
12. Il cameriere ha portato olio e aceto e li ha messi sulla tavola.
13. Abbiamo preso parte anche noi al congresso.
14. L'autobus si è messo in moto.
15. Il turista ha ottenuto le informazioni necessarie.

(b)

Replace one of the two coordinated main verbs with a Past Gerund.

1. Il turista vide la vecchietta che stava per salire sull'autobus e gridò all'autista di fermarsi.
   Avendo visto la vecchietta che stava per salire sull'autobus, il turista gridò all'autista di fermarsi
   or
   Il turista, avendo visto etc., gridò etc.
2. Quel viaggiatore italiano in Spagna chiedeva dell'aceto, ma riuscì soltanto a farsi portare dell'olio.
3. Gli operai italiani riempirono il vagone di mattoni e cercarono di fermare la catena.
4. Nazario Sauro prese parte alla guerra nella Marina (*navy*) Italiana, e fu fatto progioniero dagli austriaci.
5. I quattro patrioti sostennero la causa dell'Italia e furono condannati a morte dall'Austria.
6. Ho osservato come Lei lavora, e ho pensato di offrirle un impiego nella mia ditta.
7. George non è mai stato in Italia, e quindi non riesce ancora a parlare la lingua con facilità.
8. Quel conferenziere ha raccontato aneddoti un po' spinti (*naughty*) e non è riuscito molto simpatico al pubblico.
9. La rana credette alle parole della biscia, e incominciò a sgonfiarsi.
10. La rana si sgonfiò, e fu mangiata dalla biscia in un solo boccone.

● (c)

Replace the Infinitives between brackets with the appropriate forms of the Imperfect or the Past Definite.

Il signor Bianchi (invidiare) moltissimo il suo vicino, il signor Rossi. Quando Rossi (comprare) un vestito nuovo, Bianchi ne (ordinare) subito due dal suo sarto. Una volta che Rossi (offrire) un ricevimento a cinquanta persone, Bianchi al suo ne (invitare) cento. Se Rossi (andare) a passare una quindicina di giorni di vacanza nel Marocco, Bianchi ne (passare) trenta nelle Canarie. Alla fine Rossi (comprare) una grossa e lussuosa automobile, e Bianchi immediatamente ne (acquistare) una ancora più grossa e lussuosa, e (prendere) al suo servizio un autista. In un ultimo sforzo per non lasciarsi superare, Rossi (fare) mettere il telefono nella sua macchina: pochi giorni dopo (apprendere) che Bianchi (avere) anche lui il telefono nella sua. Allora Rossi (decidere) di mettere fine a quell'assurda concorrenza e gli (telefonare). 'Pronto, sono Rossi', (dire); 'Le sto parlando dalla mia macchina'. 'Ah, Rossi, buongiorno', (rispondere) l'altro; 'Anch'io le sto parlando dalla mia. Le dispiace di rimanere un momento in linea? Sono occupato all'altro telefono'.

(d)

Translate into Italian:

1. For many years a scientist worked in his laboratory to discover the perfect solvent. At last he found what he was looking for: it was a viscous liquid that dissolved everything with which it came into contact, glass, china, stone, stainless steel, plastic, everything. Then he realized he should have first invented a container in which to keep the liquid.

scientist **scienziato**: to discover **scoprire** (**scoperto**); to find **trovare**; to look for **cercare**; viscous **viscoso**; to dissolve **sciogliere** (**sciolsi, sciolto**); glass **vetro**; china **porcellana**; stone **pietra**; stainless steel **acciaio inossidabile**; container **recipiente**

2. It was the old man's birthday. He was a hundred years old. The Queen sent him a telegram. His friends and relatives organized a big party for him. He was interviewed by the press, and a journalist asked him the secret of his longevity. 'I never drank,' he replied, 'never smoked, never gambled and never fooled around with women.' Suddenly there came loud noises and screams from the next room. 'What's going on?' the journalist asked. 'Oh, that's my father,' the old man said. 'He came back from the races blind drunk, asked the maid to bring him a cigar, and is chasing her round the table again.'

party **ricevimento**; to smoke **fumare**; to gamble **giocare d'azzardo**; to fool around **divertirsi**; suddenly **improvvisamente, ad un tratto**; race **corsa**; blind drunk **ubriaco fradicio**; maid **domestica**; cigar **sigaro**; to chase round **rincorrere** (**-corsi, -corso**)

Revision

No doubt you will have no difficulty in understanding the first of the three revision anecdotes: but you may find it difficult or even impossible to translate! Practice translating into good spoken English the remaining reading passages.

Tre aneddoti

A.

Ai tempi della regina Vittoria, un nobile italiano dovendo andare a Londra si fece accompagnare da un servitore. Al loro ritorno in Italia, il servitore raccontò agli amici quello che aveva visto e fatto. Quando gli domandarono se avesse avuto difficoltà con la lingua, rispose che gli inglesi parlavano in modo assai strano. Alcune parole, come treno, birra, lettera, penna, erano più o meno le stesse, ma per il resto c'era una confusione tremenda. Gli inglesi chiamavano orsi i cavalli, grassa l'erba, cicche le galline e turchi i tacchini. Per dire fiume dicevano riva, e per dire riva dicevano banca. Sebbene le vie di Londra fossero larghissime le chiamavano strette. Le carrozze avevano il nome di cocci. Di quello che diceva la gente non si capiva molto, se non che ogni tanto si udivano le parole 'Neve mai!', forse un'allusione al fatto che pioveva sempre.

This is how the Italian nobleman's servant interpreted English words:

orso	bear	horse	**cavallo**
grassa	fat	grass	**erba**
cicche	cigar(ette) ends	chicken	**gallina**
turchi	Turks	turkey	**tacchino**
riva	(em)bank(ment)	river	**fiume**
stretto	narrow	street	**via**
cocci	potsherds	coaches	**carrozze**
neve	snow	never	**mai**

B.

Una donna si lamentava di un'amica parlando con la vicina di casa.
– Rosa non sa tenere un segreto – le disse. – Mi ha detto che tu le hai detto una cosa che io ti avevo raccontato raccomandandoti di non raccontargliela.
– Non ci si può proprio fidare di Rosa – rispose la vicina. – Io le ho detto di non dirti che le avevo raccontato una cosa che tu mi avevi raccomandato di non raccontarle.
– Davvero! – fece allora la prima donna. – Adesso, ti prego, non dirle che io ti ho detto che lei mi ha detto che tu le hai raccontato una cosa che io ti avevo raccomandato di non raccontarle.
– No, certo – la rassicurò la vicina. – Non le dirò mai che tu mi hai detto che lei ti ha detto che io le ho raccontato una cosa che tu mi avevi raccomandato di non raccontarle.

si lamentava di   complained about
vicina di casa   neighbour
tenere un segreto   to keep a secret
raccomandare   to recommend; **mi ha raccomandato di non dirti** nulla he/she begged me not to tell you anything: **non dirle nulla, mi raccomando** don't tell her anything, I beg you; **stai attento, mi raccomando** for Heaven's sake be careful
fidarsi di qualcuno   to trust someone
rassicurare   to reassure

C.

Poco prima delle vacanze invernali la maestra di una scuola elementare pensò di stimolare la fantasia dei suoi bambini chiedendo loro di fare un disegno di argomento natalizio o religioso. La maggior parte dei disegni che raccolse era prevedibile: casette sotto la neve, stalle con sopra la stella di Betlemme, abeti pieni di candeline, e simili. Ma un disegno, presentato da una bambina, si distaccava notevolmente dagli altri. Rappresentava un aeroplano con dentro quattro persone.
– Che cos'è? – le domandò la maestra.
– È la fuga in Egitto di Maria, Giuseppe e Gesù bambino – rispose la bambina.
– Ma ci sono quattro persone nel loro aereo – continuò la maestra. – Chi è la quarta persona?
– Ah, quello è Ponzio Pilota.

vacanze invernali   Winter holidays
maestro   schoolmaster; **maestra** schoolmistress
natalizio   Christmas (as an adjective); **Natale** Christmas
raccogliere (**raccolsi, raccolto**)   to collect, to pick up
prevedibile   predictable, foreseeable
stalla   stable; **stella** star; **dalla stalla alle stelle** from rags to riches
abete   fir tree
candelina   small candle, Christmas candle
si distaccava notevolmente   was remarkably different
fuga in Egitto   flight to Egypt
aereo, **aeroplano**   aircraft, airplane

Un sonetto di Cecco Angiolieri

Cecco Angiolieri, vissuto nel XIII° secolo, era un contemporaneo di Dante. Le sue poesie sono note ancora oggi per il loro carattere giocoso e scanzonato, con un fondo di amarezza. Forse la più famosa è il seguente sonetto, in cui il poeta presenta una serie di impossibili propositi che egli metterebbe in atto se la sua identità fosse diversa da quella che è. Ecco il sonetto, in una forma italiana leggermente modernizzata:

> S'io fossi fuoco, arderei il mondo;
> s'io fossi vento, lo tempesterei;
> s'io fossi acqua, io lo annegherei;
> se fossi Dio, lo manderei in profondo.
>
> S'io fossi papa, allor sarei giocondo,
> perché tutti i cristiani imbrigherei;
> s'io fossi imperator, sai che farei?
> a tutti mozzerei lo capo a tondo.
>
> S'io fossi morte, andrei da mio padre;
> s'io fossi vita, fuggirei da lui,
> e similmente farei di mia madre.
>
> S'io fossi Cecco, come sono e fui,
> torrei le donne giovani e leggiadre,
> e vecchie e laide lascerei altrui.

Cecco familiar nickname, a modified form of **Francesco**
vissuto past part. of **vivere** to live
giocoso e scanzonato jolly and lighthearted
un fondo di amarezza a touch of bitterness, a bitter aftertaste
proposito intention
mettere in atto to put into practice
fuoco fire
ardere to burn (more common: **bruciare**)
vento wind
***lo tempesterei** I'd lay it waste with storms (**tempesta** storm)
acqua water
annegare to drown
Dio God
***lo manderei in profondo** I'd dump it at the bottom of the universe
giocondo happy, merry
papa Pope
***tutti i cristiani imbrigherei** I'd wrap all Christendom in intrigues
imperator(e) Emperor
***mozzerei lo capo a tondo** I'd cut their heads off
morte death
vita life
fuggire to flee, to escape
***torrei** I would take (a contracted form of **togliere**)
***leggiadro** attractive
***laido** ugly
altrui to other people (more common: of other people)
(The forms marked with an asterisk are archaic or literary.)

Esercizi

● (a)

There are lots of things you haven't done, and many people you haven't seen for the past week. Say so, in answering the questions.

1. Hai visto Giorgio?
   No, non lo vedo da una settimana.
2. Hai scritto a Marisa?
   No, non le scrivo da una settimana.
3. Hai letto il *Corriere della Sera* di oggi?
4. Hai ascoltato il programma radio *Prima pagina* questa mattina?
5. Sei andato alla lezione d'italiano?
6. Sei andata al cinema?
7. Hai guardato la telecronaca sportiva di questa sera?
8. Hai parlato col tuo professore?
9. Hai telefonato al tuo amico?
10. Hai bevuto quel vino che ti hanno regalato?

(b)

Transform the following statements into reported statements

1. Verrò col treno delle sette.
   Aveva detto che sarebbe venuto col treno delle sette.
2. Vi spedirò i libri al più presto.
   Aveva detto che ci avrebbe spedito i libri al più presto.
3. Il pezzo di ricambio arriverà alla fine della settimana.
4. Vi manderò una cartolina dall'Italia.
5. Tutto andrà bene.
6. Reclameremo presso il concessionario.
7. Gli zii partiranno giovedì sera.
8. Finirò di leggere il libro e poi te lo darò.
9. Cercheremo di aiutarvi.
10. Ti telefonerò questo pomeriggio.

(c)

Change the following sentences, from the informal spoken style, with **ma** or **eppure**, to the more formal style with **sebbene**:

1. Sono stanco ma verrò lo stesso.
   Sebbene sia stanco, verrò lo stesso.
2. C'è il sole, eppure non fa affatto caldo.
   Sebbene ci sia il sole non fa affatto caldo.
3. Non ci sono difficoltà ma è meglio aspettare.
4. Questa radio costa di meno, eppure è migliore dell'altra.
5. Preferisco il té col latte ma posso berlo anche senza.
6. Questo libro è molto caro, ma vale la pena di comprarlo (*it's worth buying*).
7. Giorgio ha il passaporto italiano ma è nato in Inghilterra.
8. Laura è nata in Inghilterra ma ha il passaporto italiano.
9. Mangio pochissimo eppure non riesco a dimagrire (*lose weight*).
10. La candidata ha ottime referenze, eppure non le vogliono dare il posto.

● (d)

You are being pedantic. Elaborate on your statements by means of a conditional sentence: (Note that this exercise is in two sections, with a shift to the Past tense in the second section.)

1. Non esco perché piove.
   Se non piovesse uscirei.
2. Non continuo a scrivere perché è tardi.
   Se non fosse tardi continuerei a scrivere.
3. Non studio la lezione perché ho mal di testa.
4. Non vengo con te al cinema perché sono stanco.
5. Non vado a teatro perché ho altro da fare.
6. Non vedo bene perché c'è poca luce.
7. Non bevo vino perché ho male al fegato (*liver*).
8. Non mangio patate fritte perché soffro d'indigestione.
9. Non dormo perché c'è troppo rumore.
10. Non rispondo perché ho paura di sbagliare.

11. Non sono uscito perché pioveva.
    Se non fosse piovuto sarei uscito.
12. Non ho continuato a scrivere perché era tardi.
    Se non fosse stato tardi avrei continuato a scrivere.
13. Non ho studiato la lezione perché avevo mal di testa.
14. Non sono venuto con te al cinema perché ero stanco.
15. Non sono andato a teatro perché avevo altro da fare.
16. Non vedevo bene perché c'era poca luce.
17. Non ho bevuto vino perché avevo acidità di stomaco.
18. Non ho preso il dolce perché ho mangiato abbastanza.
19. Non ho dormito perché c'era troppo rumore.
20. Non ho risposto perché avevo paura di sbagliare.

● (e)

George is a copycat: he does everything we do.

1. Quando noi perdemmo il treno ...
   lo perse anche Giorgio.
2. Quando noi scendemmo dal treno ...
3. Quando noi chiudemmo la finestra ...
4. Quando noi piangemmo (*wept*) ...
5. Quando noi ci offendemmo (*took offence*) ...
6. Quando noi spegnemmo la luce ...
7. Quando noi giungemmo (*arrived*) a casa ...
8. Quando noi scegliemmo il regalo ...
9. Quando noi leggemmo il libro ...
10. Quando noi rispondemmo al telefono ...

(f)

Translate into Italian:

1. The poet Cecco Angiolieri was born in Siena around 1260, and is therefore a contemporary of Dante who was born in Florence five years later. It is known that both poets were at the battle of Campaldino in 1289, but it is not known whether they met (use Imperfect Subjunctive of *fare conoscenza*) on that occasion. We have three sonnets written by Cecco to Dante: unfortunately Dante's replies are missing. Very little is known of Cecco's life. A document shows that in February 1313 he was already dead.

Appendix 1

Verbs in '-ire'

The vast majority of verbs in **-ire** add the infix **-isc-** to the endings of the three persons singular and the 3rd person plural of the Present (Indicative and Subjunctive):

fin-isc-o   fin-isc-i   fin-isc-e   fin-iamo   fin-ite   fin-isc-ono

The most common verbs in **-ire** which DO NOT add this infix are:

assorbire
uscire, riuscire
cucire, ricucire, scucire
dire, contraddire, maledire, benedire, predire, ridire, indire, interdire, disdire
udire, riudire
fuggire
salire, risalire, assalire
bollire, ribollire
dormire
venire, prevenire, divenire, rinvenire, convenire, provenire, pervenire, intervenire, svenire, avvenire, sopravvenire, contravvenire, sovvenire
riempire
compire
apparire, comparire, scomparire, trasparire
offrire, soffrire
morire
aprire, riaprire, coprire, scoprire, ricoprire
sentire, risentire, consentire, acconsentire, dissentire
partire, ripartire (with the meaning of 'partire di nuovo', not of 'dividere'), impartire
divertire, invertire, convertire, pervertire, avvertire
vestire, travestire, rivestire, investire, svestire
seguire, eseguire, inseguire, conseguire, proseguire
servire

Appendix 2

Some Pattern 2 verbs grouped according to their sound shifts

Infinitive	Present	Past Definite	Past Participle	
-adere	-ado	-asi	-aso	evadere, invadere, radere
-edere	-edo	-essi	-esso	accedere, concedere etc. (1)
-idere	-ido	-isi	-iso	assidere, dividere, intridere, ridere, uccidere, recidere
-odere	-odo	-osi	-oso	rodere, corrodere etc.; esplodere
-udere	-udo	-usi	-uso	chiudere, escludere, concludere etc.; alludere, eludere
-andere } -endere }	-endo	-esi	-eso	spandere accendere, offendere, rendere, tendere, attendere, contendere etc. (2)
-ondere	-ondo	-osi	-osto	nascondere, rispondere (3)
-undere	-undo	-usi	-uso	contundere, ottundere
-ardere	-ardo	-arsi	-arso	ardere
-erdere	-erdo	-ersi	-erso	perdere
-ordere	-ordo	-orsi	-orso	mordere
-angere	-ango	-ansi	-anto	piangere, compiangere; frangere, infrangere
-engere } -egnere }	-engo	-ensi	-ento	spengere spegnere
-ingere	-ingo }	-insi	-into	spingere and derivations; dipingere, cingere, fingere (4)
-inguere	-inguo }			distinguere, estinguere
-ungere	-ungo	-unsi	-unto	ungere, pungere, mungere, giungere, aggiungere, soggiungere etc.
-olgere } -ogliere }	-olgo }	-olsi	-olto	volgere, avvolgere, svolgere, sconvolgere, cogliere, accogliere, togliere, etc.; sciogliere
-olvere	-olvo }			assolvere
-egliere	-elgo	-elsi	-elto	scegliere
-ulgere	-elgo	-ulsi	—	fulgere, rifulgere
-argere	-argo	-arsi	-arso	spargere, cospargere
-ergere	-ergo	-ersi	-erso	aspergere; immergere, emergere; tergere, detergere (5)
-orgere	-orgo	-orsi	-orto	porgere, sorgere, insorgere
-orcere	-orco	-orsi	-orto	torcere, attorcere
-urgere	-urgo	-ursi	-urto	assurgere
-eggere	-eggo	-essi	-etto	leggere, reggere, sorreggere, proteggere
-iggere	-iggo	-issi	-itto	friggere, affliggere, infliggere (6)
-igere	-igo	-essi	-etto	dirigere, prediligere, erigere (7)
-uggere	-uggo	-ussi	-utto	struggere, distruggere

Exceptions to the patterns in the table

(1) Cedere, cedetti, ceduto; Ledere, lesi, leso; Chiedere, chiesi, chiesto.
(2) Vendere and Pendere follow Pattern 1.
(3) Fondere, fusi, fuso.
(4) Stringere, strinsi, stretto.
(5) Ergere, ersi, erto.
(6) Figgere (affiggere, infiggere, sconfiggere), -figgo, -fissi, -fitto.
(7) Esigere, esigei, esatto.

More verbs conforming to Pattern 2:

Conoscere, conosco, conobbi, conosciuto;
Correre, corro, corsi, corso;
Cuocere, cuocio, cossi, cotto;
Espellere, espello, espulsi, espulso;
Fondere (diffondere, confondere), -fondo, -fusi, -fuso;
Muovere, muovo, mossi, mosso;
Nascere, nasco, nacqui, nato;
Piovere, piove, piovve, piovuto (impersonal);
Porre (apporre, disporre, comporre, supporre etc.), -pongo, -poni, -posi, -posto;
Rompere (irrompere, corrompere), -rompo, -ruppi, -rotto;
Vivere (rivivere, sopravvivere), -vivo, -vissi, -vissuto;
Bere, bevo, bevvi, bevuto;
Condurre, (addurre, indurre), -duco, -dussi, -dotto;
Nuovere, nuoccio, nocqui, nociuto;
Trarre (contrarre, sottrarre, detrarre), -traggo, -trassi, -tratto.

Appendix 3

Conjugation tables for regular verbs and auxiliaries

		Present Indicative				
	-are	**-ere**	**-ire**		**essere**	**avere**
sing. 1	parlo	leggo	parto	finisco	sono	ho
2	parli	leggi	parti	finisci	sei	hai
3	parla	legge	parte	finisce	è	ha
pl. 1	parliamo	leggiamo	partiamo	finiamo	siamo	abbiamo
2	parlate	leggete	partite	finite	siete	avete
3	parlano	leggono	partono	finiscono	sono	hanno

		Imperfect			
	-are	**-ere**	**-ire**	**essere**	**avere**
sing. 1	parlavo	leggevo	partivo	ero	avevo
2	parlavi	leggevi	partivi	eri	avevi
3	parlava	leggeva	partiva	era	aveva
pl. 1	parlavamo	leggevamo	partivamo	eravamo	avevamo
2	parlavate	leggevate	partivate	eravate	avevate
3	parlavano	leggevano	partivano	erano	avevano

		Future			
	-are	**-ere**	**-ire**	**essere**	**avere**
sing. 1	parlerò	leggerò	partirò	sarò	avrò
2	parlerai	leggerai	partirai	sarai	avrai
3	parlerà	leggerà	partirà	sarà	avrà
pl. 1	parleremo	leggeremo	partiremo	saremo	avremo
2	parlerete	leggerete	partirete	sarete	avrete
3	parleranno	leggeranno	partiranno	saranno	avranno

		Present Conditional			
	-are	**-ere**	**-ire**	**essere**	**avere**
sing. 1	parlerei	leggerei	partirei	sarei	avrei
2	parleresti	leggeresti	partiresti	saresti	avresti
3	parlerebbe	leggerebbe	partirebbe	sarebbe	avrebbe
pl. 1	parleremmo	leggeremmo	partiremmo	saremmo	avremmo
2	parlereste	leggereste	partireste	sareste	avreste
3	parlerebbero	leggerebbero	partirebbero	sarebbero	avrebbero

Present Subjunctive						
	-are	**-ere**	**-ire**		**essere**	**avere**
sing. 1	parl**i**	legg**a**	part**a**	fin**isca**	sia	abbia
2	parl**i**	legg**a**	part**a**	fin**isca**	sia	abbia
3	parl**i**	legg**a**	part**a**	fin**isca**	sia	abbia
pl. 1	parl**iamo**	legg**iamo**	part**iamo**	fin**iamo**	siamo	abbiamo
2	parl**iate**	legg**iate**	part**iate**	fin**iate**	siate	abbiate
3	parl**ino**	legg**ano**	part**ano**	fin**iscano**	siano	abbiano

Past Subjunctive					
	-are	**-ere**	**-ire**	**essere**	**avere**
sing. 1	parlass**i**	legges**si**	partis**si**	foss**i**	aves**si**
2	parlass**i**	legges**si**	partis**si**	foss**i**	aves**si**
3	parlas**se**	legges**se**	partis**se**	fos**se**	aves**se**
pl. 1	parlass**imo**	legges**simo**	partis**simo**	foss**imo**	aves**simo**
2	parlas**te**	legges**te**	partis**te**	fos**te**	aves**te**
3	parlass**ero**	legges**sero**	partis**sero**	foss**ero**	aves**sero**

Grammar Index

Numbers indicate unit, and paragraph where applicable

Answer section

Please note that many of the sentences included in the translation exercises are capable of more than one correct translation. Some of the possible variants have been included. Do not assume that your translation must necessarily be wrong if it does not correspond to the one suggested here. Except where the context required it, the *tu* form has been used.

1 Musicisti
Esercizi
(c) 1, 3, 6 un; 2, 4, un'; 5 una.
(d) 2. i . . . i; 3. il . . . lo; 4, 5, 6 il.
Extra
(a) un propagandista, un antifascista, un pacifista, un colonialista, un militarista, un evangelista, una moralista, una linguista, una protagonista, un'imperialista, una terrorista, un'individualista.
(b) electrician, methodist, cyclist, feminist, florist, tennis player, nationalist, extremist, collector, conference member, switchboard operator, journalist, reformist, labour party member, mountaineer.

2 I problemi del momento
Esercizi
(b) 2. Che articolo pubblica *il Mondo?* (*or*: Che cosa pubblica *il Mondo?*) 3. Chi è Mercurio? 4. Di che cosa tratta l'articolo? 5. È un articolo noioso?
(d) 1. La violenza urbana è solo uno dei problemi del giorno.
  2. Il segretario del partito commenta sulla politica del governo.
  3. L'articolo non include dati statistici.
  4. Maurizio suona il piano con competenza e eleganza.
  5. Il programma dello psichiatra include un esperimento scientifico.
  6. Questo esercizio è noioso. Basta.
Extra
(a) abundance (*or* plenty), absence, conscience, constancy, experience, obedience, patience, providence, resonance, tolerance.
(b) il titolo del libro, lo studio del dentista, il concerto della violinista, la filosofia degli idealisti, i problemi dei capitalisti, l'essenza del documento, l'articolo della giornalista, il problema dell'economista, lo strumento della violinista, il programma dell'orchestra, il vocabolario della scienza, l'esperienza dello specialista, l'arroganza dei militaristi, l'esempio del ministro, le violenze dei terroristi, l'ufficio del diplomatico.

3 La stampa
Esercizi
(a) un modello recente, un giornale democristiano, un telegramma urgente un industriale italiano, un momento difficile; le persone importanti, le riviste popolari, le informazioni scientifiche, le emigrazioni interne, le critiche interessanti.
(d) 2. si pubblica, 3. si studia, 4. si vede, 5. si prepara, 6. si ascolta.
(e) 1. L'articolo più importante nel giornale di oggi è l'intervista col presidente della Confederazione degli industriali italiani sulla presente situazione economica.
  2. Il professore è il candidato liberale nelle presenti elezioni generali.
  3. Questo documento include i più recenti dati statistici sull'inflazione.
  4. L'ambizione più persistente di questo studente è di pubblicare un articolo in una rivista letteraria (*or* di letteratura).
  5. L'industriale legge tutti i più importanti giornali economici italiani (*or* tutte le più importanti riviste economiche italiane).
  6. Non è necessario criticare questo articolo: è acuto e molto informativo.
Extra
(a) azione, aspirazione, attenzione, ambizione, competizione, composizione, continuazione, creazione, donazione, inflazione, insubordinazione, insurrezione, lamentazione, modificazione, negazione, nozione, stazione, perfezione, produzione, porzione; ammissione, conversione, decisione, depressione, divisione, espressione, espansione, passione, tensione.
(d) 1. ignorante, 2. dissidenti, 3. protestanti, 4. importante, 5. urgente.

4 Al campeggio
Esercizi
(c) 2. Ma no, portiamo una sola tenda. 3. Ma no, passiamo una sola settimana. 4. Ma no, riempiamo un solo modulo. 5. Ma no, usiamo un solo fornello. 6. Ma no, prendiamo un solo caffè. 7. Ma no, mangiamo un solo pasto caldo. 8. Ma no, compriamo una sola bottiglia di vino.
(e) 1. Questa roulotte è molto elegante. 2. Le docce sono proprio in fondo al camping, vicino ai pini. 3. La città è molto vicina. C'è un frequente servizio d'autobus. I negozi sono nel centro della città. 4. Dov'è il bar? 5. E nell'edificio centrale, vicino al negozio.
Extra
(d) 1. Lire 12.000 2. Lire 27.000 3. Lire 43.225 4. Lire 21.375.

Revision 1–4
(e) 1. Questa sera l'organista suona la toccata e fuga in re minore di Bach.
  2. Nella lezione di oggi l'economista considera un problema di storia economica medievale italiana.
  3. Chi pubblica l'articolo del diplomatico sulla presente crisi nell'alleanza Atlantica?
  4. L'italiano e il greco moderno si studiano in questa scuola.
  5. I comunisti italiani sono differenti dai comunisti russi?
  6. Il governo può ridurre l'inflazione a meno del dieci per cento?
  7. La moralità o l'immoralità di questo film non è importante.
  8. La violenza politica è molto frequente nelle città italiane. La violenza è naturale in situazioni di crisi politica.

5 Una telefonata (1)
Esercizi
(c) Eh sì, 2. devo proprio telefonare, 3. voglio proprio riprovare, 4. voglio proprio cominciare, 5. devo proprio lavorare, 6. voglio proprio camminare, 7. devo proprio partire, 8. voglio proprio rimanere.
(d) Eh no, 2. non posso proprio partire, 3. non posso proprio aspettare, 4. non posso proprio andare, 5. non posso proprio venire, 6. non posso proprio dormire, 7. non posso proprio restare, 8. non posso proprio telefonare.

(e) 1. Posso avere dieci gettoni, per favore?
2. Eccoli. La telefonata è locale?
3. No, voglio telefonare a Milano. Posso?
4. Certo che può. Abbiamo la teleselezione. Il telefono è lì a sinistra.
5. Il prefisso per Milano è 02.
6. Il governo deve migliorare il servizio telefonico, ma dicono che ci vogliono molti soldi.
7. Devi proprio andare? Non puoi stare mezz'ora di più?
8. Gli studenti hanno già ascoltato due lezioni oggi.
9. L'economista ungherese ha pubblicato tre articoli nella Rivista Economica Italiana.
10. Chi prende la macchina?

Extra
(b) Ma come, 3. non ci rimane? 4. non lo visita? 5. non lo legge? 6. non lo prende? 7. non lo mangia? 8. non ci vede bene? 9. non lo vede? 10. non ci viene?
(e) 2. ha prestato, 3. ho sentito, 4. ha telefonato, 5. sono venuti, 6. hanno lavorato, 7. è migliorato, 8. ha pubblicato.

6 Una telefonata (2)

Esercizi
(c) Eh no, 3. non posso proprio parlarle, 4. non posso proprio prenderla, 5. non posso proprio comprarli, 6. non posso proprio leggerli, 7. non posso proprio scrivergli, 8. non posso proprio telefonargli, 9. non posso proprio pagarlo, 10. non posso proprio vederli.
(e) 1. Da dove telefoni?
2. Non posso parlare a Giorgio ora. La linea è sovraccarica. Riprovo questa sera alle sette.
3. Giorgio ha un appuntamento alle cinque col direttore della rivista.
4. Devo restare a cena? Sono proprio molto occupato questa sera. Devo vedere due clienti e scrivere nove lettere.
5. Se mi dice che non può venire che cosa gli dico?
6. Deve (*polite*) scrivere all'ufficio informazioni, non a me.

Extra
(b) 1. (ii), 2. (ii), 3. (iv).
(c) a2. ha guidato, 3. ha preso, 4. ha comprato, 5. ha pagato, 6. ha suonato, 7. ha dato, 8. ha bevuto; b2. hai parlato, 3. hai scritto, 4. hai telegrafato, 5. hai parlato, 6. hai scritto, 7. hai risposto, 8. hai telefonato.

7 Come si fa?

Esercizi
(b) Ma prego, 2. la faccia pure, 3. lo aspetti pure, 4. la tolga pure, 5. le legga pure, 6. la dica pure, 7. la registri pure, 8. le ascolti pure, 9. le metta pure, 10. la riavvolga pure.
(d) Eh sì, 3. voglio proprio prenderlo, 4. devo proprio telefonargli, 5. non posso proprio aspettarlo, 6. non posso proprio pubblicarlo, 7. devo proprio parlargli, 8. non posso proprio mantenerla, 9. voglio proprio comprarli, 10. voglio proprio invitarlo.
(e) 1. Come devo fare per andare in centro?
2. Deve prendere un autobus dal centro (della città)
3. L'autobus si ferma davanti alla stazione.
4. Può andare a piedi dalla stazione al mercato che è dall'altro lato della strada.
5. Veda se l'autobus è arrivato.
6. Posso avere sei pile per il mio registratore a cassette?
7. Per favore rimetta a posto tutte le pile.

8. Non è necessario usare l'interruttore. Il registratore si ferma automaticamente alla fine della cassetta.
9. Posso ascoltare la registrazione?
10. Prenda questo libro e lo legga. È molto interessante.

Extra
(c) 1. Bus No. 52 or tram No. 7.
2. The train leaves at 14.28 (2.28 p.m.).
3. The taxi rank phone number is 25 38 61.
(d) 1. automaticamente, 2. regolarmente, 3. velocemente, 4. specialmente, 5. facilmente.

8 Il guasto

Esercizi
(d) 3, 6, 9 Me lo faccia vedere. Se non è troppo caro lo compro. 2, 5, 8, Me la faccia vedere. Se non è troppo cara la compro. 7, 10 Me li faccia vedere. Se non sono troppo cari li compro. 4, 11 Me le faccia vedere. Se non sono troppo care le compro.
(e) 1. Accendi la lampada da tavolo, per piacere.
2. Dove hai comprato questa macchina fotografica?
3. L'ho comprata in Italia.
4. Posso registrare questa conversazione su questo registratore a cassette?
5. Perché non hai portato a Giorgio il libro con le istruzioni su come usare la macchina da presa?
6. Questo amplificatore è molto potente.
7. Quando hai ascoltato questo programma radio l'ultima volta?
8. Riporto questo giradischi al negozio perché non funziona.

Extra
(c) 1. (i), 2. (ii), 3. (ii), 4. (ii), 5. (iv) (v) (x) (vi) (ii) (vii) (viii) (ix) (xiii).

Revision 5–8

(f) (i) Recentemente c'è stata una serie di crisi nel governo italiano, e i comunisti hanno cercato di produrre un cambiamento sociale. Da (*or* Sotto) certi punti di vista è stato un periodo interessante, purtroppo non senza violenza, ma la futura direzione del governo del paese è incerta.
(ii) Fare una telefonata in Italia non è facile, specialmente se la si vuole fare fuori città. Le linee sono spesso sovraccariche e tutto il sistema interno deve essere migliorato. Le autorità promettono sempre di migliorare il servizio ma non lo migliorano affatto. Si trovano spesso telefoni pubblici nei bar, e ci vogliono gettoni speciali. Di solito il cassiere del bar ha i gettoni, che costano 100 lire l'uno. Per fare una telefonata locale basta un gettone, ma per telefonare fuori città (*or* per telefonate interurbane) se ne devono introdurre sei o sette prima di fare il numero.
(iii) 'Mi può dire come andare alla stazione?' 'Sì, certo, da qui ci vogliono circa dieci minuti di strada (*or* di cammino). Prenda questa via fino all'incrocio, volti a destra in via Roma, e alla fine della strada (*or* in fondo alla strada) Lei è in Piazza S. Andrea. Attraversi la piazza, e trova Corso Italia a sinistra. La stazione la vede proprio davanti.' 'Molte grazie' 'Ma prego!'

9 Un concerto alla radio

Esercizi
(b) 2, 8, 10. Una volta mi piacevano: ora non mi piacciono più. 3, 6, 9. Una volta gli piacevano: ora non gli piacciono più. 4, 7. Una volta le piacevano: ora non le piacciono più. 5. Una volta ci piacevano: ora non ci piacciono più.
(d) 3. Non so che cosa ha comprato. 4. Non so che impianto ha. 5. Non so chi ha vinto. 6. Non so che concerto danno. 7. Non so che cosa non va. 8. Non

so che cosa ha venduto. 9. Non so chi ha telefonato.
10. Non so chi è arrivato.

(**f**) 1. A Giorgio piace ascoltare la musica classica sul
suo nuovo stereo.

2. Il romanzo giallo che non ti piace è di un
autore italiano.

3. Una volta le mele al forno non mi piacevano,
ma ora mi piacciono molto.

4. Chi hai visto a teatro?

5. Ho visto Marisa, che era con Giorgio.

6. La radio che ho comprato la settimana scorsa
si è guastata. Non funziona.

7. La signora ha dimenticato di leggere le
istruzioni che il commesso le ha dato.

8. I libri che hai portato via sono quelli che mi
piacciono.

Extra

(**b**) 3, 10. Le piace moltissimo; 4, 7, 9. Ci piace
moltissimo. 5, 8. Gli piace moltissimo; 6. Mi piace
moltissimo.

(**c**) 3, 6, 9. Non gli piacciono per niente. 4, 7, Non le
piacciono per niente. 8, 10. Non mi piacciono per
niente. 5. Non ci piacciono per niente.

(**d**) E invece ti dico che: 2. è francese, 3. è semplice
da usare, 4. sono di buona qualità, 5. ha le onde
corte (*or* le ha), 6. durano, 7. è giapponese (*or* lo è),
8. è ad alta fedeltà (*or* lo è), 9. è molto buono (*or* lo è).

10 Una passeggiata (1)

Esercizi

(**e**) 1. Questa è la mia macchina fotografica.

2. Questa macchina fotografica è la mia.

3. Quella è la sua penna.

4. Questi sono i nostri libri.

5. Dove sono le tue/vostre riviste illustrate?

6. Non mi piace la loro automobile.

7. Questo è il suo rasoio elettrico.

8. La nostra padrona di casa ci lascia avere le
chiavi.

9. Queste sono le loro pizze.

10. Queste non sono le sue cartoline.

Extra

(**a**) Nessuno, 3. si è aperta da sola, 4. si è presentato
da solo, 5. si è guastata da sola, 6. si è cambiato da
solo, 7. si è fermato da solo, 8. si è aperta da sola, 9.
si sono presentati da soli, 10. si sono rotte da sole.

(**b**) 3, 4, 10. È mia, ma se le piace glie la do: è sua. 5,
7. Sono mie, ma se le piacciono glie le do: sono sue. 6,
8. È mio, ma se le piace glie lo do: è suo. 9. Sono miei,
ma se le piacciono glie li do: sono suoi.

(**d**) 1. (ii), 2. (ii), 3. (ii) (iii) (iv) (v) (vii) (viii), 4.
(ii), 5. (ii).

11 Una passeggiata (2)

Esercizi

(**d**) 2. Prestissimo. 3. Freddissimo. 4. Benissimo. 5.
Malissimo. 6. Caldissimo. 7. Moltissimo.

(**e**) 1. Il commesso mi ha assicurato che il mio
registratore a cassette sarà pronto (per)
venerdì sera.

2. Questa radio è piuttosto vecchia, ma funziona
ancora bene.

3. Quando hai detto che vai a Roma? (*or* che
andrai a Roma?)

4. Ho detto che ci andrò (*or* che ci vado) il mese
prossimo.

5. E quando pensi di ritornare?

6. Ritornerò tardissimo, alla fine dell'estate.

7. Vai a Milano venerdì?

8. No, ci andrò la settimana prossima.

(**f**) Sono andato al mare (*or* alla spiaggia) con Anna,
Giorgio e due amici di Anna che non conoscevo.
Eravamo in cinque. Un amico di Anna aveva un
registratore a cassette ed alcune cassette di musica
davvero noiosa che continuava a suonare nonostante

le nostre proteste. Fortunatamente le pile si sono
scaricate e, siccome era domenica, era impossibile
comprarne delle nuove. Faceva troppo freddo,
almeno per me. Abbiamo fatto una lunga passeggiata
e non siamo tornati fino a tardi. Poi siamo tutti andati
a casa di Giorgio, e lui ci ha fatto / cucinato degli
spaghetti. Non è un cattivo cuoco.

Extra

(**b**) Venerdì prossimo Giorgio porterà la macchina al
garage per la manutenzione. Poi telefonerà a Rossi, e
dopo scriverà a casa. Alle 11,15 registrerà il
programma radio della BBC. Ad ora di pranzo
incontrerà Marchesi al Ristorante Capri. Nel
pomeriggio andrà all'ospedale per una visita medica;
poi comprerà del vino per un party. E la sera studierà
la lezione d'inglese.

(**d**) 1. di, 2. A, 3. d', 4. di, 5. per, 6. alle, 7. a, 8.
di … di.

12 Carla va a fare delle commissioni (1)

Esercizi

(**e**) Bene, 3. gli faccia pagare la fattura, 4. le faccia
cambiare l'assegno, 5. gli faccia leggere il rapporto,
6. gli faccia incontrare il direttore.

(**f**) Bene, 3. glie li faccia cambiare, 4. glie lo faccia
consultare, 5. glie lo faccia leggere, 6. glie lo faccia
incontrare.

(**g**) La mia amica non aveva tempo di uscire, e così
l'ho aiutata a fare delle commissioni. Prima sono stato
in banca a ritirare del denaro. Lei mi ha dato un
assegno e io l'ho cambiato. Sono andato al
supermercato e ho comprato spaghetti, salami, tè,
mele, lampadine elettriche e qualche altra cosa. Poi
sono andato in calzoleria (*or* dal calzolaio), ho fatto
mettere nuovi tacchi a un paio di scarpe e ho ritirato
un altro paio che avevo lasciato lì la settimana scorsa.
Al ritorno ho comprato un giornale, un nastro per la
macchina da scrivere, carta da scrivere e carta
carbone, e alcuni fiori per il compleanno della mia
amica. (*If the helping friend had been a female, one would
have to write*: sono stata in banca, sono andata al
supermercato etc.)

Extra

(**a**) 3, 8. Eccole; 4, 9. Eccoli; 5. Eccolo; 6, 7, 10.
Eccola.

(**b**) 1, 4, 5, 6, 7, 9, 13, 16

(**c**) 1, 2, 3, 4, 6, 8.

Revision 9–12

A 2. Serve a mettere il caricatore nella macchina.

3. Serve a regolare il tempo d'esposizione.

4. Serve ad inquadrare la foto.

5. Serve a fuoco l'obbiettivo.

6. Serve a fare avanzare il film.

7. Serve ad inserire il flash.

8. Serve a sincronizzare il flash.

B 1. (i), 2. (ii), 3. (ii), 4. Place and date of sale,
name of vendor, surname and name of purchaser,
address of purchaser (street, town, province, postal
code), type of fault.

(**e**) Mi dispiace, ma 2. non ho francobolli, 3. non ho
carta da lettere, 4. non ho nastri, 5. non ho gettoni,
6. non ho birra, 7. non ho libri, 8. non ho riviste, 9.
non ho giornali, 10. non ho proprio niente!

(**f**) 2. No, alle nove è troppo presto. Incontriamoci
alle dieci meno un quarto.

3. No, alle nove e mezza è troppo presto.
Vediamoci alle dieci e un quarto.

4. No, alle otto e mezza è troppo presto.
Telefoniamoci alle nove e un quarto.

5. No, alle sette è troppo presto. Troviamoci alle
otto meno un quarto.

6. No, alle undici è troppo presto. Diamoci
appuntamento a mezzogiorno meno un quarto.

(g) As above, except: 2. Possiamo incontrarci, 3. Possiamo vederci. 4. Possiamo telefonarci. 5. Possiamo trovarci, 6. Possiamo darci un appuntamento.

(i) ....

CARLO E dove siete andati?

MARIO Al mare, perché faceva bel tempo.

CARLO In quanti eravate?

MARIO Eravamo in otto.

CARLO Allora avete dovuto prendere due macchine.

MARIO Sì: abbiamo preso quelle di Giorgio e di Stefano.

CARLO Non la tua?

MARIO No, la mia era dal meccanico che me l'ha data solo la mattina dopo.

CARLO Perché era dal meccanico?

MARIO Niente di grave, per la solita manutenzione.

CARLO Che ora siete partiti?

MARIO Piuttosto presto: verso l'una e mezza.

CARLO Siete ritornati per l'ora di cena?

MARIO No, abbiamo mangiato fuori.

CARLO E dove siete andati a mangiare?

MARIO Stefano è voluto andare in una pizzeria che conosceva soltanto lui.

CARLO Allora, quando siete tornati?

MARIO Be', verso mezzanotte.

CARLO Mezzanotte? Come mai così tardi?

MARIO Ma, dopo cena Stefano ha voluto portarci a ballare. E poi, per tornare, ci è voluta almeno un'ora di macchina.

CARLO E chi ti ha aperto la porta? La tua padrona di casa ti ha aspettato?

MARIO Normalmente mi aspetta fino alle undici. Ieri però, siccome sono tornato più tardi, mi ha lasciato le chiavi.

(j) 1. Di chi è questa macchina? 2. È di Stefano. 3. Dov'è la tua macchina? 4. Non funziona. Ho dovuto portarla da un meccanico. 5. Niente di grave, spero. 6. Penso di no. 7. Come pensate di andare al mare domani? 8. Prendiamo / Prenderemo le macchine di Stefano e di Giorgio per andare al mare. 9. Partiamo / Partiremo verso l'una. 10. Mangiamo / Mangeremo in una pizzeria che conosce Stefano, e dopo cena andiamo / andremo a ballare.

13 Carla va a fare delle commissioni (2)

Extra

(a) 1. Dal fornaio. 2. Il salumiere. 3. Dal salumiere. 4. Con gli ossi. 5. In una piccola bottega all'angolo della strada. 6. Un giorno o due. 7. Da enormi supermercati. 8. Con nessuno.

(c) 2. Noi preferiamo il Martini ma i nostri amici preferiscono il Cinzano.

3. Noi preferiamo il tè, ma i nostri amici preferiscono il caffè.

4. Noi preferiamo i cioccolatini ma i nostri amici preferiscono le caramelle.

5. Noi preferiamo il dolce ma i nostri amici preferiscono il gelato.

6. Noi preferiamo le sigarette americane ma i nostri amici preferiscono le sigarette italiane.

7. Noi preferiamo il whisky ma i nostri amici preferiscono il cognac.

8. Noi preferiamo i salatini, ma i nostri amici preferiscono le noccioline.

9. Noi preferiamo il gelato ma i nostri amici preferiscono la macedoni di frutta.

10. Noi preferiamo il caffè, ma i nostri amici preferiscono il cappuccino.

11. Noi preferiamo il cognac, ma i nostri amici preferiscono la grappa.

(d) 1. ...in...a..., al...di... 2. ...in...a...dai 3. ...a... 4. ...di...di... 5. Per...di...sulla... in... 6. ...di... 7. ...di...Per...a...da...al...

8. ...a...da...da...per...per...in... 9. In...con... 10. ...alla...di...di...

(e) 1. Prenda questo caffè. È di ottima qualità, ma è meno caro.

2. Telefonerei a Giorgio immediatamente, ma so che non è a casa.

3. Potrebbe dirmi per favore se le mie scarpe sono state riparate? È la seconda volta che devo venire qui.

4. Mi faccia vedere lo scontrino.

5. Glie lo farei vedere con piacere, ma non so dov'è.

6. Senza uno scontrino non posso trovare le sue scarpe. Ne ho circa cento paia qui in negozio.

7. Le scarpe non sono ancora pronte. Potrebbe tornare domani dopo le cinque e mezza?

8. Mi dispiace. Non posso ritornare domani.

9. Mi piacerebbe vedere la nuova commedia di Stoppard. Può farmi avere un biglietto per la rappresentazione di domani?

14 Un regalo

Esercizi

(e) 1. Ha visto il nostro catalogo? Glie ne farò mandare uno domani.

2. Fammi ascoltare il tuo nuovo disco.

3. 'Il gatto può entrare?' 'Sì, fallo entrare'.

4. Questo libro può servire a Giorgio. Faglielo comprare.

5. Domani è il compleanno di tua zia. Falle mandare dei fiori.

6. Non so quanto la dogana ci farà pagare per questa cassa di spumante.

7. Se Laura vuole vendere la casa, falle fare la pubblicità sul giornale locale.

8. La sua calligrafia è terribile. Fagli scrivere le lettere a macchina.

Extra

(a) 1. marito 2. moglie 3. figlia 4. figli 5. sorella 6. fratello 7. nuora 8. suocero 9. cognato 10. zio 11. zia 12. nipoti 13. nonni 14. nipote 15. suocera 16. suocero.

(b) 1. 8.500 2. 12.000 3. 20.000 4. 68.000 5. 32.500 6. 320.000 7. 79.900 8. 16.000 9. 50.000 10. 29.000

(c) 1. frutta 2. Ha dell'olio di oliva? 3. Ha del vino? 4. Ha della lattuga? 5. Ha del burro? 6. Ha del caffè? 7. Ha dello spumante? 8. Ha della pasta?

(d) Marco vuole mandare un regalo di compleanno al suo amico George in Inghilterra e mi ha domandato di suggerirgli che cosa dovrei mandargli. Non conosco George, e perciò è un po' difficile per me (di) dargli consigli intelligenti. Marco può solo permettersi sulle quarantamila lire, cioè circa venti sterline. E meglio non mandare dischi perché si rompono facilmente. È molto difficile comprare libri d'arte in questa città dove non c'è nemmeno una libreria decente. Si potrebbe provare una casa di vendita per corrispondenza, ma ci vorrebbe troppo tempo. Marco dovrebbe prima chiedere a loro di mandargli un catalogo, poi scegliere qualche cosa, poi ordinarla, e ci vorrebbero certamente almeno altri dieci giorni perché il regalo arrivi a George in Inghilterra. Ho cercato di dare a Marco qualche suggerimento ma, dopo tutto, non vedo perché dovrei rompermi la testa per questo regalo. George è l'amico di Marco, non il mio.

15 Al negozio di articoli da regalo

Esercizi

(e) 1. Vorrei tre paia di lenzuola di cotone.

2. Non mi piacciono le uova per colazione. Preferisco mangiarle a pranzo, con salsiccia e patate fritte.

3. Uno dei bracci della poltrona è rotto.
4. Non è necessario che tu dia molte informazioni nel questionario.
5. È meglio che tu scelga qualcosa di diverso questa volta, non il solito disco o i soliti libri.
6. Basta un francobollo da cinquecento lire?
7. Non credo che basti. Dovresti domandare alla posta.
8. Mia sorella non pensa che questi libri d'arte siano abbastanza interessanti.

Extra
(a) Friend 1 9, 14, 20, 32, 35 (bianco), 33.
   Friend 2 1, 8, 12, 29, 35 (rosso), 33.
   Yourself 2, 7, 10, 17, 18, 23, 31, 35 (rosso), 33.
(b) (i) Lire 11.100 (ii) Lire 8.800.
(c) 1. (ii) 2. (i) 3. (ii) 4. (iii)
(d) 1. (ii) 2. (iii), 3. (iii).

16 Quale sarà il migliore?

Esercizi
(d) Egg tagliatelle L. 1300 a kilo; peeled tomatoes L. 350 a tin; parmesan L. 1200 for 100 grams; Chianti L. 2600 a bottle.
(e) 1. Il documentario che abbiamo visto questa sera non è così interessante come quello che abbiamo visto ieri sera.
2. Non sono d'accordo. Non era né migliore né peggiore degli altri.
3. Non ci si può aspettare molto dai programmi popolari.
4. Questo libro è altrettanto noioso quanto quello che mi hai dato la settimana scorsa.
5. Oggi non fa così freddo come ieri.
6. Questa lezione sui comparativi è più facile di quello che mi aspettavo.
7. Nessuno può aiutarla. È il suo peggiore problema.
8. Potrebbe darmi l'orario ferroviario più recente?
9. Questo ricettario automatico giapponese è il regalo più divertente che ho mai ricevuto.
10. Gli inglesi di solito fanno una colazione più abbondante degli italiani.

Extra
(a) 1. a buon mercato 2. caro 3. caro 4. a buon mercato 5. cari 6. cari.
(b) 3. Sì, ma il francese è meno facile dell'italiano.
4. Sì, ma il té è meno stimolante del caffè.
5. Sì, ma la mia poltrona è meno comoda della tua.
6. Sì, ma la casa di Giorgio è meno antica di quella di Marco.
7. Sì, ma la Renault 5 è meno economica della FIAT 126.
8. Sì, ma la commedia è meno noiosa del documentario.
9. Sì, ma ieri faceva meno caldo di oggi.
10. Sì, ma la lezione precedente era meno difficile di questa.
(c) 1. più 2. migliore 3. caldo 4. divertente 5. comoda 6. caro ... superiore 7. meno 8. tanto ... quanto.
(d)

ORIZZONTALI	VERTICALI
1. PC	1. Profumo
3. Al	2. Caramel
5. Braccia	3. Ai
7. Ora	4 Lavanda
8. Farina	6. Caro
10. Fumo	9. No
11. On	13. In
12. Me	
14. Colonia	

Revision 13–16
A 1. Ne scrive uno all'anno.
2. Circa centocinquanta.
3. Non più di cinque.
4. Alfredo, Fausto.
5. Anna, Maria, Ivana, Nelly.
6. Esercitano professioni ordinarie.
7. Sbrigano le solite faccende di casa.
8. Molto noiosi.
B It's a girl (**sono nata**).
Esercizi
(b) 3. Bisogna che voi mandiate un regalo alla vostra amica inglese.
4. È difficile che voi troviate un regalo adatto.
5. È meglio che voi scegliate un oggetto più solido.
6. Basta che voi lasciate l'indirizzo al commesso.
7. Non è necessario che voi andiate alla posta centrale.
8. Bisogna che voi compriate il ricettario non più tardi di domani.
9. È più semplice che voi compriate i dischi in un negozio specializzato.
10. Non occorre che voi lasciate l'indirizzo.
(c) 3. Bisogna che mandino un regalo alla loro amica inglese.
4. È difficile che loro trovino un regalo adatto.
5. È meglio che loro scelgano un oggetto più solido.
6. Basta che loro lascino l'indirizzo al commesso.
7. Non è necessario che loro vadano alla posta centrale.
8. Bisogna che loro comprino il ricettario non più tardi di domani.
9. È più semplice che loro comprino i dischi in un negozio specializzato.
10. Non occorre che loro lascino l'indirizzo.
(f) Santo cielo! perché? 3. Devi leggerlo. 4. Devi mangiarli. 5. Devi berla. 6. Devi vederlo. 7. Devi prenderla. 8. Devi studiarlo. 9. Devi guardarla. 10. Devi farlo.
(g) 2. Fallo entrare lo stesso. 3. Fallo andare lo stesso. 4. Falli mangiare lo stesso. 5. Fallo bere lo stesso. 6. Falli dormire lo stesso. 7. Falle giocare lo stesso. 8. Falle camminare lo stesso. 9. Falla uscire lo stesso.
(h) 2. Fagliela mangiare lo stesso. 3. Fagliela prendere lo stesso. 4. Faglielo restituire lo stesso. 5. Faglielo leggere lo stesso. 6. Faglielo accettare lo stesso. 7. Faglielo conoscere lo stesso. 8. Fagliela scrivere lo stesso. 9. Faglielo fare lo stesso.

17 Che cosa fare di domenica?

(c) No, 2. non ne ho nessuno, 3. non abbiamo mangiato niente, 4. non ce n'è nessuno, 5. non ci ha partecipato nessuno, 6. non ne ho incontrato nessuno, 7. non ne ha nessuna, 8. non è successo niente, 9. non ne ho letto nessuno, 10. non ne ho fatta nessuna.
(e) 1. Non credo che il cinema sia una forma d'arte più popolare. È semplicemente più commerciale.
2. I programmi televisivi di ieri erano noiosissimi.
3. Dove si trovano le migliori spiagge d'Italia, sulla costa occidentale o su quella orientale?
4. La commedia del tuo amico non ha avuto il minimo successo in Italia, ma il pubblico inglese l'ha trovata divertentissima.
5. Quello che il tuo amico ci ha detto non ha la minima importanza.

231

6. I film ispirati dai libri non sono generalmente così cattivi come i libri ispirati dai film.
7. Questo vino non è semplicemente migliore dell'altro, è il migliore di tutti.

Extra
(**a**) 1. fare una passeggiata 2. andare al cinema
3. all'opera 4. partita di rugby 5. giocare a biliardo
6. a teatro 7. farle una visita 8. guardare la televisione.
(**b**) 2. che; 3. che; 4. di; 5. che; 6. del; 7. di; 8. di.

18 Con chi è andata Laura a teatro?

Esercizi
(**c**) 2. Laura si rifornisce di tessuti di moda da un industriale con cui un mese fa ha firmato un contratto.
3. Giacomo Rossi, che ha ricevuto un premio dal comune, è un architetto. *or* G.R., che è un architetto, ha ricevuto un premio dal comune.
4. Giacomo Rossi, a cui Laura ha affidato l'ammodernamento del suo negozio di mode, è un architetto. *Or* G.R. è l'architetto a cui etc.
5. Il signor Ferrara, che conosce i miei, potrebbe forse garantire lui il mio assegno.
6. Questo blocco di carta da lettere, che è di ottima qualità, è meno caro.
7. Il mio amico George è una persona molto colta a cui piacciono la musica, la letterature e le arti in genere. *Or* Il mio amico G., a cui piacciono la musica, la letteratura etc., è una persona molto colta.
8. La mia amica, a cui l'anno scorso ho regalato un libro d'arte per il suo compleanno, è inglese.
9. Questo ricettario automatico che ci è appena arrivato dal Giappone è una novità.
10. Questo romanzo di cui ti ho parlato ieri è noiosissimo.
(**d**) Alberto Boemia, che scrive sul *Giorno*, è un noto critico televisivo.
La ragione per cui non mi piacciono i quiz è che sono un divertimento superficiale.
La ragazza con cui sono uscito ieri sera è una studentessa americana.
L'architetto a cui Laura ha fatto rinnovare il negozio si chiama G. Rossi.
Non so chi ha telefonato mentre eri fuori di casa.
L'articolo di cui ti ho parlato è una critica dei film televisivi.
(**e**) 1. Con chi è andata Laura a teatro ieri sera?
2. Con un amico che è un noto industriale.
3. L'imprenditore a cui ho affidato il lavoro è il signor Giorgi.
4. Suo figlio, che è un ingegnere, è nella ditta.
5. Da chi hai avuto questo bel regalo?
6. Da quel mio amico inglese che mi ha visitato l'estate scorsa.
7. Il romanzo, il cui autore è un noto scrittore italiano, ha vinto il premio letterario Strega per il 1981.
8. Non posso fidarmi del collega su cui contavo.
9. Penso che gli abitanti delle città devono economizzare l'energia in tutte le sue forme, più di quelli che vivono in campagna.
10. Di chi è questa firma?

Extra
(**a**) 1. On a Saturday. 2. (i) 13.30; 17; 20; 23.05; (ii) 13.25; 19.45; 23.05 (iii) 14.30 (iv) 18.50 (v) 22.05.
3. A great conductor. 4. Four (Il mondo in guerra, Il colpo a vite, La frontiera del drago, Vita di Dante).
5. 18.15, and 19.20. 6. A weekly programme on educational problems.
(**b**) 1. insegnante 2. votanti 3. passante 4. bollente
5. protestanti 6. imbarazzante 7. seguente
8. calmante

(**c**) 3. Il *Giorno*, che è venduto e letto in tutta Italia, si pubblica a Milano.
4. Alberto Boemia scrive che quei telespettatori che preferiscono i quiz ai programmi seri non hanno molto buon gusto.
5. Laura, che avete incontrato a teatro, è la proprietaria di un negozio di mode.
6. L'amico con cui Laura è andata a teatro si chiama Giacomo Rossi.
7. Il negozio di cui Laura è proprietaria si trova in una via del centro.
8. Giacomo Rossi, che è un architetto, ha modernizzato il negozio di Laura.
(**d**) All questions (ii).

19 I quiz televisivi

Esercizi
(**a**) 2. Guardando 3. passando 4. acquistando
5. scrivendo 6. Facendomi 7. raggiungendo
8. Partecipando 9. divertendoli 10. presentando
11 possedendo … accumulando … risolvendo
12. presentando … contribuendo.
(**b**) 3. I nuovo negozio di Laura è stato progettato dall'architetto Rossi.
4. Un concerto sinfonico dal festival di Torino è stato diffuso dalla televisione italiana.
5. La TV italiana è stata criticata da Alberto Boemia in un suo articolo.
6. Il premio letterario *Campiello* è stato vinto da uno scrittore poco conosciuto.
7. Laura è rifornita di tessuti di mode della ditta Lurago.
8. Questo libro d'arte è stato venduto a Giorgio dalla libreria Sandrelli.
9. Questo libro d'arte è stato comprato da Giorgio per il suo amico inglese.
10. L'ultimo libro di Alberto Boemia mi è stato prestato da Laura.
(**d**) la conoscente; 1b conoscendo; 2a partecipanti; 2b partecipando; 3a concorrenti; 3b concorrendo; 4a dimostranti; 4b dimostrando.
(**e**) 1. Questo romanzo è stato dato a Laura da George come regalo di compleanno.
2. Nel suo articolo sul *Giorno* Alberto Boemia ha dimostrato la stupidità dei programmi d'indovinelli trasmessi dalla televisione italiana.
3. La stupidità dei programmi d'indovinelli trasmessi dalla televisione italiana, è stata dimostrata da Alberto Boemia un un articolo pubblicato dal *Giorno* di Milano.
4. Chi hai visto ieri a teatro?
5. Mi è stato detto solo questa mattina da Giorgio che Laura non sta bene.
6. Giorgio mi ha detto solo questa mattina che Laura non sta bene.
7. Una delle ragioni per cui compro *Il Giorno* è che mi piacciono molto gli articoli di Alberto Boemia sui programmi televisivi.
8. Mi piacciono molto gli articoli che Alberto Boemia scrive per *Il Giorno* sui programmi della TV. E un eccellente critico televisivo.
9. In quale delle sue opere Verdi ha introdotto per la prima volta il controfagotto?
10. Il vino eccellente che viene dalle colline vicino Siena è noto come il Chianti.
11. A chi hai prestato il libro di Alberto Boemia?
12. A chi hai telefonato ieri sera?

Extra
(**a**) 1. *Il Giorno*, quotidiano milanese, ha pubblicato un articolo di Alberto Boemia, noto critico televisivo, sui programmi di indovinelli a premi diffusi dalla televisione italiana e molto popolari tra i telespettatori.

2. A.B., noto critico televisivo, ha pubblicato sul *Giorno*, quotidiano milanese, un breve e interessante articolo, che tratta dei programmi di indovinelli a premi diffusi dalla televisione italiana e molto popolari tra i telespettatori.

3. L'articolo che A.B., noto critico televisivo, ha pubblicato sul *Giorno*, quotidiano milanese molto letto in tutta Italia, tratta dei programmi di indovinelli a premi, diffusi dalla televisione italiana e molto popolari tra i telespettatori.

4. I programmi di indovinelli a premi, diffusi dalla televisione italiana e molto popolari tra i telespettatori, sono trattati da A.B. in un articolo pubblicato dal *Giorno*, noto quotidiano milanese molto letto in tutta Italia.

(c) 1. (ii), 2. (i), 3. (iv) (v) (vi), 4. (ii) (iii) (iv) (v)
(d) 1. (f), 2. (g), 3. (h), 4. (e), 5. (a), 6. (1), 7. (b), 8. (k), 9. (i), 10. (d), 11. (j), 12. (m), 13. (n), 14. (c).

20 Dialogo familiare

Esercizi

(c) Non ho nessuna intenzione di 3. spazzolargliela, 4. attaccartelo, 5. pulirgliele, 6. mettertelo in tasca, 7. togliergliela.

(e) 1. Guardare la televisione, è divertente.
2. Ho imparato davvero molto Italiano guardando la TV in Italia.
3. Quello che mi hai detto è incoraggiante.
4. Incoraggiare lo sviluppo di una società consumistica (*or* della società dei consumi) è lo scopo principale della pubblicità televisiva.
5. Incoraggiando il consumismo la pubblicità televisiva fa un cattivo servizio alla società nel suo insieme.
6. Questo apparecchio televisivo (*or* televisore) ha due altoparlanti.
7. Alcuni pensano di essere più convincenti parlando ad alta voce.
8. Parlare con Carlo è sempre interessante.
9. Parlando con Carlo ho saputo che Marisa è stata poco bene.
10. Se tu pensi che rispondendo a domande idiote puoi dimostrare di avere molto cervello ti sbagli di grosso.

Extra

(a) 1/7, 2/5, 3/6, 4/2, 5/8, 6/1, 7/4, 8/3.
(d) No, 2. sto per scriverle, 3. sto per telefonargli, 4. sto per farla, 5. sto per imbucarla, 6. sto per venderla.

Revision 17–20

A 1. (ii), 2. (i), 3. (ii) (iii) (vi), 4. (iii).
B 1. (ii), 2. (ii), 3. (ii), 4. (ii).

(a) 1. Anche in Italia i programmi di indovinelli a premio sono stati diffusi dalla televisione.
2. Una concezione bassamente utilitaria e nozionistica della cultura è incoraggiata dai quiz.
3. Ricchissimi premi possono essere vinti da quelli che partecipano al gioco.
4. Questo difficile problema è stato risolto da una sola coppia concorrente.
5. Un viaggio nell'India è stato offerto dalla televisione alla coppia fortunata.

(f) 1. 'Se ti provi questa giacca vedrai che ti va benissimo' 'Mi va benissimo un corno'.
2. Laura ha avuto un piccolo incidente d'auto e si è fatta male al ginocchio.
3. Perché dovrei stirarti i pantaloni? Non puoi stirarteli da te? Non sono la tua serva.
4. La lezione stava per cominciare quando tutte le luci nella sala si sono spente.
5. Non entrare finché non ho finito di vestirmi.

6. Le sono venute le lacrime agli occhi.
7. Dove lo trovo un altro bottone come questo?
8. Non posso vedere questo tuo cappello giallo. Perché non lo butti via? Ti fa rassomigliare a mia zia Giulia.
9. Mi stai facendo perdere un sacco di tempo per niente.
10. Non fai mai attenzione a quello che dico. Potrei parlare cinese che per te andrebbe lo stesso.

21 Lunga storia di una maniglia

Esercizi

(c) 4. Non fumo da un mese. 5. Non la guardo da un mese. 6. Non le scrivo da un mese. 7. Non ci vado da un mese. 8. Non glie la porto da un mese. 9. Non lo mangio da un mese. 10. Non ci vado da un mese.

(e) 1. Giorgio mi ha detto che comprerà la motocicletta nuova domani.
2. Giorgio mi ha detto che avrebbe comprato la motocicletta nuova la scorsa settimana, ma non lo ha ancora fatto.
3. Chiedile se vuole (*or* desidera / le piacerebbe di) venire con noi a teatro questa sera.
4. Dice che vorrebbe (*or* desidererebbe / le piacerebbe di) venire ma non può, perché ha un altro impegno.
5. Ha detto che avrebbe voluto (*or* avrebbe desiderato / le sarebbe piaciuto di) venire, ma non poteva perché aveva un altro impegno.
6. Il libraio mi ha detto di ritornare qualche giorno più tardi perché non aveva il libro che desideravo. Mi ha promesso che me lo avrebbe fatto mandare dall'editore a Milano al più presto possibile.
7. Da più di un mese sto cercando di avere quel libro.
8. Conosco Giorgio da cinque anni.
9. Studio l'italiano da circa un anno.
10. Ho studiato l'italiano per due anni ma non lo so.

Extra

(b) 1. (g), 2. (e), 3. (f), 4. (h), 5. (l), 6. (k), 7. (n), 8. (i), 9. (c), 10. (j), 11. (b), 12. (a), 13. (d), 14. (m).

22 Una telecronaca sportiva

Esercizi

(b) 1. Benché nevichi, la visibilità è ancora buona.
2. Benché abbia cominciato a nevicare, la gara continua.
3. Sebbene Keido Tanaka sia bravo, non ha molte probabilità di successo.
4. Sebbene Ojikawa sia sfortunato, è uno slalomista di grande avvenire.
5. Sebbene Firmiani me lo abbia promesso, non può portarmi in macchina a Cortina.
6. Benché la gara di slalom m'interessi, non ho voglia di guardare la televisione.
7. Benché questo programma mi piaccia, ho deciso di non guardarlo.
8. Benché Franco Cioffi sia un ottimo cronista, non mi piace il modo in cui parla.

(c) 1. è 2. venga 3. dorme 4. svegli 5. entri 6. fa 7. parla 8. studi.

(e) 1. Franco Cioffi sta parlando dal traguardo. È il migliore telecronista che abbia mai ascoltato.
2. Permettete che telefoni ai nostri tecnici prima di entrare in collegamento diretto (*or* di collegarci in diretta) con Cortina.
3. Non mi sembra che degli sciatori giapponesi abbiano mai preso parte a un Premio Cortina prima di oggi.
4. Sebbene siano tutti molto bravi non credo che abbiano molte probabilità di vincere.

5. È difficile per loro abituarsi alle condizioni alpine.
6. Penso che sia meglio che tu rimandi il tuo incontro con Giorgio a venerdì prossimo.
7. D'accordo, purché Giorgio non parta per l'Italia giovedì.
8. No, non partirà giovedì, a meno che la sua ditta non glie lo chieda.

Extra

(**a**) 1. (ii); 2. (i); 3. Bialetti Ceccato Franchi Mosca Benevene; 4. (i).
(**b**) 1. quarta 2. dodicesima 3. terza 4. quinto 5. primo ... secondo 6. undicesimo ... diciassettesimo 7. sesto 8. ventiduesima.
(**d**) 1. preferisca 2. prenda 3. sia 4. piaccia 5. peggiori 6. faccia.
(**e**) 1. discesa 2. sciare 3. pista 4. porta 5. neve 6. sci 7. gara.

23 Una domanda di lavoro

Esercizi

(**c**) 3. Anche se il dottor Carli ha molto lavoro, ha accettato di organizzare il congresso.
4. Anche se non era per niente d'accordo ...
5. Anche se non ho mai studiato dattilografia ...
6. Anche se la gara di slalom m'interessa ...
7. Anche se c'è il sole ...
8. Anche se ho visto il film ...
(**d**) 2. Mi sono rivolto all'ufficio che mi era stato indicato.
3. Abbiamo intervistato la candidata che ci era stata raccomandata dal direttore.
4. La signorina Gervasi, che si è diplomata in Inghilterra, ha dimostrato un'ottima conoscenza dell'inglese parlato.
5. Rispondiamo alla sua lettera che ci è pervenuta questa mattina.
6. Non possiamo purtroppo spedirle i libri che lei ci ha richiesto.
(**e**) 1. Pensavo che Giorgio avesse ragione.
2. Avevamo sperato (*or* Speravamo) che tu capissi. (*or* avresti capito)
3. Mio zio aveva bisogno di una persona che conoscesse l'inglese commerciale.
4. Sarebbe stato meglio se tu avessi ascoltato con più attenzione.
5. Le ho domandato chi fosse il suo amico.
6. Keido Tanaka è stato il primo sciatore giapponese che abbia preso parte al Premio Cortina.
7. Era la ragazza più intelligente che fosse mai venuta alle mie lezioni.
8. Credevo che non ci fossero difficoltà.
9. Mi interesserebbe sapere come lei abbia ottenuto l'ammissione alle scuole italiane.
10. E proprio quello che voglio sapere.

Extra

(**a**) 1. C, 2. D, 3. E, 4. B, 5. A.
(**b**) 2. ... che siano stati rilasciati in Italia.
3. ... che non facciano troppo rumore.
4. ... che sia efficace.
5. ... che mi faccia passare il mal di testa.
6. ... che abbiano prima pagato.
7. ... che siano ben fresche.
8. ... che abbia ottime referenze.
(**c**) 1. F, 2. D, 3. E, 4. B, 5. C, 6. A, 7. H, 8. G
(**d**) programmatrice, coreografa, psicologa, suggeritrice, profumiera, sarta, ricercatrice, ragioniera, collaudatrice.

24 Il convegno

Esercizi

(**d**) 3. La riunione verrà presieduta dalla signora Valente.

4. Il prossimo convegno verrà organizzato dal dottor Carli.
5. L'argomento verrà scelto durante la prossima riunione del consiglio direttivo.
6. L'erba verrà tagliata regolarmente ogni settimana.
7. La posta viene distribuita ogni mattina verso le otto.
8. I giornali non verranno pubblicati il 26 dicembre.
9. Quello che dici non viene mai considerato con l'attenzione che meriterebbe.
10. Tutti gli studenti vengono esaminati alla fine del corso.

(**e**) Dai verbali di una riunione di comitato tenuta il 29 gennaio 1981: ... Il consiglio direttivo, esaminate in dettaglio diverse possibilità, ha deciso che il prossimo convegno nazionale avrà luogo a Terni nel luglio 1981. Le date esatte verranno fissate in consultazione con la sede di Terni. L'organizzazione del convegno è stata affidata ai signori Pedrotti e Carli. La presidente (*or* presidentessa) ha chiesto loro di scrivere a Terni al più presto possible perché vengano fatti i preparativi necessari, e di riferire sul loro progresso alla prossima riunione di comitato in marzo.

Extra

(**b**) 3. Se avessimo avuto tempo saremmo andati in vacanza.
4. Se i tuoi cugini ti avessero telefonato avresti potuto invitarli a cena.
5. Se lei mi avesse presentato dei titoli di studio italiani avrei preso in considerazione la sua domanda di lavoro.
6. Se quelle uova fossero state fresche le avrei comprate.
7. Se tu avessi preso un'aspirina ti sarebbe passato il mal di testa.
8. Se avessimo ascoltato il bollettino meteorologico avremmo saputo che tempo farà domani.
9. Se ci fosse stata giustizia sociale non ci sarebbe stata violenza nelle nostre città.
10. Se il giornale fosse arrivato la mattina presto avrei potuto leggerlo a colazione.

(**c**) Alla riunione del consiglio direttivo si è discussa l'organizzazione del prossimo convegno. Hanno partecipato alla discussione il dottor Carli, l'ingegner Pedrotti, la signorina Argeri e la signora Valente che ha presieduto.
La signora Valente ha suggerito al Dott. Carli di organizzare il convegno di luglio. Il Dott. Carli ha risposto di essere troppo occupato per poterlo organizzare da solo; ma ha detto di essere pronto a preparare il programma dei lavori se l'Ing. Pedrotti organizzasse la parte amministrativa.
Il Comitato ha poi discusso dove tenere il convegno. Diverse città sono state proposte: Pordenone, Mantova, Terni, Ancona e Caltanissetta. Terni è stata scelta per la sua posizione centrale, anche se meno conveniente. L'Ing. Pedrotti è stato incaricato di scrivere subito a Terni per organizzare gli alberghi e gli alloggi, e il Dott. Carli di preparare il programma. Tutti e due si sono impegnati a riferire in proposito alla prossima riunione di comitato.
(**d**) 1. (ii), 2. (i), 3. (iii), 4. (ii).

25 Una favola moderna

Esercizi

(**a**) 3. incontrai 4. parlò 5. organizzò 6. partirono 7. ritornarono 8. passò 9. raccontò 10. narrai 11. Giocammo 12. prenotò 13. ospitò 14. salutammo ... uscimmo 15. arrivò ... partì 16. riuscì 17. sembrò 18. parlò ... proiettò 19. dormimmo 20. finì

(**b**) 3. va esaminato 4. andava esaminato 5. va sorseggiato 6. va bevuto (twice) 7. va messo 8. va affrancata 9. andavano prese 10. va avvitato 11. va conservato 12. vanno trattate

(**c**) Un grosso bue stava correndo in un prato verde. Una rana, vedendolo, diventò invidiosa, e pensò che gonfiandosi sarebbe potuta diventare grossa come il bue. Mentre stava cercando di ingrandire passò una biscia. La biscia si presentò come il direttore di una famosa agenzia di pubblicità, e suggerì (*or* avanzò l'idea) che una campagna montata potrebbe persuadere tutti che la rana era più grande del bue. Non c'era bisogno d'ingrandire, dato che poteva crescere nell'immaginazione della gente.
In realtà la biscia era soltanto interessata ad impedire alla rana di gonfiarsi: una rana di dimensioni normali è molto più facile da mangiare!

Extra

(**a**) 1. (i), 2. (ii), 3. (i), 4. (ii), 5. (i)
(**b**) 1. sbarcare 2. sbarbare, sbarbarsi 3. scarcerare 4. scoperchiare 5. sdoganare 6. scucire 7. sgrassare 8. smascherare 9. spuntare 10. sradicare
(**d**) ORIZZONTALI
3. gufo 4. rana 5. topi 7. elefanti 11. biscia 12. porco 13. gru 14. iene
VERTICALI
1. tori 2. cani 3. gatti 6. pecore 8. leone 9. tigre 10. capra 11. buoi

26 Peli sulla lingua?

Esercizi

(**a**) 2. richiese 3. scelse 4. tradusse 5. esposero 6. sostenne 7. disse 8. accorsi 9. cadde 10. decise 11. chiesi 12. portò . . . mise 13. prendemmo 14. mise 15. ottenne.
(**b**) 2. Avendo chiesto dell'aceto, quel viaggiatore italiano in Spagna riuscì soltanto a farsi portare dell'olio.
3. Avendo riempito il vagone di mattoni, gli operai italiani cercarono di fermare la catena.
4. Nazario Sauro, avendo preso parte alla guerra nella Marina Italiana, fu fatto prigioniero dagli austriaci.
5. Avendo sostenuto la causa dell'Italia i quattro patrioti furono condannati a morte dall'Austria.
6. Avendo osservato come Lei lavora, ho pensato di offrirle un impiego nella mia ditta.
7. Non essendo mai stato in Italia, George non riesce ancora a parlare la lingua con facilità.
8. Quel conferenziere, avendo raccontato aneddoti un po' spinti, non è riuscito molto simpatico al pubblico.
9. La rana, avendo creduto alle parole della biscia, cominciò a sgonfiarsi.
10. Essendosi sgonfiata, la rana fu mangiata dalla biscia in un solo boccone.
(**d**) 1. Da molti anni uno scienziato lavorava (OR: per molti anni . . . lavorò) per scoprire il perfetto solvente. Finalmente trovò quello che cercava: era un liquido viscoso che scioglieva tutto quello con cui entrava in contatto, vetro, porcellana, pietra, acciaio inossidabile, plastica, ogni cosa. Allora si rese conto (OR: capì) che avrebbe dovuto prima inventare un recipiente in cui tenere il liquido.
2. Era il compleanno del vecchio. Aveva cento anni. La regina gli mandò un telegramma. I suoi amici e parenti gli organizzarono un bel ricevimento. Fu intervistato dalla stampa, e un giornalista gli domandò il segreto della sua longevità. 'Non ho mai bevuto', rispose, 'mai fumato, mai giocato d'azzardo, e non mi sono mai divertito con le donne'. Ad un tratto vennero forti rumori e gridi dalla stanza vicina. 'Che cosa succede?' domandò il giornalista. 'Oh, quello è mio padre,' disse il vecchio. 'È tornato dalle corse ubriaco fradicio, ha chiesto alla domestica di portargli un sigaro, e la sta rincorrendo di nuovo intorno alla tavola.'

Revision 21–26

Esercizi

(**b**) 3. Aveva detto che il pezzo di ricambio sarebbe arrivato alla fine della settimana.
4. Aveva detto che ci avrebbe mandato una cartolina dall'Italia.
5. Aveva detto che tutto sarebbe andato bene.
6. Aveva detto che avrebbero reclamato presso il concessionario.
7. Aveva detto che gli zii sarebbero partiti giovedì sera.
8. Aveva detto che avrebbe finito di leggere il libro e poi ce lo avrebbe dato.
9. Aveva detto che avrebbero cercato di aiutarci.
10. Aveva detto che mi avrebbe telefonato questo pomeriggio.
(**c**) 3. Sebbene non ci siano difficoltà, è meglio aspettare.
4. Sebbene questa radio costi di meno, è migliore dell'altra.
5. Sebbene preferisca il té col latte, posso berlo anche senza.
6. Sebbene questo libro sia molto caro, vale la pena di comprarlo.
7. Sebbene Giorgio abbia il passaporto italiano, è nato in Inghilterra.
8. Sebbene Laura sia nata in Inghilterra, ha il passaporto italiano.
9. Sebbene mangi pochissimo non riesco a dimagrire.
10. Sebbene la candidata abbia ottime referenze, non le vogliono dare il posto.
(**f**) Il poeta Cecco Angiolieri nacque a Siena intorno al 1260 ed è perciò un contemporaneo di Dante che nacque a Firenze cinque anni dopo. Si sa che tutti e due i poeti erano alla battaglia di Campaldino nel 1289, ma non si se facessero conoscenza in quell'occasione. Abbiamo tre sonetti scritti da Cecco a Dante: purtroppo le risposte di Dante ci mancano. Si sa molto poco della vita di Cecco. Un documento mostra che nel febbraio del 1313 era già morto.

Vocabulary

Entries and translations in this vocabulary are related exclusively to the dialogues, texts and exercises in the course.

When using the vocabulary please bear in mind that

(a) **Words ending in -o** should be considered masculine, and those ending in **-a** as feminine. In all other cases the gender is specified (e.g. **mano** (*f*); **giornalista** (m/f); **mare** (m), **crisi** (*f*). Adjectives and/or nouns with separate masculine and feminine forms are entered with a double ending (e.g. **esperto, -a**). Adjectives ending in **-e**, having a form suitable for both genders, are not followed by any gender indication. Irregular plurals and invariable nouns are indicated.

(b) Verbs are entered in the Infinitive. Irregular forms are given. The infinitive of **-ire** verbs adding the infix **-isc-** is followed by the 1st pers. sing. of the Present (**finire, finisco**). Three forms are given of most **-ere** verbs: Infinitive, Past Definite (1st pers. sing.) and Past Participle (e.g. **prendere, presi, preso**). An entry ending in **-rsi** means that the verb has a reflexive form. The preposition placed in brackets after some verbs is the one normally required before another infinitive, or before the verb's indirect object.

(c) Related words (e.g. **corrispondere, corrispondente, corrispondenza**) are grouped together under one entry whenever convenient.

A

abbassare, to lower, press down
abbastanza, enough
abbondante, large, plentiful
abete (*m*), fir tree
abitare, to live, inhabit, dwell; **abitante** (*m/f*), inhabitant
accadere, to happen
accendere, accesi, acceso, to switch on, light; **accendisigari,** (*m*) cigar-lighter
accettare, to accept
acciaio, steel
accollarsi, to take on
accompagnare, to accompany
acconsentire (a), to agree to
accordo, agreement; **d'accordo,** in agreement, agreed! OK!; **mettersi d'accordo,** to come to an agreement
accumulare, to accumulate
aceto, vinegar
acidità, acidity
acqua, water; **acquaio,** sink
acquistare, to buy, purchase; **acquisto,** purchase
acuto, a, acute, sharp
adatto, a, designed for, intended for, suitable
addormentarsi, to fall asleep
addosso, upon, on one's back
adesso, now
aereo, aeroplano, airplane, aircraft; **aeroporto,** airport
affare (*m*), bargain
affatto, (after negatives) at all
affermare, to state, affirm; **affermarsi,** to prove oneself, establish oneself
affidare (a), to entrust, commit to
affinché, so that, in order that
affrancare, to stamp (a letter)
agenzia, agency
aggiustare, to mend, repair
agire, to act
aglio, garlic

agricolo, a, agricultural
agricoltura, agriculture; **agricoltore,** (*m*), farmer
aiutare, to help
aiuto, help
alabastro, alabaster
albergo, hotel
alcuno, a, a few, some
alimentare, to feed, foster
allacciare, to tie, connect; **allacciamento,** connection
alleanza, alliance
allegro, a, merry
allenare, to train; **allenamento,** training
alloggio, accommodation
allora, then
almeno, at least
alto, a, high
altoparlante (*m*), loudspeaker
altrettanto, equally, just as, (as ...) as
altrimenti, otherwise
altro, a, other
altrui, of/to/for another person
alzacristalli (*m*), electrical window opener (in cars)
alzare, to lift
amare, to love
amaro, a, bitter
amarezza bitterness
ambiente (*m*), environment
ambito, nell'ambito di, in the area/sphere of
ambizione (*f*), ambition
amico, a, friend
ammirare, to admire
amore (*m*), love; **amoroso,** amorous, loving
amplificatore (*m*), amplifier
analisi (*f*), analysis
anche, also, too
ancora, again, yet, still
andare, to go
aneddoto, anecdote
anello, ring, circle
anestesista, (*m/f*), anaesthetist

angolo, corner
annegare, to drown
anno, year; **annuario,** year-book
anteriore, front (*adj.*)
antico, a, ancient, antique
antipasto, hors-d'oeuvres
anzi, in fact, on the contrary
anziano, a, elderly
apertura, opening
apparecchio, apparatus, machine, gadget
apparire (appaio, appari ... appaiono, apparvi, apparso), to appear
appartamento, apartment
appassionante, exciting; **appassionato di ...,** very interested in, fond of
appena, just, hardly
appetito, appetite
applaudire, to applaud
applicare, to apply, fix onto
apprendista, apprentice
apprestarsi (a), to be about to, get ready
appropriato, a, appropriate
appuntamento, appointment
appunto, in fact, exactly
aprire, aperto, to open
ardere, arsi, arso, to burn
argomento, topic, subject-matter
aria, air
arnese (*m*), tool, implement
arpa, harp
arpista (*m/f*), harpist
arrabbiarsi, to get angry; **fare arrabbiare qualcuno** to make someone angry
arrivederci, arrivederla, good-bye, see you
arrivare, to arrive; **arrivo,** arrival
arte (*f*), art
articolo, article
artificiale, artificial; **artificialmente,** artificially

artistico, artistic
asciugare, to dry; **asciutto, a,** dry
ascoltare, to listen to
asino, a, donkey
aspettare, to wait for
aspetto, aspect, appearance
aspirapolvere, (*m*), vacuum cleaner
assai, very, fairly
assaggiare, to taste
assalire (assalgo, assali ... assalgono assalsi), to assault
assegno, cheque
assicurare, to assure, ensure, insure
assistente (*m*/*f*), assistant
assolutamente, absolutely
assortito, a, matching
assumere, assunsi, assunto, to give a job to
assunzione, employment, being given a job
atleta (*m*/*f*), athlete; **atletico, a,** athletic
attaccare, to attach, plug in
attendere, attesi, atteso, to wait (for)
attenzione (*f*), attention; **fare attenzione,** to pay attention
attestare, to certify; **attestato,** certificate
attirare, to draw towards
attore, actor; **attrice,** actress
attrazione (*f*), attraction
attribuire (a), attribuisco, to attribute to
attuale, present
aumentare, to increase
austero, a, austere, strict
autoavvolgente, self-winding
autobus (*m*), bus
automatico, a, automatic
automobile (*f*), car; **auto** (*f*), car; **automobilina** (*f*), miniature car
autore, author; **autrice,** authoress
autostrada, motorway
autunno, Autumn
avanguardia, avantgarde
avanzare, to move forward
avaro, a, miser, miserly
avere, ho, ebbi, avuto, to have
avvenimento, happening, event
avvenire (avvengo, avvieni ... avvengono, avvenni, avvenuto), to happen; **l'avvenire,** the future
avvicinare, to draw near; **avvicinarsi,** to approach
avvitare, to screw
azienda, business, firm, company

B

badare (a), to mind, look after, pay attention to
bagno, bath, bathroom; **fare il bagno,** to have a bath, go for a swim
ballare, to dance; **balletto,** ballet, dance; **ballo,** dance
bambino, a, baby, child
banale, banal, commonplace

bar, bar, cafe, coffee-bar
barba, beard
barca, boat
basare, to base; **base** (*f*), base; **in base a,** according to
basilisco, basilisk
basso, a, low, down; **dal basso,** from the bottom; **verso il basso,** downwards
basta, enough; **bastare,** to be enough, to be sufficient
battere, to beat
batteria, battery
bello, a, beautiful
bene, be', well; **va bene,** OK
bere (bevo, bevvi, bevuto), to drink
biblioteca, library
bicchiere (*m*), glass
bicicletta, bicycle
bicolore, two-coloured, two-tone
biglietto, ticket
birra, beer; **birraio,** brewer; **birreria,** brewery
biscia, water snake, grass snake
bisognare, (*3rd pers. verb*) to be necessary; **bisogna,** it must
bistecca, steak
blu, (*invar.*) blue
blocco, block; **blocco di carta,** writing pad
bocca, mouth
bocce, (*pl.* of **boccia,**) a game played with balls similar to bowls
boccetta, small bottle
boccone (*m*), mouthful
bollettino, bulletin; **bollettino meteorologico,** weather forecast
bollire, to boil; **bollente,** boiling
borghese, citizen, bourgeois; **in borghese,** in plain clothes
bottega, shop; **bottegaio, a,** shopkeeper
bottiglia, bottle
bottone (*m*), button
braccio, arm; **braccia,** arms (limbs); **bracci,** arm-like object (e.g. arms of an arm-chair)
bravo, a, good, clever
breve, short
brodo, clear soup, broth
budino, pudding
bue, (*pl.* **buoi**) ox
buio, dark
buono, a, good
burro, butter
busta, envelope
buttare, to throw, to throw away

C

cacciare, to hunt; **caccia,** hunt
cadere, caddi, caduto, to fall
caffè (*m*), coffee, coffee house
caldo, a, hot
calmare, to calm
calligrafia, handwriting
calzolaio, shoemaker, shoemender; **calzoleria,** shoemaker's shop, shoe shop
cambiare, to change; **cambio,** change, gear change
camera, bedroom

cameriere, waiter; **cameriera,** waitress
camicia, shirt
camminare, to walk
campagna, country(side), campaign
campeggio, camping, campsite
campione (*m*) **campionessa** (*f*), champion; (only *m*) commercial sample
campo, field
canale (*m*), channel
candela, candle; **candele,** watts (speaking of electric bulbs)
candidato, a, applicant, candidate
cane (*m*), **cagna** (*f*), dog
cantare, to sing
capace, capable, able; **capacità,** capacity
capanna, hut
capire, capisco, to understand
capitolo, chapter
capo, head, boss, chief; **capo officina,** foreman; **in capo al mondo,** far away
cappello, hat
cappuccino, espresso coffee with milk
capra, goat
caraffa, decanter
caramella, sweet (candy)
carcere (*m*), jail
carciofo, artichoke
caricare, to load, wind up
caricatore (*m*), cartridge
carne (*f*), meat
caro, a, dear, expensive
carota, carrot
carretta, handcart, barrow, jalopy
carrozza, coach
carta, paper; **cartoleria,** stationers; **cartolina,** postcard
casa, house, home; **casetta,** small house
casella postale, post office box
caso, case; **in ogni caso,** at any rate
cassa, cash-desk; box; **cassa acustica,** hi-fi loudspeaker; **cassetta,** box; **cassetto,** drawer; **cassiere, cassiera,** cashier
cassata, cassata (a type of ice-cream)
catalogo, catalogue
catena, chain
cattivo, a, bad, naughty
causa, cause, reason; **a causa di,** because of, owing to
cavallo, horse
cavo, rope, wire, cable; **cavetto,** lead
cena, dinner, supper
cento, one hundred; **centinaia,** (*f.pl.*), hundreds
centrale, central
centro, centre
ceramica, ceramic
cercare, to try, look for
certamente, certainly, sure
certificato, certificate
certo, a, sure, certain; **di certo,** certainly, for sure

cessare, to stop, cease
che?, che cosa?, what?
chiamare, to call; **chiamarsi,** to be named; **chiamata** (phone) call
chiaro, a, clear, light; **con chiarezza,** clearly
chiave (f), key
chiedere, chiesi, chiesto, to ask
chiesa, church
chilo, kilo; **chilometro,** kilometre
chissà, who knows
chitarra, guitar; **chitarrista** (m/f), guitarist
chiudere, chiusi, chiuso, to close, shut; **chiusura,** fastening, lock
ci, there; **c'è,** there is
ciao, hi, hallo, good-bye
ciascuno, a, each, each one
cicala, cicada
cicca, cigarette stub
cicoria, general term for many edible plants of lettuce-dandelion family
cilindro, cylinder
cima, top
cinema (m), cinema; **cinepresa,** cine-camera
cintura, belt
cioccolata, cioccolato, chocolate; **cioccolatini,** chocolates
cioé, that is
ciotola, basin bowl
cipolla, onion
circa, about, approximately
circo, circus
circolare, to circulate; (adj.) circular; (f. noun) circular, information sheet
circolo, club
città, city, town; **cittadino, a,** citizen, inhabitant, native
classe (f), class
classico, a, classical, traditional
classifica, position (in a ranking order)
classistico, ideologically conditioned by existing class structure
cliente (m/f), client, customer
coccio, crock, piece of broken pottery, potsherd
cofano, car boot
cogliere, colsi, colto, to gather, to pick up
cognato, a, brother/sister-in-law
cognizione (f), notion, item of information, knowledge
cognome (m), surname
colazione (f), breakfast, lunch
colibrì (m invar.) humming bird
collaudatore (m), tester
collega (m/f), colleague
collegare, to connect; **collegamento,** link; **collegamento diretto,** live radio or TV link-up
colletto, collar
collina, hill
collo, neck, collar
colloquio, interview, conversation

colonia, cologne water
colpo, blow, knock
colto, a, cultured
combinare, to arrange, to work out, to match
come, like, as
cominciare, to begin
commedia, play (theatrical), comedy
commento, comment, commentary
commercio, trade, commerce; **commercio estero,** foreign trade
commissione (f), errand
comodo, a, comfortable
compagnia, company
comparire (compaio, compari ... compaiono, comparvi, comparso) to appear
competente, competent, able
compilare, to compile; **compilatore,** compiler
compito, duty, task
compleanno, birthday
complementare, complementary
completo, (adj.) complete; (noun) suit
complicare, to complicate
comporre, composi, composto, to compose; dial (a phone number)
comportarsi, to behave
comprare, comperare, to buy
comprendere, compresi, compreso, to include, comprehend, understand
compressa, pill
comune, (adj.) common, ordinary; (m noun) town council
comunista (m/f), communist
comunità, community
comunque, however
con, with (prep. art. forms: **col, coll', coi**)
concentrare, to concentrate
concessionario, agent, distributor
concezione (f), concept
concorrere, concorsi, concorso, to compete; **concorso** competition; **concorrente** (m/f), competitor
condire, condisco, to season; **condimento** condiment, seasoning;
condividere, condivisi, condiviso, to share
condizione (f), condition
confederazione (f), federation
confermare, to confirm
confezionare, to manufacture, make; **confezione** (f), manufactured item, item of clothing
conflitto, conflict
congresso, congress, conference, meeting
congelare, to freeze
conoscere, conobbi, conosciuto, to know, to be acquainted with; **conoscenza,** knowledge
conservare, to keep

consigliare, to advise; **consiglio,** advice, council; **consiglio direttivo,** board of directors, steering committee
consuetudine, (f), habit
consultare, to consult
consumare, to consume, to use up; **consumo,** consumption; **società di consumo, società dei consumi,** consumer society; **consumistico,** related to/favouring a consumer society; **consumismo,** consumerism
contare, to count, number, enumerate; **contasecondi** (m invar.), stop-watch; **conteggio,** addition, calculation
contemporaneamente, at the same time
contento, a, happy
contenuto, the contents (past part. of **contenere,** to contain)
contesto, context, framework
continuare, to continue, to go on
conto, bill
contorno, side-dish
contrario, a, contrary; **al contrario,** on the contrary
contratto, contract
contribuire, contribuisco, to contribute; **contributo,** contribution
contro, against
controfagotto, double bassoon
convegno, conference
conveniente, convenient; **convenienza** (f), convenience, ease
conversazione (f), conversation
convincere, convinsi, convinto, to convince; **convincente,** convincing
convocare, to summon, call
coordinare, to coordinate
coperchio, cover lid
copiare, to copy; **copia,** copy
coppa, basin bowl, champagne cup, sports cup
coppia, couple, pair
coprire (past part. **coperto**), **to cover; coperta,** blanket
cordiale, warm-hearted, welcoming; (noun) cordial
coreografo, a, choreographer
corno, (pl. **corna**) horn; **un corno!,** my foot! fiddlesticks!
corrente (f), current (electric); **corrente continua,** DC; **corrente alternata,** AC; (adj.) current, present; **al corrente,** up to date (said of a person)
correre, corsi, corso, to run, to hurry; **corso,** course; **corsa,** race
corrispondere, corrisposi, corrisposto, to correspond, write to; **corrispondente,** correspondent; **corrispondenza,** correspondence
corto, a, short
cosa, thing
così, thus, so; **così così,** so so
costare, to cost; **costoso,** costly, expensive

costa, rib; **a coste**, ribbed
costituire, costituisco, to constitute, form; **costituzione** (*f*), constitution
costruire, costruisco, to build, construct; **costruzione** (*f*), building
cotone (*m*), cotton
cravatta, tie
creare, to create; **creazione** (*f*), creation
credere, credei/credetti, creduto, to believe
crescere, crebbi, cresciuto, to grow, increase
crisi (*f*), crisis
cristallo, crystal, lead glass
criticare, to criticize; **critico**, critic; **critica**, criticism, review
cronista (*m/f*), commentator
crudo, a, raw
cubo, cube; **cubico, a**, cubic
cucchiaio, spoon; **cucchiaino**, teaspoon, coffee spoon
cucina, kitchen; **cucinare**, to cook
cucire, to sew
cultura, culture; **culturale**, cultural
cuocere, cossi, cotto, to cook
curioso, a, inquisitive, curious; **curiosità**, curiosity, inquisitiveness
cugino, a, cousin

D

da, from, by, since
dare, detti/diedi, dato, to give; **dato**, datum; **dati**, data; **data**, date; **dato che . . .**, given that . . .; **datore di lavoro**, employer
dattilografia, typing; **dattilografo, a**, typist
davanti a, before, in front
davvero, really
dazio, tax, customs duty
decentrare, to decentralize
decidere, decisi, deciso, to decide; **decidersi**, to make up one's mind; **decisione** (*f*), decision
definire, definisco, to define; **definizione** (*f*), definition
delegato, a, delegate
democratico, a, (*adj.*) democratic, (*noun*) democrat
democristiano, a, Christian Democrat
dentista (*m/f*), dentist; **dente** (*m*)), tooth
dentro, inside
desiderare, to want, desire, wish; **desiderio**, desire, wish
destra, right; **a destra**, on the right
detestare, to detest, to hate
dettagliare, to detail; **dettaglio**, detail
dettare, to dictate
diaframma (*m*), diaphragm, aperture (of a camera lens)
dialetto, dialect
diapositiva, colour slide

dicendo, gerund of **dire; e via dicendo**, and so on
dieta, diet; **stare a dieta**, to be on a diet
difetto, defect, fault; **difettoso, a**, faulty
differenza, difference
difficile, difficult; **difficoltà**, difficulty
diffondere, diffusi, diffuso, to spread, broadcast
diligente, diligent, industrious; **diligenza**, industry, application
diluire, diluisco, to dilute
dimensione (*f*), dimension, size
dimenticare, dimenticarsi (di), to forget
dimostrare, to show, demonstrate
dipendere, dipesi, dipeso (da), to depend upon
diplomatico, a, diplomatic, diplomat
dire, dico, dissi, detto, to say
direttamente, directly
dirigere, diressi, diretto, to direct; **direttore** (*m*), **direttrice** (*f*), director; editor; **direzione** (*f*), direction, management
diritto, a, straight
disastro, disaster; **disastroso, a**, disastrous, terrible
discendere, discesi, disceso, to go down; **discesa**, slope, descent; **discesista** (*m/f*), downhiller; **discendente**, descendant
discorso, speech
discrezione (*f*), discretion
disegnare, to draw; **disegno**, drawing
disgustoso, a, disgusting
disonesto, a, dishonest
dispiacersi, to be sorry
disputare, to dispute; **disputare una gara**, to compete in a race
distaccare, to detach, disconnect
distanza, distance
distinzione (*f*), distinction
distretto, district, zone, area
distribuire, distribuisco, to distribute
distruggere, distrussi, distrutto, to destroy
disturbare, to trouble; **non si disturbi**, don't trouble yourself
dito, (pl.) **dita** (*f*), finger
ditta, firm
dittatoriale, dictatorial
diverso, a, different; **diversi, e**, several
divertire, to amuse; **divertente**, amusing; **divertimento**, amusement
dividere, divisi, diviso, to divide
dizionario, dictionary
doccia, shower
documento, document
dogana, customs
dolce, sweet, pudding, cake
domandare (a), to ask; **domanda**, request

domani, to-morrow
domestico, a, (noun) domestic servant; (adj.) household
donna, woman
dopo, after; **dopodomani**, the day after to-morrow
doppiopetto, double-breasted
dorato, a, golden
dormire, to sleep
dotazione (*f*), supply
dote (*f*), dowry, trousseau
dove, where
dovere, devo, dovei/dovetti, dovuto, must, ought to
dozzina, dozen
drammatico, a, dramatic
dubitare, to doubt; **dubbio**, doubt
due, two
durare, to last; **durata**, duration

E

economia, economy; **economico, a**, economic(al); **economista** (*m/f*), economist
edificio, building
edilizia, building industry; **edilizia modulare**, prefabricated building techniques
editore (*m*), **editrice** (*f*), publisher
efficace, effective
elaborazione (*f*), elaboration; **elaborare**, to work at
elefante (*m*), elephant
eleggere, elessi, eletto, to elect; **elettorale**, electoral; **elezione** (*f*), election
elettricità, electricity; **elettrico, a**, electric(al)
emettere, emisi, emesso, to emit, give out
emigrare, to emigrate; **emigrante**, emigrant; **emigrazione** (*f*), emigration
energia, energy
enorme, enormous, huge
entrare (in), to go in, enter
eppure, and yet
erba, grass; (*pl.*) **erbe**, herbs
erudito, a, erudite, knowledgeable
esagerare, to exaggerate
escursione (*f*), excursion, trip
esempio, example
esercitare, to exercise, to carry out, to practise; **esercizio** exercise
esperto, a, expert
esporre, esposi, esposto, to exhibit, to put on show, to expose; **esposizione** (*f*) exhibition, show
essenziale, essential
essere, to be
est, east
estate, Summer
esterno, a, external
estero, a, foreign (adj.), **all'estero**, abroad
estremamente, extremely
età, age
etto, 100 grams
Europa, Europe; **europeo, a**, European

F

fa, ago
fabbricare, to manufacture, make; **fabbrica,** factory; **fabbricato,** building; **fabbricazione** (*f*), manufacture
faccenda, affair, matter, job, task, business
faccia, face
facile, easy; **facilità,** ease
fagiolo, bean; **fagiolino,** green bean
fare, faccio, feci, fatto, to do, make; **fare domanda,** to apply; **fare vedere,** to show
farina, flour; **farinaceo, a,** starchy
farmacia, chemist's shop
fase (*f*), phase; **fasi salienti,** highlights
fatica, effort, labour
fatto, fact; **di fatto,** in fact, actually
fattoria, farm
fattorino, delivery boy, messenger
fattura, invoice
favola, fairy tale
favorire, to favour, to aid; **favore** (*m*), favour; **per favore,** please
fazzoletto, handkerchief
fedeltà, faith; **alta fedeltà,** hi-fi
fegato, liver
femminile, feminine; **abiti femminili,** women's clothing
fenomeno, phenomenon
fermaglio, catch-clip, fastener
fermare, to stop (something); **fermarsi,** to stop; **fermata,** stop; **fermo,** still, steady, firm; **fermezza,** firmness; **con fermezza,** firmly
ferro, iron; **ferreo, a,** iron-like
ferrovia, railway; **ferroviere,** (*m*) railwayman
festa, party
fettuccia, tape; **fettuccine** (*f.pl.*), ribbon-shaped pasta
fianco, side; **di fianco a, a fianco di,** beside
fidanzato, a, fiancé(e); **fidanzamento,** engagement
fidarsi (di), to trust
fiducia, trust; **persona di fiducia,** trustworthy person
fiera, fair, exhibition
figlio, son; **figlia,** daughter
figurarsi, to imagine
filatelia, stamp-collecting
filato, yarn, thread; **di filato,** immediately, following on; **filo,** thread
filetto, fillet steak
filosofia, philosophy
finanza, finance; **finanziario, a,** financial
finché, until
fine (*f*), end (terminal point); (*m*) end (aim); **finire, finisco,** to end up, to finish
fino a, until
fiore (*m*), flower; **fioraio, a, fiorista** (*m*/*f*) florist

firmare, to sign; **firma,** signature
fissare, to fix
fiume (*m*), river
flanella, flannel
fodera, lining
foglio, sheet (of paper)
fondere, fusi, fuso, to melt
fondo, bottom, **in fondo,** basically; **fondarsi (su),** to rely on
formaggio, cheese
formato, size, shape (past part. of **formare,** to form)
formica, ant
fornello, cooking ring
fornire, fornisco, to furnish, to provide
forno, oven; **fornaio,** baker
forse, perhaps
fortuna, fortune; **per fortuna,** fortunately; **fortunatamente,** fortunately
forza, force, strength; **le forze armate,** the army
fotografia, photograph
fra, between; **fra tre giorni,** in three days' time
fradicio, a, soaked
francese, French
francobollo, postage stamp
frase, (*f*), phrase, sentence
fratello, brother
freccia, arrow
freddo, a, cold
fresco, a, fresh
fretta, hurry; **in fretta,** in a hurry, hurriedly
frequentare, to attend, frequent; **frequenza,** frequency
friggere, frissi, fritto, to fry
frigorifero, fridge
frittella, pancake
fronte, (*f*), forehead; **di fronte a,** opposite
frutta, fruit
fuga, flight, fugue; **fuggire,** to flee, run away
fumare, to smoke; **fumo,** smoke
fungo, mushroom
funzionare, to function, work; **funzione** (*f*), service, function
fuoco, fire; **mettere a fuoco,** to focus
fuori, outside
furgone (*m*), van
fusibile (*m*), fuse
futuro, future

G

gabinetto, consulting room, cabinett, WC
gallo, cock; **gallina,** hen
gamba, leg
gara, race, competition
garanzia, guarantee, warranty; **garantire, garantisco,** to guarantee
gatto, a, cat
gelare, to freeze; **gelo,** frost; **gelato,** ice-cream
generale, general; **generalizzazione** (*f*), generalization

genere (*m*), type, kind; **in genere,** in general
genero, son-in-law
genio, genius
genitore, (*m*), (male) parent; **genitori,** parents
gentile, kind; **gentilezza,** kindness
Germania, Germany
gestire, gestisco, to manage; **gestione,** (*f*), management
gettare, to throw
gettone (*m*), token
già, already
giacca, jacket
giardino, garden
giocare, to play (games); **giocare d'azzardo,** to gamble; **gioco,** game
giornale (*m*), daily newspaper, journal; **giornata, giorno,** day
giornalista (*m*/*f*), journalist, newspaperman (-woman)
giovanile, youthful
giradischi (*m invar.*), record player; **girare,** to turn; **giro,** turn, tour; **prendere in giro,** to laugh at someone, pull someone's leg
giudicare, to judge
giustificare, to justify
goccia, drop
gomma, rubber, tyre
gonfiare, to swell
gonna, skirt
governo, government
grado, grade; **essere in grado di ...** to be able to, be in a position to
grano, wheat, grain; **caffè in grani,** coffee beans
grappa, Italian brandy
grasso, grease, fat; **grasso, a,** fat
grattugiare, to grate; **grattugia,** grater
grave, serious
grazie, thank you
gridare, to shout, call
grigio, a, grey
grosso, a, big
gruppo, group
guaio, trouble
guardare, to look at
guardaroba (*m*), invariable wardrobe
guastare, to damage, break, spoil; **guasto** (*noun*), fault, breakdown (*adj.*) faulty
guerra, war
gufo, owl
guidare, to drive (a car)
guscio, shell
gusto, taste

H

ho, hai, ha, hanno *see* **avere**

I

idea, idea
idiota, idiot, idiotic
idraulico (*noun*), plumber, (*adj.*) hydraulic
iena, hyena

ieri, yesterday; **l'altro ieri,** the day before yesterday
illeggibile, unreadable, illegible
illustrare, to illustrate
imbarazzare, to embarrass; **imbarazzante,** embarrassing
imbottire, imbottisco, to pad
imbucare, to post
immaginare, to imagine; **immagine** (*f*), image
immorale, immoral
imparare, to learn
imparziale, impartial
impedire, impedisco, to prevent
impegno, engagement
imperioso, powerful, peremptory, imperious
impermeabile (*m noun*), raincoat, (*adj.*) waterproof
impero, empire
impiegare, to employ; **impiegato,** clerk, employee
importante, important; **importare,** to import; **importa,** it matters
improvviso, a, sudden, unexpected; **improvvisamente,** suddenly, unexpectedly
incarico, task, appointment, job
inchiostro, ink
inciampare, to stumble, trip
incidente (*m*), accident
includere, inclusi, incluso, to include
incontrare, to meet; **incontro,** meeting
incoraggiare, to encourage
incrocio, cross-roads
indiano, a, India
indicare, to indicate
indietro, back
indipendente, independent; **indipendenza,** independence
indire, indico, indissi, indetto, to announce
indirizzo, address
indispensabile, indispensable
indivia, endive
individuare, to single out; **individuo,** individual (*noun*)
indossare, to put on, wear
indovinare, to guess; **indovinello,** quiz, charade
industriale, industrial, industrialist
inesorabile, inexhorable, unrelenting
inferiore, inferior, lower
infermiere, a, nurse
infinitamente, infinitely
inflazione (*f*), inflation
informativo, a, informative; **informazione** (*f*), item of news; **informazioni** (*pl.*) news, information
Inghilterra, England (often loosely used to mean the United Kingdom)
inglese, English (often loosely used to mean British)
ingegnere (*m*), graduate in engineering, civil engineer

ingrandire, ingrandisco, to grow, become bigger
ingresso, entrance
ingrosso, all'ingrosso, wholesale
iniezione (*f*), injection
inizio, beginning
inoltre, also, as well, besides
inorridire, inorridisco, to be horrified
inossidabile, stainless (of steel)
inquadrare, to frame; **quadro,** picture
insalata, salad
inserire, inserisco, to insert; **inserzione** (*f*), advertisement
insieme, together, at the same time; **nell'insieme,** on the whole
insistere, insistei/insistetti, insistito, to insist
insomma, on the whole, at last, short
intelligente, intelligent; **intelligenza,** intelligence
intenzione (*f*), intention
interessare, to interest; **interessante,** interesting; **interessato,** concerned
interno, internal, inside
interruttore (*m*), switch; **interruzione** (*f*), interruption, break
intervista, interview; **intervistatore** (*m*), **intervistatrice** (*f*), interviewer
intrigo, plot, intrigue
introdurre, introduco, introdussi, introdotto, to introduce, put into
inutile, useless
invece, on the other hand, instead
inverno, Winter
inviare, to send; **invio,** batch, consignment
invidiare, to envy; **invidia,** envy, jealousy; **invidioso,** envious, jealous
invitare, to invite
io, I
ippodromo, race course
irritante, irritating
irrisione (*f*), mockery, derision
iscrivere, iscrissi, iscritto, to enrol
isolare, to isolate, insulate
ispirare, to inspire
istante (*m*), instant, moment
istituzione (*f*), institution
istruire, istruisco, to educate, instruct; **istruttivo, a,** educational; **istruzione** (*f*), education
itinerario, itinerary

L

labbro, (*pl.*), **labbra** (*f*), lip; **labbri** (*m.pl.*), margins, edges
laboratorio, laboratory
lacrima, tear
ladro, thief
laggiù, over there, down there

lago, lake
lamentarsi (**di**), to complain
lampada, lamp; **lampadina,** light bulb
lana, wool
lasciare, to leave, allow; **lascialo entrare,** let him in
lato, side; **laterale,** lateral
latte (*m*), milk; **lattaio,** milkman
lattuga, lettuce
lavanda, lavender
lavapiatti (*m invar.*), kitchen hand
lavare, to wash; **lavatoio,** washroom, wash basin; **lavatrice** (*f*), washing machine; **lavatura auto,** car wash; **lavavetro,** windscreen washer
lavorare, to work; **lavoro,** work
leggere, lessi, letto, to read; **leggibile,** readable, legible
leggero, a, light; **leggermente,** slightly
lei, she; you (*polite form*)
lenzuolo, sheet; **lenzuola** (*f.pl.*), sheets
leone (*m*), **leonessa** (*f*), lion
lettera, letter
letteratura, literature; **letterario,** literary
letto, bed
leva, lever
lezione (*f*), lesson, lecture
là, lì, there
liberale, liberal
libero, a, free
libro, book; **libraio,** book-seller
licenza, licence, leaving certificate; **licenza media,** middle school leaving certificate
liceo, secondary school (4th to 6th form)
lievito, yeast, baking powder
limone (*m*), lemon
linea, line; **in linea,** on line
lingua, tongue, language
linotipista (*m/f*), linotypist, compositor
liquidazione (*f*), closing-down sale
liquido, a, liquid
lista, list
litro, litre
logistico, a, logistic
lontano, a, far distant
loro, they, them
lottare, to fight; **lotta,** fight
lucchetto, lock, padlock
luce (*f*), light
lungo, a, long; **a lungo,** for a long time; **lungo il fiume,** along the river
lunotto termico, heated rear window
luogo, place; **in primo luogo,** in the first place, to begin with
lussuoso, a, luxurious

M

ma, but; **ma come?** how's that?; **macché,** not at all, you don't say!
macchia, spot

macchina, machine, car; **macchina fotografica,** camera; **macchina da scrivere,** typewriter; **macchinista di scena,** stage hand

macedonia di frutta, fruit salad

macellaio, a, butcher

macinare, to grind

maestro, a, a teacher (only primary school), master

magari, perhaps, if only, it is possible that, it could be that

magazzino, store room; **grande magazzino,** department store; **magazziniere,** storeman, warehouseman

maggiore, greater

maglia, jersey

mai, never, ever

male, (adverb) badly, ill; (noun) evil, hurt; **mal(e) di testa,** headache

malgrado, in spite of

mancare, to be missing, be lacking, lack

mandare, to send

mangiare, to eat

mano (f), hand; **maniglia,** handle; **manoscritto,** manuscript

mantenere, mantenni, mantenuto, to keep, maintain; **manutenzione** (f), maintenance, servicing

marciare, to march

mare (m), sea; **marina,** navy

marito, husband

marrone (invar.), brown

maschera, mask

maschile, for men, male, masculine

massimo, a, highest, greatest

materno, a, maternal, on mother's side of family

matita, pencil

mattino, mattina, morning

matto, a, mad

mattone (m), brick; **mattonaio,** brickmaker

maturare, to mature, to ripen; **maturità,** maturity; **maturità classica,** high school leaving certificate

mazza, club; **mazza da golf,** golf club

mazzo, bunch, bundle

meccanica, mechanics; **meccanico,** (noun) engineer, (adj.) mechanic(al)

media, average; **in media,** on average

meglio, better

mela, apple

melone (m), melon

membro, member; **i membri,** members; **le membra,** limbs

memoria, memory

meno, less; **meno male,** thank goodness, it's just as well

mente (f), mind

mentre, while, whilst

mercato, market; **a buon mercato,** cheap

merenda, snack, picnic

meritare, to be worth, merit, deserve; **merito,** worth; **in merito,** on the subject

mescolare, to mix

mese, (m), month

meta, goal, aim

metà, half

metodo, method

metrò, underground railway

mettere, misi, messo, to put, to place; **mettersi (addosso),** to put on; **mettersi in moto,** to start off

mezzo, a, half

microonde (f.pl.), microwaves

microtelefono, (telephone) receiver

migliore, better; **migliorare,** to better, improve; **miglioramento,** improvement

milanese, Milanese

mille, one thousand; **millimetro,** millimetre

minestra, soup

ministro, minister

minore, lesser, smaller

minuto, minute

mio, mia, miei, mie, my, mine

mirare, to aim; **mirino,** viewer

misto, a, mixed

misura, measure

moda, fashion

modo, way, manner

modello, model; **modello, a,** fashion model

moderno, a, modern

modulo, form (to be filled in)

moglie (f), (pl. **mogli**), wife

molto, a, much, many; **molto** (adverb), very

momento, moment, instant, present time; **momentaneo, a,** momentary

moneta, coin

mondo, world; **mondiale,** world (as an adjective)

monotono, a, monotonous

montagna, mountain

montare, to assemble, put together, mount, get into (a vehicle)

monte (m), mountain

mordere, morsi, morso, to bite

morire, (past part. **morto**), to die; **morte** (f), death

mostrare, to show; **mostra,** exhibition

motivo, motive, reason, cause

motocicletta, moto (f), motorcycle; **motoscafo,** motor boat

motore (m), motor, engine

movimento, movement

mozzare, to cut, chop off

mucchio, heap, pile; **un mucchio di lavoro,** a lot of work

mulino, mill

muovere, mossi, mosso, to move; **muoversi,** to move oneself, get moving

museo, museum

musica, music; **musicista** (m/f), musician; **musicale,** musical

N

nailon (m), nylon

nascondere, nascosi, nascosto, to hide

naso, nose

nastro, ribbon, tape

naturale, natural; **naturalmente,** naturally

nazione (f), nation; **nazionale,** national

ne, of/from it, him, her, them, there; **ne prendo due,** I'll take two; **ne vengo ora,** I've just come from there

nebuloso, a, misty

necessario, a, necessary; **necessità,** need, necessity

negozio, shop; **negoziante,** shopkeeper

negro, a, black, negro

nel see **in**

nemico, a, enemy

nemmeno, not even

neppure, nor, nor even, nor yet

nessuno, a, no-one; **da nessuna parte,** nowhere

neve (f), snow; **nevicare,** to snow; **nevicata,** snowfall

nevvero? isn't it? (and similar tag questions)

niente, nothing; **per niente,** at all

nipote, nephew, niece, grandchild

nocciolina, peanut

noce (f), walnut

noi, we, us

noia, boredom, bore; **che noia,** what a nuisance; **noioso, a,** boring

nome (m), name, noun; **nominare,** to name

nonno, a, grandparent

nonostante, in spite of, notwithstanding

nord, North

normale, normal

nostro, a, our, ours

notare, to notice, note; **notevole,** notable, remarkable, considerable; **notevolmente,** remarkably, considerably; **noto, a,** well-known; **nota,** note

notte (f), night

novella, short story

novità, novelty

nozione (f), notion; **nozionistico, a,** consisting of unrelated bits of knowledge

numero, number; **numeroso, a,** numerous

nuora, daughter-in-law

nuovo, a, new; **di nuovo,** again

O

ora, hour; (adverb) now

obiettivo, objective, lens; **obiettivo, a,** objective, impartial

occidentale, Western

occorre, occorse, occorso, (3rd pers. verb) one needs

occupare, to occupy; **occupato, a,** busy, engaged (of telephone);

occuparsi (di), to be involved in, be concerned with, deal with
oddio! Good Heavens!
offerta, offer
officina, workshop
oggetto, object; **oggetti ricordo**, souvenirs
oggi, today
ogni (*invar.*), each, every; **ognuno, a**, (*only sing.*), each, each one
olio, oil
onda, wave
onesto, a, honest
omogeneizzato, a, homogenized
onore (*m*), honour; **onoreficenza**, honour (title); **onorevole**, (abbrev. **on.**) title given to Italian MPs
operare, to operate, work
opposizione (*f*), opposition
oppure, or, or else
orario, timetable; **in orario**, on time; **segnale orario**, time signal
oratore (*m*), speaker
orchestra, orchestra
ordinario, a, ordinary, common
ordinare, to order
organizzare, to organize
orientale, Eastern, oriental
originale, original
orizzontale, horizontal
orologio, watch, clock
orso, a, bear
ortaggio, vegetable
ospedale (*m*), hospital
ospitare, to give hospitality, entertain, put up (guests); **ospite**, guest
osservare, to observe, watch
osso, bone; **gli ossi**, animal bones; **le ossa**, human bones
ostacolare, to hinder
ottenere, ottenni, ottenuto, to obtain
ottico, optician, camera shop
ottimo, a, very good
ovest, West
ovvio, a, obvious

P

pacco, parcel; **pacchetto**, packet, small parcel
pace (*f*), peace
padrone, a, owner; **padrone di casa**, landlord; **padrona di casa**, landlady
paese (*m*), country, village, small town
paga, pay; **pagare**, to pay; **pagamento**, payment
pagina, page
paio, pair; **paia** (*f.pl.*)
pancia, tummy; **pancetta**, bacon; **panciotto**, waistcoat
pane (*m*), bread
panna, cream
pantaloni, (*pl.*) trousers
papà, daddy
parabrezza stratificato, laminated windscreen
parco, park; **parcheggio**, car park; **parcheggiare**, to park

parere, parve, parso (*3rd person verb*), it seems; **parere** (*m*), opinion
parlamento, Parliament; **parlamentare**, parliamentary
parmigiano, Parmesan cheese
parte (*f*), part; **partecipare (a)**, to take part
partenza, departure; **linea di partenza**, starting line
particolare (*m*), detail; (*adj.*) particular
partire, to leave
partita, match
partito, political party
parziale, partial
passaporto, passport
passare, to pass, spend (time); **passatempo**, pastime, hobby
passeggiare, to walk; **passeggiata**, walk
pasticcio, cake; (*fig.*) a mess
pasto, meal
patata, potato; **patate fritte**, fried potatoes, chips; **patatine**, crisps
paterno, paternal, on father's side of the family
patologo, a, pathologist
patta, pocket flap
paura, fear
pausa, pause
peccato, sin; **che peccato! peccato!**, what a pity!
pecora, sheep
peggiore, worse; **peggiorare**, to worsen
pelato, a, skinned, peeled
pelle (*f*), skin, leather
pelo, hair, fur
penna, pen
pensare (a), to think (of)
pepe (*m*), pepper
pentola, saucepan
per, for; **perciò**, therefore, so; **per lo più**, mostly
percorso, distance, race course
perforare, to perforate
periferia, outskirts, suburbs
permettere, permisi, permesso, to allow; **permettersi**, to allow oneself
però, however
persistere, to persist; **persistente**, persistent
persona, person; **personaggio**, character
persuadere, persuasi, persuaso, to persuade
pervenire, pervenni, pervenuto, to reach, attain, come to
pesante, heavy
pesca, peach
pescare, to fish; **pesce** (*m*), fish; **pescatore**, fisherman, angler
pessimo, a, worst; **pessimista** (*m*/*f*), pessimist
pettine (*m*), comb; **pettinare**, to comb; **pettinarsi**, to comb one's hair
pezzo, piece
piacere, piaccio, piacqui, piaciuto, to please; **mi piace**, I like

piangere, piansi, pianto, to cry
piano, (*noun*) piano; (*adj.*), softly, slowly, flat, plain
piatto, plate
piazzare, to place; **piazzarsi**, to place oneself (in a ranking order)
piccolo, a, small
piega, fold, pleat; **piegare**, to bend, fold; **pieghevole**, collapsible, folding
pieno, a, full
pietra, stone
pigliare, to get, to catch
pigro, a, lazy
pila, battery
pino, pine-tree
piovere, piovve, piovuto, to rain
pisello, pea
pittura, painting, paint
più, more
piuttosto, rather, fairly
pizzico, pinch; **pizzicare**, to pinch
plastica, plastic
poco, a, little, few; **un poco, un po'**, a little; **poco fa**, a little while ago, just now
poi, then
politico, a, politic(a); **politica**, politics
polizia, police; **poliziotto**, policeman
polso, wrist, cuff
poltrona, easy chair
pomeriggio, afternoon
pomodoro, tomato
popolare, popular; **popolo**, people (as in **il popolo italiano**, the Italian people)
porcellana, china
porco, pig, pork
porre, posi, posto, to put, to place
porta, door, gate; **portiera**, door (of a car)
portare, to carry; **portata**, course (of a meal); **portatile**, portable
possedere, possedei/ possedetti, posseduto, to possess
posta, post office
posto, place; **mettere a posto**, to replace, put straight
posteriore, back
potente, powerful
potere, posso, potei, potuto, can, to be able to
pranzo, lunch, dinner
pratico, a, practical; **pratico di**, experienced in
prato, meadow
precedente (*m noun*), precedent, (*adj.*) preceeding, the one before the last one
prediligere, predilessi, prediletto, to prefer, to choose
preferire, preferisco, to prefer; **preferenza**, preference; **di preferenza**, preferably; **preferenziale**, preferential
prefisso, dialling code prefix
prego, please, please do, help yourself, don't mention it, it's all right

premere, premei/premetti, premuto, to press, push
premio, prize
prendere, presi, preso, to take; **prendere il treno,** to catch the train; **prendere parte (a),** to take part (in); **presa di corrente,** electric socket
prenotare, to book
preoccuparsi (di), to worry (about); **preoccupato, a,** worried, uneasy
preparare, to prepare; **preparativo,** preparation
prescrivere, prescrissi, prescritto, to prescribe, suggest
presidente, president
presiedere, presiedetti, presieduto, to preside
presentare, to present, put forward, introduce
presenza, presence
prestare, to lend; **prestito,** loan
presto, early
prete (*m*), priest
pretendere, pretesi, preteso, to pretend, to expect
prevedere, previdi, previsto/preveduto, to expect, to forecast; **prevedibile,** foreseeable, predictable
prezzo, price
prigioniero, a, prisoner
prima, first; **prima di,** before
primavera, Spring
primo, a, first, leading
principale, principal
problema (*m*), problem
produrre, produssi, prodotto, to produce; **prodotto,** produce, product
profondo, a, deep
profugo, a, refugee
profumo, perfume; **profumiere, a,** perfumer
progettare, to plan; **progetto,** project
programma (*m*), programme; **programmare,** to programme; **programmatore,** computer programmer
progresso, progress
proiettare, to project, to show (a film)
promettere, promisi, promesso, to promise; **promessa,** promise
promozionale, promotional
promuovere, promossi, promosso, to promote
pronto, a, ready; **pronto!** hallo (on the telephone); **prontezza,** readiness
proporre, proposi, proposto, to propose, to put forward; **proposito,** intention; **a proposito,** by the way
proprietario, a, proprietor, owner
proprio, really, exactly; **proprio, a,** own
prosciutto, ham
prospettiva, perspective
prossimo, a, next
protestare, to protest;

protestante, protestant; **protesta,** protest
provare, to try, try on, rehearse; **prova,** trial, rehearsal
provocare, to provoke, arouse
prudente, prudent
pseudonimo, pen-name, pseudonym
psichiatra (*m*/*f*), psychiatrist
psicologo, a, psychologist
pubblicare, to publish
pubblicità, publicity, advertisement
pugno, fist
pulire, pulisco, to clean; **pulito, a,** clean
punta, tip, point
punto, point, full stop; **punto di vista,** viewpoint
puntuale, punctual
può darsi, perhaps, maybe
purché, provided that
puro, a, pure
purtroppo, unfortunately, regrettably

Q

quadro, square, picture; **quadretto,** small square; **tagliare a quadretti,** to dice
qualche (*invar.*), some, any, a few
qualcuno, someone
quale, which
qualità, quality
quando, when
quanto, a, how much; **quanti, e,** how many
quartiere (*m*), area, zone, district
quasi, almost
quarzo, quartz
quello, a, that
questionario, questionnaire
questo, a, this
qui, qua, here
quindi, therefore
quota, share, fee, subscription
quotidiano, a, daily

R

rabbia, rage
racchetta da tennis, tennis racket
raccogliere raccolsi raccolto, to gather; **raccomandare,** to recommend; **mi raccomando!** take care
raccontare, to tell; **racconto,** tale
raddrizzare, to straighten out; **raddrizzatore,** AC/DC adaptor
radere, rasi, raso, to shave
radice (*f*), root; **radicato, a,** rooted
radio (*f*), radio
radiografo, a, radiographer
raffreddore (*m*), cold, 'flu
ragazzo, boy; **ragazza,** girl
ragione (*f*), reason; **aver ragione,** to be right; **ragioniere, a,** accountant
raggiungere, raggiunsi raggiunto, to reach

rana, frog; **ranocchio,** frog, male frog
rapido, a, quick
rapporto, report
rappresentazione (*f*), performance
rasoio, razor
rassicurare, to reassure
rassomigliare, to resemble
ravvivare, to brighten up, to enliven
razionale, rational
razza, race, species
reagire, reagisco, to react; **reazione** (*f*), reaction
reale, actual; **realistico, a,** realistic; **realtà,** reality
recente, recent
recipiente (*m*), container
reclamare, to complain, to protest
redattore (*m*), **redattrice** (*f*), editor, journalist; **redazione** (*f*), editorial committee
refezione (*f*), light meal, snack
regalare, to give (as a gift); **regalo,** gift
regime (*m*), regime, political system
regione (*f*), region; **regionale,** regional
regista (*m*/*f*), film director
registrare, to record; **registratore** (*m*), tape recorder; **registratore a cassette,** cassette recorder
regolare, to regulate, adjust; (adj.) regular; **regolabile,** adjustable; **regolarità,** regularity
relazione (*f*), relationship
religione (*f*), religion; **religioso, a,** religious
rendere, resi, reso, to render, cause to become, give back; **rendersi conto (di),** to realize
reparto, department
resistere, resistei/resistetti, resistito, to resist; **resistente,** resisting, resistent
responsabile, responsible
restare, to stay, remain, be left over; **resto,** change (money), rest, remainder
restituire, restituisco, to give back, take back; **restituzione** (*f*), giving or taking back, restitution
restrizione (*f*), restriction, limitation
rete (*f*), net, (electric) grid, network
retribuire, retribuisco, to reward, pay what's due; **retribuzione** (*f*), remuneration, reward
retromarcia, reverse gear
retrovisore esterno, wing mirror
riappendere, riappesi, riappeso, to replace, hang up
riassumere, riassunsi, riassunto, to sum up, summarize; **riassunto,** summary

riattaccare, to attach again, sew back on

riavvolgere, riavvolsi, riavvolto, to rewind

razza, race, breed

ricetta, recipe

ricambio, spare; **pezzo di ricambio,** spare part

ricaricare, to recharge

ricco, a, rich

ricercare, to look for, seek; **ricercatore** (*m*) **ricercatrice** (*f*), researcher

ricevere, ricevei/ricevetti, ricevuto, to receive; **ricevimento,** reception, party

richiedere, richiesi, richieso, to require

ricino, olio di ricino, castor oil

riconoscere, riconobbi, riconosciuto, to recognize

ricordare, to remind, remember; **ricordarsi (di),** to remember

ridurre, ridussi, ridotto, to reduce

rieccomi, here I am again

riempire, to fill

rientrare, to come back into, fall within

rifare, rifaccio, rifeci, rifatto, to do again, remake

riferire, riferisco, to report, relate

riflettere, riflessi, riflesso, to reflect (*but* **riflettei, riflettuto,** to ponder, consider)

rifornire, rifornisco, to supply

rilasciare, to grant, issue, give out

rimandare, to postpone

rimanere, rimasi, rimasto, to remain, stay

rimediare, to remedy, make good, make up

rimettere, rimisi, rimesso, to put back, replace

rimontare, to reassemble

rincorrere, rincorsi, rincorso, to chase

ringraziare, to thank

riparare, to repair

ripido, a, steep

riportare, to take back, to bring back

riposare, to rest

riprendere, ripresi, ripreso, to take again

riprovare, to try again

riscaldare, to heat

rischio, risk

riscontrare, to find, to verify

riscrivere, riscrissi, riscritto, to re-write

riso, rice, laughter; **i risi,** types of rice; **le risa,** laughter; **ridere, risi, riso,** to laugh

risolvere, risolsi, risolto, to resolve

rispondere, risposi, risposto, to answer, respond; **risposta,** answer

rissa, brawl, affray

ristorante (*m*), restaurant

risultare, to result; **mi risulta,** it appears to me, it is known to me

risuolare, to re-sole

ritardare, to be late; **ritardo,** delay; **essere in ritardo,** to be late

ritenere, ritenni, ritenuto, to consider, be of an opinion

ritirare, to withdraw

ritornare, to return; **di ritorno,** back

ritratto, portrait

riunione (*f*), reunion, meeting

riuscire, riesco, to succeed, be able to

riva, river bank, sea shore

rivista, review, magazine

rivolgersi, rivolsi, rivolto (a), to apply to, turn to

robusto, a, strong, rugged, well-built

romantico, a, romantic

romanzo, novel; **romanzo giallo,** detective story

rompere, ruppi, rotto, to break

rotondo, a, round

rovinare, to ruin

ruggine (*f*), rust

ruminare, to chew the cud, ruminate

rumore (*m*), noise

S

sacco, sack, bag; **un sacco di,** a lot of

salare, to salt; **sale** (*m*), salt; **salatini,** savoury biscuits

salire, salgo, sali ... salgono, to go up, get onto

salsiccia, sausage

saltare, to jump; **saltellare,** to hop about

salutare, to greet

salve! hello!

sangue (*m*), blood

sano, a, healthy

sapere, seppi, saputo, to know, know how to

sarto, a, tailor, seamstress

sasso, stone, rock

sbagliare, sbagliarsi, to make a mistake; **sbaglio,** mistake

sbarbare, sbarbarsi, to shave

sbarcare, to disembark

sbattere, sbattei, sbattuto, to beat

sbiadito, a, faded

sbottonare, to unbutton

sbucciare, to peel

sbrigare, to get through (a task), **sbrigarsi,** to hurry

scacchi (pl.), chess; **scacchiera,** chess-board

scala, stair, ladder

scandalizzare, to shock

scanzonato, free and easy

scarcerare, to release from jail

scaricare, to unload, discharge; **scarico, a,** a run-down, flat

scarpa, shoe

scartare, to unwrap, set aside

scattare, to spring; **scattare una foto,** to take a photo;

scatto, click

scegliere, scelsi, scelto, to choose; **scelta,** choice

scena, stage; **mettere in scena,** to stage, produce; **scenografo, a,** stage designer

scendere, scesi, sceso, to descend, go down, get off (a bus)

scheda, card, form; **schedario,** card-index

scialbo, drab, faded

sciare, to ski; **sci** (*m*), ski; **sciatore, sciatrice,** skier

scientifico, a, scientific; **rivista scientifica,** science magazine; **scienziato, a,** scientist

sciopero, strike; **scioperante,** striker

scommettere, scommisi, scommesso, to bet

scompartimento, compartment

scomporre, scomposi, scomposto, to put in disorder

scontentare, to displease, make someone unhappy

sconto, discount

scontrino, receipt ticket

scoperchiare, to take the lid off

scopo, aim, reason

scoppiare, to explode, to burst

scoprire, (past part. **scoperto**), to discover; **scoperta,** discovery

scorrere, scorsi, scorso, to slide; **scorso, a,** past, last

scrivere, scrissi, scritto, to write; **scrittore,** (*m*), **scrittrice** (*f*), writer

scozzese, Scottish, tartan

scucire, to unstitch

scuola, school

scuro, a, dark

scusare, to excuse

sdoganare, to get Customs clearance

se, if

seccare, to dry; (*fig.*) to annoy; **secco, a,** dry; **seccato, a,** annoyed

secondo, second; (*adverb*) according to

sede (*f*), seat, headquarters

sedersi, sedei/sedetti, seduto, to sit

segnalare, to signal; **segnalarsi,** to distinguish oneself; **segnale** (*m*), signal

segno, mark, sign

segretario, a, secretary; **segreto,** secret

seguire, to follow; **seguente,** following

sembrare, to seem, appear

semplice, simple, easy

sempre, always, still

senso, sense, meaning, direction, way; **buon senso,** commonsense

sentire, to hear, feel, taste, smell; **sentirsi,** to feel

sera, evening

servire, to serve; **servirsi (di),** to use, make use of; **servizio,** service

servosterzo, power steering

seta, silk

sete (*f*), thirst
settimana, week; **settimanale,** weekly
settore (*m*), sector, area
severo, a, severe
sezione (*f*), section, department
sfoggiare, to show off
sfornare, to take from the oven
sforzo, effort
sgangherato, a, worn out, broken down
sgonfiare, to deflate
sgrassare, to degrease
siccome, as, since
sicurezza, safety; **sicuro, a,** safe, sure; **sicuramente,** for certain
sigaretta, cigarette
simile, similar, like
simpatico, a, nice, likeable, pleasant
sincronizzare, to synchronize; **sincronizzatore** (*m*), synchronizing device
sinfonia, symphony; **sinfonico, a,** symphony (*adj.*)
sinistra, left
sintonizzatore, (*m*), tuner
sistema (*m*), system; **sistemare,** to arrange
situazione, (*f*), situation
smacchiare, to remove spots or marks
smascherare, to unmask
smettere, smisi, smesso, to stop
smontare, to dismantle, dismount
società, society; **sociale,** social
soddisfazione (*f*), satisfaction
soffriggere, soffrissi, soffritto, to fry lightly or slowly
soffrire (*past part.* **sofferto**), to suffer
soia, soya
soldi (*pl.*), money
sole (*m*), sun
solido, a, solid
solista (*m/f*), soloist
solito, a, usual
sollecitare, to chase something up
sollievo, relief
soltanto, only
solo, a, alone, lonely; (*adverb*) only
solubile, soluble
sorella, sister
sorpresa, surprise
sorso, sip; **sorseggiare,** to sip
sospiro, sigh
sosta, brief stop
sostanza, substance
sostenere, sostenni, sostenuto, to maintain, sustain, uphold
sotto, under; **sottostante,** below
sovraccarico, a, overloaded
sovraproduzione (*f*), overproduction
sovrumano, a, superhuman
spaccatura, slit
spagnolo, a, Spanish
sparire, sparisco, to disappear

spazio, space; **spazioso, a,** spacious
spazzola, brush
speciale, special; **specie** (*f invar.*), species; **specialmente,** especially
specialista (*m/f*), specialist; **specializzato, a,** specialized, skilled
spedire, spedisco, to send, post; **spedizione** (*f*), mailing, expedition
spegnere, spensi, spento, to switch off, put out (flame)
spendere, spesi, speso, to spend; **spesa,** shopping
spiaggia, beach
spiccare, to stand out
spiegare, to explain
spina, electric plug; **spina di pesce,** fishbone, herringbone
spinaci (*pl.*), spinach
spingere, spinsi, spinto, to push; **spinto, a,** immoderate
spogliare, spogliarsi, to undress
spolverare, to dust
sportello, till, hatch, position
sportivo, a, sportsman, sportswoman
sposare, sposarsi, to marry, get married; **sposo,** bridegroom, **sposa,** bride
spostare, spostarsi, to move
sprai (*m invar.*), spray
spreco, waste
sprovvisto, not provided; **essere sprovvisto (di),** to be without
spruzzare, to spray
spuntare, to blunt, come out
spuntino, snack
sradicare, to uproot
staccare, to detach, unplug, separate
stadio, stadium
stagione (*f*), season
stalla, stable
stampare, to print; **stampa,** press
stanco, a, tired
standardizzato, a, standardised
stanza, room
stappare, to uncork
stare, stetti, stato, to stay, to be
stasera, this evening, to-night
statistico, a, statistic(al); **statistica,** statistics
stato, state
stazione (*f*), station
stella, star
stenografia, shorthand
stereofonia, stereo broadcasting or reproduction
stesso, a, (*before noun*) same; (*after noun*) him/her/itself
stimare, to esteem
stimolare, to stimulate; **stimolante,** stimulating
stile (*m*), style
stirare, to iron, flatten, stretch
stoffa, material, fabric
stomaco, stomach
storia, history, story

stoviglia, item of crockery
strada, street
straniero, a, foreign; (*noun*) foreigner
strano, a, strange
stretto, a, narrow, tight
strillare, to scream
strumento, instrument
studente (*m*), **studentessa** (*f*), student
studiare, to study; **studio,** study
stupido, a, stupid
subito, immediately, at once
succedere, successi, successo, to happen, follow on; **successivo, a,** following, next
sud, South
sufficiente, sufficient
suggerimento, suggestion
suggerire, suggerisco, to suggest **suggeritore** (*m*), **suggeritrice** (*f*), prompter
sugo, sauce, juice
su, on, over, above
suola, sole
suolo, ground
suonare, to play (an instrument); **suono,** sound
superare, to overtake; **superiore,** higher, greater, superior
superfluo, a, superfluous
supermercato, supermarket
supporre, supposi, supposto, to suppose
supremo, a, supreme, highest
suscitare, to arouse
svegliare, to waken; **svegliarsi,** to wake up
svendita, sale
svestire, svestirsi, to undress
sviluppare, to develop
svitare, to unscrew
svolgere, svolsi, svolto, to unwind, unroll

T

tacca, notch
tacchino, turkey
tacco, heel (of shoe)
tacere, taccio, tacqui, taciuto, to be silent
tagliare, to cut; **tagliando,** coupon
tailleur (*m invar.*), woman's suit
tale, such
tanto, a, much; **tanti, e,** many; **tanto … quanto,** as much as; **di tanto in tanto,** from time to time
tappa, stage, lap (in a race)
tardi, late
tasca, pocket
tassì, (*m invar.*), taxi
tasto, key, button
tavola, dining table; **tavolo,** table
té (*m invar.*), tea
teatro, theatre; **teatrale,** theatrical
tecnico, a, technical; (*noun*) technician
tedesco, a, German
telecronaca, direct TV report;

telegiornale (*m*), TV news programme

telegrafare, to telegraph; **telegramma** (*m*), telegram

teleselezione (*f*), subscriber's trunk dialling

tempestare, to storm, rage

tempo, weather, time; **da tempo,** a long time; **in tempo, a tempo,** in time; **temporaneo, a,** temporary

tenda, tent, curtain

tenere, tenni, tenuto, to hold, keep; **tenere conto (di),** to take into account

tenero, a, tender

tergicristallo, windscreen wiper

terra, earth, ground

terzo, a, third

tessera, membership card, pass

tessuto, fabric

tigre (*f*), tiger

timbrare, to stamp; **timbro,** (rubber) stamp

tipo, type, kind, sort

tipografo, a, printer

titolo, title; **titolo di studio,** educational qualification

togliere, tolsi, tolto, to take off

tonnellata, ton

tornare, to return, go back

toro, bull

torta, tart, pie, cake

tossire, tossisco, to cough; **tosse** (*f*), cough

tra, between, in between

tradire, tradisco, to betray, be unfaithful to; **traditore** (*m*), **traditrice** (*f*), traitor, traitress

tradizione (*f*), tradition; **tradizionale,** traditional

tragedia, tragedy

traghetto, ferry

traguardo, finishing line

trapunta, quilt

trattare (di), to deal (with), to talk about, to treat

trattenere, trattenni, trattenuto, to hold back, to withold

tratto, ad un tratto, suddenly

traversare, to cross; **traversata,** crossing

tre, three

treno, train

tritare, to mince, chop

troppo, too much

trovare, to find; **trovarsi,** to find oneself, to be; **andare a trovare,** to visit

tu, you (*colloquial*)

tuo, tua, tuoi, tue, your(s)

turco, Turk, Turkish

turista (*m/f*), tourist

tutto, a, all; **tutti e due,** both; **tutti,** everybody

U

ubriaco, a, drunk

ufficio, office

uguale, equal, the same; **ugualmente,** equally

ultimo, a, last

umido, a, damp, wet, humid

umore (*m*), humour, mood

unghia, nail (finger or toe)

unico, a, only, unique

unità, unity, unit

uomo, (*pl.*) **uomini,** man

uovo, (*pl.*) **uova** (*f*), egg

urbano, a, urban, town (as an adjective)

urgente, urgent

urtare, to knock, bump into; **urto,** knock

usare, to use

uscire, esco, to go out; **uscita,** exit

utile, useful; **utilitario, a,** utilitarian; **utilizzare,** to utilize

uva, grapes; **uva passa,** raisins

V

vacanza, holiday

vagone (*m*), truck, railway carriage

valere, valsi, valso, to be worth; **vale la pena,** it's worth while

valigia, suitcase

vantaggio, advantage

vario, a, various

vasto, a, vast

vecchio, a, old; **vecchietto,** old man; **vecchietta,** old woman

vedere, vidi, visto/veduto, to see

veleno, poison; **velenoso, a,** poisonous

velluto, velvet, corduroy

veloce, quick, fast; **velocemente,** quickly; **velocità,** speed

vendere, vendei/vendetti, venduto, to sell; **venditore** (*m*), dealer; **vendita per corrispondenza,** mail order service

venire, vengo, venni, venuto, to come

vento, wind

verbale (*m*), minutes

verbo, verb

verdura, vegetables

vero, a, true; **veramente,** truly, really

versare, to pour

verso, towards, about

verticale, vertical; **vertice** (*m*), summit

vestire, vestirsi, to dress; **vestito,** dress, suit

vetro, glass; **vetrina,** shop window

via, way; **andare via,** to go away; **viale** (*m*), avenue

viaggiare, to travel; **viaggio,** travel

vicino, a, near, nearby; (*noun*) neighbour

vigilare, to keep an eye on, keep watch, invigilate

vincere, vinsi, vinto, to win

vino, wine; **vinaio,** wine merchant

viola (*f*), viola

violenza, violence

viscoso, a, viscous, sticky

visibilità, visibility

visitare, to visit; **visitatore** (*m*),

visitatrice (*f*), visitor

vita, life, waist

vitamina, vitamin; **vitaminizzato,** vitamin enriched

vite (*f*), screw

vitello, calf, veal

vittoria, victory

vocabolo, word; **vocabolario,** vocabulary

voce, (*f*), voice; **ad alta voce,** in a loud voice

voi, you (*pl.*)

volentieri, willingly

volere, voglio, volli, voluto, to wish, want; **voler(e) dire,** to mean; **voglia,** wish, want; **aver(e) voglia** to want, to feel like

volta, time; **due volte,** twice

voltare, voltarsi, to turn

votare, to vote

Z

zio, a, uncle, aunt

zona, area, zone

zucchero, sugar